UMA BREVE HISTÓRIA DO BRASIL

2ª edição
2ª reimpressão

MARY DEL PRIORE • RENATO VENANCIO

UMA BREVE HISTÓRIA DO BRASIL

CRÍTICA

Copyright © Mary del Priore e Renato Venancio, 2010
Copyright © Editora Planeta do Brasil, 2010, 2016
Todos os direitos reservados.

Preparação: Eduardo Belo
Revisão: Tulio Kawata, Antonio Orzari, Bel Ribeiro e Araci dos Reis
Projeto gráfico: Martha Tadaieski
Diagramação: Renato Mininel Jr. e Vivian Oliveira
Capa: Sérgio Campante
Imagens de capa: Thomaz Farkas/ Acervo Instituto Moreira Salles
Populares sobre cobertura do palácio do Congresso Nacional
no dia da inauguração de Brasília, 1960.

CIP-Brasil. Catalogação na Publicação
Sindicato Nacional dos Editores de Livros, RJ

P954b

del Priore, Mary
    Uma breve história do Brasil / Mary Del Priore, Renato Venancio.
- 2. ed. - São Paulo : Planeta, 2016.

    ISBN 978-85-422-0761-3

1. História do Brasil. I. Venancio, Renato. II. Título.

16-32998

CDD: 981
CDU: 94(81)

Índice para catálogo sistemático:
1. História do Brasil 981

Este livro é uma edição revisada e atualizada de
O livro de ouro da História do Brasil, dos mesmos autores.

2020
Todos os direitos desta edição reservados à
EDITORA PLANETA DO BRASIL LTDA.
Rua Padre João Manuel, 100 – 21º andar
Ed. Horsa II – Cerqueira César
01411-000 – São Paulo-SP
www.planetadelivros.com.br
atendimento@editoraplaneta.com.br

SUMÁRIO

PREFÁCIO   7

1   O BRASIL NA ROTA DO ORIENTE   9

2   SEM FÉ, SEM LEI, SEM REI   19

3   RELIGIOSIDADES NA COLÔNIA   28

4   PODER & PODERES   40

5   ENGENHOS, ESCRAVOS E GUERRAS   46

6   QUILOMBOS E QUILOMBAS   59

7   PERTO DO OURO E LONGE DO REI   70

8   O SÉCULO SERTANEJO   75

9   CIDADES COLONIAIS   85

10   LER, ESCREVER E CRIAR   97

11   MOTINS E REBELIÕES NA COLÔNIA   110

12   FRONTEIRAS COLONIAIS   125

13	MOBILIDADE E DIVERSIFICAÇÃO	135
14	A ÚLTIMA FASE COLONIAL	143
15	A CASA DE BRAGANÇA NO BRASIL	152
16	INDEPENDÊNCIA & INDEPENDÊNCIAS	162
17	O BRASIL COMO NAÇÃO	170
18	1850: MUTAÇÕES	177
19	O IMPÉRIO AMEAÇADO	187
20	SURGE UM NOVO PODER	197
21	EMANCIPACIONISTAS, ABOLICIONISTAS E ESCRAVISTAS	203
22	NASCE A REPÚBLICA	211
23	UMA *BELLE ÉPOQUE* NÃO TÃO *BELLE*	219
24	AMBIGUIDADES DO MOVIMENTO OPERÁRIO	228
25	OS FAZENDEIROS INDUSTRIAIS	235
26	UMA REPÚBLICA VELHA?	242
27	1930: REVOLUÇÕES E GOLPES	248
28	TRABALHADORES DO BRASIL	254
29	TENTAÇÕES MILITARES E OUTRAS TENTAÇÕES	262
30	OS MILITARES NO PODER	271
31	DA GUERRILHA À ABERTURA	279
32	UMA DEMOCRACIA DE MASSA	286
33	O PASSADO DO SÉCULO XXI	293
	CONCLUSÃO	303
	POSFÁCIO	305
	BIBLIOGRAFIA	317

PREFÁCIO

Poucos são os livros que oferecem uma visão geral da história do Brasil. Mais raros ainda são os que procuram fazer isso por meio de um diálogo com o leitor. Sim, um diálogo, pois os capítulos deste livro foram imaginados como saborosas conversas. Em vez de um amontoado de nomes, datas e fatos, procurou-se eleger temas que auxiliem a compreensão dos momentos formadores de nossa história e, consequentemente, do Brasil de nossos dias.

Nas próximas páginas, veremos desfilar os mais diversos grupos que participaram de nosso passado: brancos, negros e índios. Gente de todos os credos e religiões, de todas as regiões e camadas sociais do país. No entanto, eles não serão apresentados como uma massa anônima e sem ação. E sim como gente que reagia às transformações históricas, resistindo ou incorporando mudanças. Consolidando tradições e criando rupturas. Mas como dar carne e sangue aos nossos antepassados? Resolvemos valorizar sua vida cotidiana e mostrar o que comiam, como se vestiam, em que deuses confiavam, o que temiam ou amavam. Sem perder de vista as grandes estruturas econômicas, políticas e sociais, buscamos dar força às paisagens, às tradições, às práticas culturais, aos comportamentos. Não deixamos de fora os atores da vida política e as mudanças no país: da Colônia ao Império, da República Velha aos Anos de Chumbo e destes à redemocratização e ao momento atual.

Cada capítulo foi imaginado como um pequeno universo, focalizando vivências e expectativas, conquistas e derrotas, alegrias e sofrimentos comuns àqueles que nos antecederam. A descoberta do Brasil foi intencional ou não? Como se deu a ocupação deste imenso território? Quais foram as primeiras cidades e como se vivia nelas? Como era a vida em uma fazenda de escravos? E a Corte imperial, como funcionava? Isso não impede que, em seguida, se explorem os principais momentos da Guerra do Paraguai, os salões da *belle époque* e os efeitos do racismo na sociedade republicana. Que se vá de Getúlio aos militares, e deles a Lula.

Ao propormos este diálogo, pensamos em um livro que não só contribuísse para a compreensão dos momentos cruciais de nossa história, como também permitisse melhor contextualizar uma informação lida no jornal, vista em um filme ou discutida entre amigos. Enfim, procurou-se pensar a história como um meio de entender o presente, para nos explicar de onde viemos ou como se forjaram certas características de nossa cultura. É o conhecimento histórico que permite nos posicionar como cidadãos e pensar com ideias próprias, como membros de uma sociedade que quer participar do processo de globalização, aportando algo de seu.

Longe de ser uma disciplina dispensável, a História está enraizada em tudo. Ela é um instrumento dos mais importantes para o homem refletir e se conhecer. As condições de nossas ações foram modeladas pelas gerações que nos antecederam. O país de ontem deixou inúmeras marcas no de hoje. Vivemos, sim, à sombra de nosso passado. Todavia, voltados para o futuro. Para nos reconhecermos no concerto das nações, será cada vez mais necessário nos conhecermos melhor. Daí a importância deste livro. Em linguagem acessível, ele oferece múltiplas informações sobre o passado. Não de maneira enciclopédica ou acadêmica. Mas de forma articulada e viva, que permita ao leitor compartilhar o conhecimento capaz de enriquecer seu dia a dia como cidadão do mundo. E, sobretudo, como brasileiro.

1

O BRASIL NA ROTA DO ORIENTE

Ano de 1500: debruçada sobre as águas do Tejo, estendia-se a ensolarada Lisboa. Ruas estreitas e tortuosas serpenteavam em meio ao casario branco e baixo que cobria as colinas, em cujas dobras aninhavam-se igrejas e pequenas construções coladas umas às outras. Sobressaindo-se a todas elas, erguia-se o Castelo: sólido bloco de pedras a lembrar os tempos em que os mouros ameaçavam os muros da capital do Reino. Um labirinto de ruelas, becos, fontes e pequenos quintais marcava o perfil da cidade. Reformas sobrepunham telheiros na frente das casas para protegê-las da chuva. Também proliferavam balcões e sacadas. Sucessivas ampliações sobre antigos alicerces tornavam as ruas cada vez mais apertadas.

Junto ao rio erguia-se a imponente torre do Paço da Ribeira, edifício irregular, de várias dependências subordinadas às instalações do rei, que ali passou a residir em 1503. Encontravam-se, nesse palácio, desde aposentos familiares até salas da administração do Império, como o Tribunal do Desembargo do Paço e, posteriormente, o Conselho da Fazenda e o Conselho de Estado. Quase parte do mesmo conjunto, nos armazéns do arsenal, se amontoavam armamentos de toda espécie. Comerciantes de variada proveniência cruzavam apressados o Terreiro do Paço, arena retangular na qual se fechavam os negócios e contavam-se as novidades do tempo. Nas ruas, como a da Ourivesaria da Prata, da Correaria ou a Nova dos Ferros, os artesãos especializados se reuniam, conforme a tradição medieval. Sob os arcos do Rossio, outra praça importante, ponto de transição entre a cidade e o campo, há muito se vendiam alimentos sobre tabuleiros. Os gritos dos vendilhões de ovos, peixe fresco, água ou pão enchiam o ar. Mulheres, brancas e negras, saíam da Ribeira com panelões cheios de arroz-doce – introduzido na península Ibérica pelos árabes, com a denominação de "ar-ruzz com mel" – e de cuscuz marroquino, oferecendo as iguarias de porta em porta.

Um pouco mais abaixo, na praia ribeirinha, estendia-se a Ribeira das Naus, com suas oficinas e seus barcos prestes a ser lançados ao Tejo. Ao longo dela, instalavam-se os malcozinhados, pequenas tabernas fumacentas nas quais se reuniam marinheiros, prostitutas, escravos e trabalhadores braçais pobres para consumir sardinhas fritas e vinho barato. Nas águas turvas e calmas do rio desfilavam tanto embarcações transportando alimentos dos arredores quanto barcos enfeitados, nos quais músicos embalavam a conversa dos bem-vestidos membros da Corte de d. Manuel I. No porto, tremulavam naus mercantes vindas de Gênova, Veneza, Normandia, Bristol ou de Flandres. Em terra, prontos para embarcar nas caravelas que fariam a Carreira das Índias, aglomeravam-se marujos acostumados àquele tipo de vida, além de "vadios e desobrigados" recrutados pelas ruas de outras cidades.

Quem era essa gente que mudaria o mundo? As tripulações apresentavam, desde o século XV, um leque de marinheiros de idiomas e origens diferentes. Entre os portugueses, era comum a presença de escravos negros. Quando estenderam suas campanhas ao Norte da África, os lusos procuravam quem falasse árabe ou recrutavam intérpretes capazes de se comunicar com os mouros. No imaginário da época, esses marinheiros eram vistos como "criminosos da pior espécie", cujas penas por decapitação ou enforcamento podiam ser comutadas pelo serviço marítimo. Os testemunhos eram que quase todos os tripulantes dos navios eram "adúlteros, malsins, alcoviteiros, ladrões, homens que acutilam e matam por dinheiro e outros de semelhante raça". Muitas prostitutas subiam a bordo de forma clandestina, enganadas pela marujada, embarcadas por magistrados portugueses ou soldados. Quando uma dessas passageiras era encontrada, deixavam-na no porto seguinte ou a isolavam da tripulação. Os pobres embarcados dependiam da generosidade de um capelão para arranjar-lhes roupas com as quais pudessem se cobrir. Outros procuravam um capitão rico, capaz de provê-los de "vestidos e camisas bastantes" para os meses que ficavam longe da terra natal. Esses marinheiros, geralmente, portavam calções compridos e volumosos a fim de não atrapalhar os movimentos exigidos pelas manobras de navegação. Os calções eram amarrados à cintura por cordões e complementavam-se com o *schaube*, um sobretudo em forma de batina, sem mangas.

Pequenas – cerca de vinte metros de comprimento –, ágeis, capazes de avançar em zigue-zague contra o vento e dotadas de artilharia pesada, as caravelas eram consideradas os melhores veleiros a navegar em alto-mar. Mas, apesar de a embarcação ser boa, o cotidiano das viagens ultramarinas não era fácil. A precária higiene a bordo começava pelo espaço restrito que era utilizado pelos passageiros. Inicialmente de apenas um convés, as caravelas tenderam a crescer. Em uma nau de três conveses ou pavimentos, dois eram utilizados para a carga da Coroa, dos mercadores e dos passageiros. O terceiro era ocupado em sua maior parte pelo armazenamento de água, vinho, madeira e outros objetos úteis. Nos "castelos" das embarcações encontravam-se as câmaras dos oficiais – capitão, mestre, piloto, feitor, escrivão – e dos marinheiros, armazenando-se, no mesmo local, pólvora, biscoitos, velas, panos, etc.

O banho a bordo era impossível. Além de não existir esse hábito de higiene, a água potável era destinada ao consumo e ao preparo de alimentos. Nas pessoas e na comida, proliferavam todos os tipos de parasitas: piolhos, pulgas e percevejos. Confinados em cubículos, passageiros satisfaziam as necessidades fisiológicas, vomitavam ou escarravam próximos de quem comia. Por isso mesmo, costumava-se embarcar alguns litros de água de flor, destinada a disfarçar os odores nauseantes, além de ervas aromáticas, queimadas com a mesma finalidade. Em meio ao constante mau cheiro e associado ao balanço natural, o enjoamento era constante. A má higiene a bordo costumava contaminar os alimentos e a água embarcada. Os fluxos de ventre, para os quais não havia cura, ceifavam rapidamente indivíduos já desidratados e desnutridos.

A alimentação durante as longas viagens sempre foi um problema para a Coroa. A falta habitual de víveres em Portugal impedia que os navios fossem abastecidos com a quantidade suficiente de alimentos. O Armazém Real, encarregado do fornecimento, com certa frequência simplesmente deixava de fazê-lo. A fome crônica e a debilidade física colaboravam para a morte de uma parcela importante dos marinheiros. Em *Memórias de um soldado na Índia*, Francisco Rodrigues Silveira relatava, queixoso, que eram raros os "soldados que escapam das corrupções das gengivas [o temido escorbuto, doença causada pela falta de vitamina C], febres, fluxos do ventre e outra grande cópia de enfermidades...".

Além de escassos, os alimentos muitas vezes estragavam antes mesmo de começar a viagem. Armazenados em porões úmidos, se sobreviviam ao embarque, apodreciam rapidamente ao longo da jornada. O rol dos mantimentos costumava incluir biscoitos, carne salgada, peixe seco (principalmente bacalhau salgado), banha, lentilhas, arroz, favas, cebolas, alho, sal, azeite, vinagre, mel, passas, trigo, vinho e água. Nem todos os presentes tinham acesso aos víveres, controlados rigorosamente por um despenseiro ou pelo próprio capitão. Oficiais mais graduados ficavam com os produtos que estivessem em melhores condições, muitas vezes vendendo-os numa espécie de mercado negro a outros viajantes famintos. Grumetes e marinheiros pobres eram obrigados a consumir "biscoito todo podre de baratas, e com bolor mui fedorento e fétido", entre outros alimentos em adiantado estado de decomposição. Mel e passas eram oferecidos aos doentes da tripulação nobre. Febres altas e delírios, que costumavam atingir muitos dos tripulantes, decorriam da ingestão de carnes excessivamente salgadas e podres regadas a vinho avinagrado. Nas calmarias, quando a nau poderia ficar horas ou dias sem se mover, sob o calor tórrido dos trópicos, os marinheiros famintos ingeriam de tudo: sola de sapatos, couro dos baús, papéis, biscoitos repletos de larvas de insetos, ratos, animais mortos e mesmo carne humana. Muitos matavam a sede com a própria urina. Outros preferiam o suicídio a morrer de sede.

Na realidade, a dramática situação dos navegadores não diferia muito da enfrentada pelos camponeses em terra firme. Um trabalhador que cavasse de sol a sol, sete dias por semana, não ganhava mais do que dois tostões por dia. A quantia mal lhe permitia comprar alguns pedaços de pão. O que dizer do sustento de famílias inteiras, sem alimentos ou vestimentas? Um grande número de camponeses pobres preferia fugir da fome enfrentando os riscos do mar, mesmo conhecendo as privações a que seriam submetidos na Carreira das Índias. O sonho com o império das especiarias era um alento e uma possibilidade num quadro de miséria e desesperança.

Mas que sonho seria esse? No dia 29 de agosto de 1499 – data usualmente aceita –, depois de dois anos e dois meses de viagem, Vasco da Gama chegava a Lisboa. Voltava da expedição às Índias, em que comandara uma pequena frota composta de quatro embarcações e cerca de 150 homens. Ao longo da viagem tomara contato com o mundo muçulmano da costa oriental da África, onde hábeis mercadores controlavam inteiramente o comércio. Comércio, diga-se, de escravos capturados no interior da África e conduzidos aos portos de Sofala e Zanzibar – o Zenji-Bar, ou seja, "país dos escravos" – e de tecidos de algodão e especiarias, notadamente o gengibre e o cravo. O encontro entre o mundo europeu e o indiano deu-se, contudo, em Calicute, mercado dos produtos desejados pelos portugueses: gengibre do Dekan, canela do Ceilão, pimenta da Malásia, cravo das ilhas Molucas e todas as demais especiarias levadas por árabes para Istambul e margens do Mediterrâneo. Durante três meses, Vasco da Gama contabilizou algo em torno de 1.500 embarcações árabes nos portos da Índia. Decidiu, então, encontrar-se com o rei de Calicute, o "Senhor dos Mares", o Samorim. No dia 28 de agosto de 1498, transportado em palanque decorado e escoltado por dois mil guerreiros, o navegador foi aclamado por músicos e homens e mulheres de pele morena, vestidos com finos e coloridos algodões. Se os portugueses não escondiam seu espanto diante dos indianos e mouros que, desordenados, os seguiam pelas ruas, os últimos estranhavam, igualmente, as barbas cerradas e vestes pesadas dos recém-chegados. O cerimonial desenrolou-se com luxo até os portugueses serem introduzidos ao Samorim: recostado a um divã de veludo verde, ele tinha o torso envolto em enormes colares de pérolas, os cabelos, os punhos e as mãos cobertos de joias. Segundo o costume do país, Gama elevou as mãos juntas ao céu e leu uma mensagem de d. Manoel I, monarca "rico de todas as coisas, mais do que qualquer rei dessas regiões", feliz possuidor de um tesouro em metais preciosos e ouro. O português informou ainda que o rei sabia da existência de cristãos no além-mar, no fabuloso reino de Preste João, os quais os navegadores estavam encarregados de encontrar. Cordial e espetacular, a entrevista encerrou-se com um convite para que uma delegação de embaixadores o acompanhasse em seu retorno a Portugal.

Dois dias depois, num segundo encontro, o cenário começou a mudar. Vasco da Gama teve de esperar quatro horas para ser atendido, enquanto imaginava que, muito provavelmente, o Samorim achara seus presentes medíocres. Mal sabia que as licenças de comércio que solicitara haviam sido alvo de violentas críticas por parte dos descendentes de árabes, instalados na costa do Malabar desde o século VIII, zelosos quanto ao mercado que dominavam e orgulhosos de sua fidelidade ao Corão. O Samorim, todavia, aceitou embarcar especiarias em troca de metais preciosos, coral e púrpura. Sem a assinatura de qualquer tratado comercial consistente, a data de partida foi acordada para o dia 5 de outubro, antes que soprassem os chuvosos ventos de monção. O retorno foi marcado por dificuldades decorrentes do desconhecimento que os portugueses tinham das correntes e dos ventos do Pacífico, além de pequenos conflitos com pesqueiros e embarcações leves. Chegaram à costa africana em janeiro de 1499, passando por Mogadíscio, Melinde, Zanzibar e erguendo em São Jorge, perto de Moçambique, um último "padrão", monumento de pedra deixado pelos portugueses em terras que "descobriam". Enxotada de muitos portos onde buscava água e descanso, a exausta expedição estava desfalcada. Atacada pelo escorbuto, a tripulação se reduzira a cerca de vinte homens em cada nau. A São Rafael foi destruída, "porquanto era coisa impossível navegar em três navios com tão pouca gente como éramos", confessa um exausto Gama. Seu irmão, Paulo, veio a falecer na ilha Terceira, no caminho de volta para casa. Dos 150 marinheiros que partiram, cerca de oitenta regressaram.

Dois anos e 7.500 léguas percorridas separavam o início da expedição da data de chegada à beira do Tejo. D. Manuel ofereceu a Vasco da Gama uma recepção grandiosa. Nessa época, enfeitavam-se as janelas com colchas bordadas, panos coloridos e tapetes. Ervas aromáticas juncavam o chão das ruas enquanto hastes, tendo à ponta ardentes novelos embebidos em graxa e sebo – os faróis de fogo, como eram chamados –, clareavam o ambiente. Procissões com centenas de fiéis, candeias e velas à mão, cruzavam com aristocratas vestidos com o que tinham de melhor: espadas guarnecidas, joias, adornos de ouro e prata. Caixas de marmelada e doces de casca de cidra – o diacidrão – eram distribuídos entre os pobres. Vasco da Gama, Nicolau Coelho e alguns dos pilotos que escaparam da viagem foram regiamente premiados. O primeiro recebeu em doação os impostos da vila de Sines, até então pertencente à Ordem de Santiago, além de pensões anuais. Antecipando-se a informações indiscretas, d. Manuel apressou-se a dar notícia dos fatos ao papa Alexandre VI e aos seus vizinhos, os reis católicos – Isabel e Fernando. A intenção de colocá-los a par das notícias escondia seu interesse em acelerar os fatos. Apoiado na desculpa de que havia uma suposta população católica na Índia, que se deveria integrar à cristandade ocidental a fim de lutar contra o Islã, o monarca português ambicionava o controle do comércio de especiarias e pedras preciosas. Doravante, em vez de passar por Meca, pelo Cairo ou Alexandria, a nova rota conduziria ao cabo da Boa Esperança. Simultaneamente, o monarca pressionava o papa, por meio de seu embaixador em Roma, d. Jorge da Cunha, e de várias doações, para que o Vaticano permitisse a Portugal exercer o controle sobre todos os domínios marítimos, dando aos lusos o direito de descobrir novas terras. A corte papal era a incomparável encruzilhada por onde passavam as informações sobre a chegada e partida de embarcações, as rotas de viagens e transações frutuosas. Até uma nova moeda foi cunhada, preparando uma nova viagem. Seu nome? Índios. Ela deveria concorrer com o marco de prata veneziano em seu próprio terreno comercial, Calicute.

Uma segunda expedição era preparada às pressas. D. Manuel, noivo de d. Maria, filha dos reis católicos de Aragão e Castela, parecia querer apresentar Portugal ao mundo como a nova potência da cristandade ocidental. Essa expedição tanto tinha de impressionar pela quantidade de mercadorias suscetíveis de dobrar o Samorim e o mercado indiano ao comércio com Portugal quanto se mostrar poderosa o bastante para intimidar, até pela força das armas, os que se interpusessem a esse comércio. A meta era instalar entrepostos em Sofala, para adquirir ouro e especiarias em Calicute, além de enviar missionários, um teólogo e freis capuchinhos para catequese dos moradores locais. Depois de receber as bênçãos da Igreja, a armada, comandada por Pedro Álvares Cabral e composta de doze naus e uma caravela, zarpou com destino à Índia a 9 de março de 1500. Entre outros capitães que seguiam sob seu comando, figurava Bartolomeu Dias, que cruzara o cabo da Boa Esperança – onde, meses depois, desapareceria num naufrágio –, e Nicolau Coelho, companheiro de Gama na sua viagem ulterior. Com 32 anos, nono filho de Fernão Cabral e d. Isabel de Gouveia, senhor de Belmonte e donatário de Azurara, o "homem que inventou o Brasil" – no dito espirituoso de Afrânio Peixoto – pertencia a uma família nobre que servira a d. Afonso V em suas cruzadas africanas e aventuras militares na península Ibérica. Era muito mais um homem de guerra, um chefe de armas, do que um navegador. A escolha de d. Manuel não fora inocente. O monarca pretendia avaliar os riscos militares de estabelecer relações comerciais e religiosas com o Oriente. O estabelecimento da Carreira das Índias exigia certa estratégia. Afinal, tratava-se do futuro do negócio das especiarias e das demais riquezas indianas.

A armada percorreu em cinco rápidos dias o caminho até as ilhas Canárias. A essa altura, uma das naus já havia desaparecido: "Comeu-a o mar", dizia-se então. No tom que marcou tantas dessas trágicas viagens, registrou o escrivão Pero Vaz de Caminha: "Fez o capitão suas diligências para a achar, a uma e outra parte, mas não apareceu mais". Segundo o mesmo cronista, a armada seguiu o "mar de longo", ou seja, navegando direto numa grande extensão até os mares que banhavam a que seria chamada Terra de Santa Cruz. O afastamento para oeste, hoje sabemos, foi intencional, pois, desde as viagens de Diogo de Teive ao Norte da África, em cerca de 1452, sabia-se da existência de terras a noroeste dos Açores e da Madeira. Desbravava-se, então, uma região do Atlântico de difícil navegação que incluía o Mar dos Sargaços – região mítica que corresponderia a áreas não muito distantes do atual Caribe. Uma carta veneziana de 1424 representou, por sua vez, um conjunto de ilhas atlânticas, ao sul e ao norte das Canárias – Antilia, Satanases e Saya, Imana e Brazil –, que passaram a figurar em outros mapas cada vez mais a ocidente da Europa. Datada de 1474, a célebre carta de Toscanelli, endereçada ao príncipe d. João, ou a algum membro de sua futura Corte, o incentivava a buscar um caminho para as Índias em viagem transatlântica, tomando rumo ocidental e baseando-se na existência de algumas das ilhas acima mencionadas. A região, aparentemente desconhecida pelos portugueses, era, ao que tudo indica, conhecida de marinheiros franceses, como o negociante e marinheiro Jean Cousin, provável visitante da embocadura do Amazonas em 1488, assim como dos espanhóis: Diogo de Lepe e Alonso de Hojeda teriam passado por trechos da costa norte brasileira antes de 1500.

Tendo em vista a pressa de retornar a Calicute, é de estranhar que a frota de Cabral pudesse perder tempo "explorando" zonas desconhecidas e já chanceladas, há seis anos, pelo Tratado de Tordesilhas. Tomar posse das terras demarcadas devia fazer parte dos planos da expedição. Por que outra razão uma das treze embarcações, a conduzida por Gaspar de Lemos, teria voltado a Lisboa, anunciando a "descoberta", quando os olhos da cristandade ocidental estavam bem abertos sobre a primeira expedição a abrir oficialmente a Carreira das Índias?

No dia 22 de abril de 1500, chegando ao sul do atual estado da Bahia, os portugueses jogaram âncora na embocadura de um pequeno rio. Depois de navegar por dez léguas ao longo da costa, fundearam numa baía a que se deu o nome de Porto Seguro. A vastidão da selva, invadindo a praia, impressionou: "As árvores são muitas e grandes", anotava um atônito Caminha. No dia 26 de abril, uma missa celebrada pelo franciscano Henrique Soares de Coimbra marcou os festejos do Domingo de Páscoa. Em 1º de maio, uma cruz foi plantada. No ar, o som de araras, maritacas, tuins e pica-paus; era "a terra dos papagaios", terra ruidosa que, em cor de incontáveis "prumagens", figurará em vários mapas. No dia seguinte, Cabral zarpava para Calicute. O Brasil havia sido "oficialmente descoberto".

2

SEM FÉ, SEM LEI, SEM REI

Da caravela, o capitão-mor e seu escrivão, Caminha, observavam batéis e esquifes que seguiam em direção à terra. Na praia, dois, três e logo dezoito ou vinte homens gesticulavam. "Eram pardos, todos nus, sem coisa alguma que lhes cobrisse as vergonhas. Nas mãos traziam arcos com suas setas." Registravam-se, assim, as primeiras impressões sobre uma gente que logo se revelaria nova e desconhecida. Que gente seria aquela? A nudez era novidade? Não. Portugueses estavam familiarizados com etíopes, com os quais se deparavam quando costeavam o litoral africano, eles também nus e portando mortíferas azagaias – lanças curtas utilizadas em caçadas e guerras.

Os registros se sucedem na pena de Caminha: logo demonstraram ser pacíficos. Quando os portugueses se aproximaram, deitaram no chão os arcos e as flechas impregnadas de venenoso sumo de mandioca. Cabelos corridos, corpos depilados e pintados com tintura de jenipapo, penas coloridas na cabeça e na orelha, contas brancas em colares: era gente formosa e alegre. Ao som da gaita de Diogo Dias, almoxarife, os índios "folgaram e dançaram".

Se, por um lado, esses primeiros contatos pressupunham uma aproximação pacífica, na forma de troca de presentes e alimentos, por outro, houve um distanciamento. Os portugueses ignoravam a identidade dos povos indígenas, acusando-os de não ter religião ou de desconhecer a agricultura. Consideravam que seu nível civilizatório era igual ou inferior ao dos nativos africanos, parecer que, em breve, justificaria a exploração e a catequese obrigatória de tribos inteiras. Mas, contrariamente ao que pensavam os recém-chegados, a história de tais tribos começava bem antes da chegada das caravelas portuguesas às praias da "ilha de Vera Cruz". Especulações arqueológicas recentes, com base em restos de fogueiras pré-históricas, sugerem que, há 50 mil ou 40 mil anos, grupos humanos adentraram a serra da Capivara, no Piauí. Outras datações, mais aceitas, avançam esse limite para 10 mil ou 9 mil anos antes de Cristo. Qualquer que seja o marco cronológico escolhido, vestígios materiais indicam a existência de uma cultura indígena instalada em solo brasileiro milhares de anos antes da chegada de Cabral; cultura que soube adequar-se aos recursos naturais disponíveis, desenvolvendo grande variedade de artefatos capazes de garantir sua sobrevivência.

Esses primeiros ancestrais, moradores de locais abertos, próximos a boqueirões, no alto de chapadas, coabitavam com tatus gigantes, tigres-dentes-de-sabre, mastodontes e outras espécies da megafauna. Na região Centro-Sul do Brasil, caçadores e coletores cruzavam campos, savanas e alagadiços em busca de peixes, carnívoros de médio porte e répteis, como o jacaré e o lagarto, base de sua alimentação. A presença de instrumentos capazes de modificar a consistência dos alimentos indica claramente as transformações que os grupos humanos impunham ao meio ambiente. Peças de pedra, côncavas ou convexas, funcionando como verdadeiros batedores-trituradores, mós e pilões, pontas de arpão e anzóis, feitos de ossos, evidenciam não apenas uma simples preocupação fisiológica, mas uma cultura em torno do alimento.

No Brasil meridional, por volta de 6.500 a 5 mil anos atrás, grupos horticultores começaram a plantar milho, algodão, amendoim e porongos – utilizados como cuias e cabaças. Esses primeiros horticultores criaram, também, uma cerâmica utilitária, pequena e escura, cuja função era o armazenamento. O início da domesticação de plantas e a relação com as espécies nativas, como o araçá e a pitanga, bem como a criação de instrumentos relacionados com o seu processamento (o quebra-coquinho, por exemplo) demonstram a existência de um sofisticado conhecimento sobre coleta e preparação de alimentos. Essa relação com o meio ambiente permitiu aos primeiros habitantes da "terra dos papagaios" dispor de diferentes nichos ecológicos e desenvolver estratégias alimentares que tinham uma relação estreita com o mundo que os cercava.

Mas os ancestrais das tribos tupis não eram apenas estômago. Eram extremamente sensíveis ao mundo cultural: esculturas de pedra e osso representando pássaros, mamíferos e homens constituem um catálogo apaixonante de suas criações artísticas. Nas grutas, a representação de animais – cada grupo tinha seu favorito, como o tamanduá, peixes ou tucanos –, de formas geométricas ou de figuras humanas envolvidas em cenas familiares e sexuais indica o misto de fruição estética e investimento ritual em torno das imagens. Na execução dessas obras, não faltavam extremos cuidados: em Roraima, no interior das cavernas, usavam-se até andaimes para o acabamento das pinturas. No belíssimo conjunto rupestre do Lajedo de Soledade, no Rio Grande do Norte, imagens associadas a rituais propiciatórios para chuvas comprovam a maestria na preparação das tintas, evitando o escorrimento das cores.

A "arte de morrer" também era uma de suas preocupações fundamentais: as formas de enterro, com os corpos embrulhados dentro de trançados, sentados ou deitados vestindo capas de folhas de palmeiras, adornados por pingentes, pontas de ossos, colares de conchas, bolas de cera de abelhas, raspadores de conchas ou mesmo com ossos guardados dentro de cerâmica, depois de apodrecida a carne, indicam a presença de práticas religiosas em torno da memória dos ancestrais.

Os portugueses encontraram descendentes desses grupos. Gente que seguia praticando a horticultura, a coleta, a caça e a pesca, e que se deslocava com grande facilidade através das matas. Tais sociedades organizavam-se em habitações de quatro a sete malocas, dispostas em volta de um terreiro, utilizado para realização de cerimônias religiosas, festas sagradas, rituais de antropofagia. A poligamia era difundida apenas entre os grandes caciques, um signo de prestígio, havendo chefes, como o célebre Cunhambebe, com mais de uma dezena de esposas. A parceira sexual preferida – *temericóête* – vivia em harmonia com as demais mulheres, prevalecendo o respeito pelas mais velhas e obediência à autoridade do marido. Os cuidados com o sexo feminino eram permanentes. Mulheres andavam atrás de seus companheiros para que estes as protegessem no caso do ataque de um animal ou de um inimigo. Tinham grande liberdade sexual antes do casamento, podendo manter relações sexuais com rapazes da tribo ou de fora – incluindo os estrangeiros –, sem que isto lhes manchasse a honra. Já o adultério feminino causava grande horror. O homem podia espancar e até mesmo matar a adúltera ou, ainda, entregá-la aos rapazes da aldeia. A criança nascida de uma relação extraconjugal era enterrada viva.

No momento do parto, maridos ajudavam suas mulheres, comprimindo-lhes o ventre. O cordão umbilical do filho homem era cortado com os dentes pelo pai, enquanto as meninas recebiam da mãe os primeiros cuidados. Depois de banhados no rio e pintados com urucum e jenipapo, os pequenos eram submetidos à cerimônia do *itamongaué*, cuja intenção era lhes proporcionar um bom futuro. Durante o resguardo, os pais não trabalhavam, alimentando-se exclusivamente de farinha de raiz (*ouic*) e água. Evitavam, simbolicamente, que seus pequenos tivessem cólicas. Tais hábitos – a *couvade* – simbolizavam a importância do papel paterno na geração de uma criança. Esta recebia, ao nascer, objetos por ele confeccionados. Pequenos tacapes, arcos e flechas em miniatura tinham por objetivo tornar o filho um excelente caçador. Durante um ano e meio, tempo em que durava o aleitamento, mães e filhos não se desgrudavam. Envoltas num pano denominado *typoia*, as pequenas criaturas eram carregadas, nas costas ou nos braços, até durante o trabalho nas roças. A forte ligação entre pais e filhos chamou a atenção dos europeus: "São obedientíssimos a seus pais e mães e todos muito amáveis e aprazíveis".

O trabalho de homens e mulheres obedecia a prescrições baseadas no sexo e na idade. Mulheres semeavam, plantavam e colhiam produtos agrícolas, coletavam frutas silvestres e mariscos, fabricavam farinhas e óleo de palmeira, preparavam as raízes para a produção do *cauim*, fiavam algodão e teciam redes, cuidavam dos animais domésticos e do corpo dos parentes, catando piolhos, depilando-os, etc. Os homens derrubavam a mata e preparavam a terra para a horticultura, caçavam e pescavam, construíam malocas, fabricavam canoas e armas, cortavam lenha e protegiam mulheres e crianças.

Entes sobrenaturais, temidos pelos indígenas, habitavam as matas fechadas. O nome de Curupira – ou *Kuru'pir*, em tupi – era mencionado entre sussurros de medo. José de Anchieta a ele se refere em 1560: "É cousa sabida e pela boca de todos corre que há certos demônios, a que os Brasis chamam 'curupira', que acometem aos índios muitas vezes no mato, dão-lhes de açoites, machucam-nos e matam-nos". Sob suas ordens, curvavam-se as árvores e os animais. Índio pequeno, de cabelo vermelho ou cabeça pelada, tinha os pés tornados ao avesso, dedos atrás e calcanhar à frente, deixando rastros em sentido contrário ao de sua marcha. Dirigindo as manadas de porcos-do-mato, o temido Curupira passava assobiando estridentemente; era o mais vivo espírito da floresta tropical. A caça de porte era o domínio de Anhangá, enquanto Caapora protegia a caça miúda. Mboitatá era o senhor das relvas e arbustos. Nas matas, onde houvesse arvoredo denso, os indígenas marcavam as árvores a golpes de machado ou quebrando galhos. Uma sequência de tais galhos significava uma pista, um caminho: era o *ibapaá* ou *caapeno*. No labirinto dos rios, os indígenas memorizavam meandros e afluentes em representações gráficas cuja exatidão dava inveja aos cartógrafos europeus. A necessidade de enfrentar a natureza hostil incentivava uma série de habilidades: rastreavam a caça cobiçada no escuro, descobriam tocas e esconderijos de animais, modulavam a voz e o pio de aves, localizavam, entre centenas de troncos, colmeias cheias de cera e mel. Algumas tribos diziam-se capazes de sentir a aproximação de cobras pelo olfato. Fabricavam um número variado de artefatos fáceis de transportar e capazes de tornar seu cotidiano mais fácil: sandálias de pedaços de caraguatá, redes, puçás, cabaças para criar abelhas, potes de barro, canudos de taquara para beber nos

olhos-d'água subterrâneos. Dentes de jacaré, unhas de tamanduá-
-bandeira, chifres de sapo e banha de anta eram alguns dos produtos utilizados no tratamento de doenças. Tais grupos indígenas também detinham um enorme conhecimento de folhas e frutos curativos, cujas qualidades reconheciam pelo paladar, que, misturados a urina e fumo, debelavam uma série de mazelas ou ao menos faziam com que se imaginassem curados.

Inicialmente, os portugueses não afetaram a vida dos indígenas e a autonomia do sistema tribal. Enfurnados em apenas três ou quatro feitorias dispersas ao longo do litoral, dependiam dos nativos, seus "aliados", para sua alimentação e proteção. O escambo de produtos como pau-brasil, farinha, papagaios e escravos – motivos de guerras intertribais – por enxadas, facas, foices, espelhos e quinquilharias dava regularidade aos entendimentos. Mas, a partir de 1534, aproximadamente, tais relações começaram a se alterar. Chegava ao fim a fase em que os brancos se mantiveram dependentes dos nativos. O estilo de vida e as instituições sociais europeias, como o regime de donatarias ou de capitanias hereditárias, entranhavam-se na nova terra.

Não por acaso, nesse momento multiplicam-se as queixas dos portugueses em relação aos índios. Os tupinambás, no entender dos lusos, "usavam de bestialidades mui estranhas": pedras ou ossos nos beiços, por exemplo, vivendo como "alimárias monteses", ou seja, como animais. O fato de não possuírem nem fé, nem lei, nem rei – traços inicialmente vistos com certa condescendência – transformou-se pouco a pouco em justificativa para desprezá-los. Pior: o canibalismo, registrado primeiramente em 1502, por Américo Vespúcio, transformou muitos grupos tribais em símbolo por excelência da barbárie aos olhos europeus.

Ao substituir o escambo pela agricultura, os portugueses começavam a virar o jogo. O indígena passou a ser, simultaneamente, o grande obstáculo para a ocupação da terra e a força de trabalho necessária para colonizá-la. Submetê-los, sujeitá-los, escravizá-los, negociá-los tornou-se a grande preocupação. Mas preocupação para quem? Primeiro, para os doze donatários das quinze capitanias distribuídas por d. João III, rei de Portugal, em 1534. Esses donatários eram selecionados entre funcionários da Coroa, veteranos ou negociantes, que tinham feito fortuna no Oriente. Entre seus direitos e deveres, constava não lesar a população, aceitar impostos em espécie, pagar à Coroa o quinto sobre pedras preciosas encontradas e pertencer à religião católica. Deviam prover prosperidade para suas capitanias, beneficiando, ao mesmo tempo, a Coroa. Vinham para cá com seus parentes e afins, como foi o caso de Duarte Coelho, em Pernambuco. Também vinham degredados, alguns condenados pela Justiça secular, outros pela Inquisição, instituída em 1536. Embora tenha havido alguns que respondessem por nomes nobres, a maioria recebia alcunhas: o Cobra, a Cavala, a Má Carne, evocando sua rude condição de artesãos, agricultores e domésticas. Eram os "indesejáveis do Reino", sobretudo bígamos e feiticeiras. Vir sentenciado para a América portuguesa era considerado pena árdua, era destino malfadado. "Ora assim me salve Deus; E me livre do Brasil", esconjura uma das personagens de Gil Vicente no *Auto da barca do Purgatório*. Isso, todavia, não impediu que rumassem para cá colonos minhotos e beirões, especializados no pequeno comércio, gente da Estremadura, mais afeita aos ofícios mecânicos, e das ilhas atlânticas, para a lavoura. Capitais hebraicos azeitavam os negócios de cristãos-novos – nome dado aos judeus conversos à força em Portugal –, financiando a implantação da cultura açucareira.

 A economia colonial teve início seguindo o modelo usado nas ilhas da Madeira e de São Tomé: cultivo de cana-de-açúcar, construção de engenhos e uso de mão de obra escrava. Começava, assim, a rendosa empresa de caça ao indígena, e com ela o tráfico de negros da terra – termo utilizado para diferenciá-los dos negros africanos, que, aliás, começaram a chegar em profusão por volta de 1550 –, a fim de abastecer os núcleos de colonização. Como grande parte das capitanias foi destruída por ataques de índios e vários donatários nem sequer vieram ao Brasil, a Coroa criou, em 1549, o governo-geral, estrutura administrativa que incluía um governador-geral, um punhado de magistrados e funcionários dependentes do rei. Os anos que se seguiram foram cruéis para os indígenas. Já em 1548, o regimento do governador Tomé de Souza instruía o governo para dobrar os índios hostis aos portugueses, dando-lhe carta branca para destruir aldeias, matar e punir rebeldes como castigo exemplar. A política de "grande terror" recomendada por d. João III consistia, inclusive, em amarrar o índio que praticara algum delito à boca de um canhão, fazendo-o explodir. Mem de Sá, que assumiu o governo-geral em 1557, foi, sem dúvida, o campeão da violência. Vamos ouvi-lo: "Entrei nos Ilhéus fui a pé dar em uma aldeia que estava sete léguas da vila [...] dei na aldeia e a destruí e matei todos os que quiseram resistir, e a vinda vim queimando e destruindo todas as aldeias que ficaram atrás e, por se o gentio ajuntar e me vir seguindo ao longo da praia lhe fiz algumas ciladas onde os cerquei forcei a deitarem a nado na costa brava".

Lutas seguiam-se. Em meados do século XVI, a Confederação dos Tamoios, primeiro movimento de resistência a reunir vários povos indígenas, como tupinambás, goitacazes e aimorés, teve o apoio de huguenotes franceses, terminando com milhares de índios mortos e escravizados. O conflito, conhecido como Guerra de Paraguaçu (1558-59), destruiu 130 aldeias. Por essa época, multiplicavam-se as revoltas do gentio, com assaltos a núcleos de colonização e engenhos, mortes de brancos e de escravos negros. Enquanto isso, na Bahia, um fenômeno religioso tomava conta dos tupis: era a santidade. A de Jaguaripe, ocorrida entre 1580 e 1585, foi a mais importante delas. Nela, em meio a danças, transes, cânticos e à fumaça inebriante do tabaco, os índios afirmavam sua vontade de achar uma terra mítica, onde não houvesse portugueses, lutas e massacres, fome e doença: a "terra sem mal". O fenômeno incorporava e rechaçava valores de dominação colonial, ao misturar Tupã com Nossa Senhora, a doutrina cristã com crenças indígenas, cruzes com ídolos de madeira e juntava índios, mamelucos e brancos em seitas cujos cultos dirigiam-se a ídolos híbridos – um Jesus Comprido, *Jesu Pocu*, por exemplo.

Encerra-se o primeiro século da presença lusa em terra brasileira, com a colonização de parte do litoral e de pequenas áreas da terra adentro. Notícias fabulosas sobre minas de ouro e pedras preciosas ensejaram expedições rumo ao sertão, como aquela capitaneada pelo castelhano Francisco Bruza de Espinoza y Megero, rio São Francisco acima. A criação de gado, por sua vez, estimulava ainda mais a ocupação interiorana. Trazidos de Cabo Verde, os bovinos encontraram aqui terras de pastagem sem fim. Surgem os currais da Bahia. As reses, seguindo livremente depósitos salinos e barreiras de beiras de rio, espraiaram-se na direção do Nordeste e da atual Minas Gerais. No Sudeste, a fundação de São Vicente e Santo André da Borda do Campo abre, para o gado, as portas para os sertões do Sul. Nesses processos de expansão, novas guerras e novos massacres contra as populações indígenas são registrados.

3

RELIGIOSIDADES NA COLÔNIA

O Brasil nasceu à sombra da cruz. Não apenas da que foi plantada na praia do litoral baiano, para atestar o domínio português, ou da que lhe deu nome – Terra de Santa Cruz –, mas da que unia Igreja e Império, religião e poder. Mais. Essa era uma época em que parecia impensável viver fora do seio de uma religião. A religião era uma forma de identidade, de inserção num grupo social – numa irmandade ou confraria, por exemplo – ou no mundo. A colonização das almas indígenas não se deu apenas porque o nativo era potencial força de trabalho a ser explorada, mas também porque não tinha "conhecimento algum do seu Criador, nem de cousa do Céu". Isso foi fundamental para dar uma característica de missão à presença de homens da Igreja na América portuguesa. D. João III não deixou dúvidas quanto a isso ao escrever a Mem de Sá: "A principal causa que me levou a povoar o Brasil foi que a gente do Brasil se convertesse à nossa santa fé católica". A crença de que o apóstolo São Tomé teria saído pregando o evangelho de Cristo mundo afora estimulava os religiosos europeus a seguir seu modelo, suas pegadas. Para empurrá-los, o próprio infante d. Henrique criara, com o aval da Santa Sé, conventos no Norte da África. Os padrões, ou marcos, plantados na costa da África e da Ásia, traziam as armas reais entrelaçadas à cruz, pois missão evangelizadora e colonização se sobrepunham.

O zelo fanático em extirpar idolatrias e heresias, num momento delicado em que católicos e protestantes se digladiavam pela hegemonia religiosa no Velho Mundo, somou-se à necessidade de pregar a palavra de Deus, evangelizando, catequizando e impondo ideais. "Todos temem e todos obedecem e se fazem adeptos para receber a fé", registrava, no século XVI, o jesuíta Antônio Blásquez. Mas como se deu tal evangelização? Quem foram os primeiros a difundir o cristianismo no ultramar?

Os primeiros religiosos a desembarcar entre nós foram oito franciscanos, membros de importante ordem estabelecida, há tempos, em Portugal. Sua presença como capelães de bordo na navegação portuguesa era comum, mas sua participação na evangelização do gentio ou nas práticas religiosas de colonos só ganhou envergadura a partir da década de 1580, com a conquista da Paraíba. A eles juntaram-se beneditinos e carmelitas. Papel bem mais relevante, contudo, teriam os jesuítas. Vindo com Mem de Sá em 1549, o primeiro grupo era composto de seis missionários da recém-fundada Companhia de Jesus, entre os quais estava Manuel da Nóbrega (1517-70). Sua primeira providência? A organização de uma escola que, como outras que se seguiriam, consistia na base da missão. Um ano mais tarde, chegaram mais padres acompanhados de "órfãos de Lisboa, moços perdidos, ladrões e maus", que teriam papel relevante, embora anônimo, nos projetos da Companhia. Chamados meninos língua, cabia-lhes aprender o tupi-guarani, tendo como tarefa a conversão das crianças nativas. Em 1550, Leonardo Nunes instalou-se em São Vicente, litoral paulista, onde, em registro admirativo de Nóbrega, ergueu "uma grande casa e muito boa igreja". Bahia e Rio de Janeiro tornavam-se polos de irradiação da atividade de catequese. Em 1575, inaugurou-se, em Olinda, o quarto grande colégio, onde eram ministradas aulas de "ler, escrever e algarismos" para os filhos de colonos.

As cartas escritas pelos padres jesuítas a seus superiores na Europa revelam como transcorria o cotidiano nas missões onde se juntavam padres e indígenas: "Se ouvem tanger missa", conta um inaciano, "já acodem e tudo que nos veem fazer, tudo fazem. Assentam-se de joelhos, batem nos peitos, levantam as mãos para o céu". A clientela era feita de filhos de índios e mestiços, acrescida, de tempos em tempos, de um principal, ou seja, um chefe. As primeiras atividades religiosas consistiam em recitar, nas igrejas, ladainhas ou a Salve-Rainha. Nas sextas-feiras, disciplinavam-se em cerimônias de autoflagelação e, com o corpo coberto de sangue, saíam em procissão. Cantavam hinos como o *Dominus et Creator* e revezavam-se entre aulas de flauta e canto. A *Gramática*, feita de perguntas e respostas, era o livro básico para a instrução, além de aprenderem a escrever. Confessavam-se de oito em oito dias e saíam para caçar e pescar todas as tardes, pois não havia qualquer forma regular de aprovisionamento. A alimentação baseava-se na farinha de pau, nome dado à farinha de mandioca, e na caça, "como sejam os macacos, as corças, certos animais semelhantes a lagartos, pardais e outras feras", explicava o padre Anchieta. O pescado era considerado gostoso e o cardápio engrossado por legumes, favas, folhas de mostarda e abóbora, e "em lugar de vinho [...] milho cozido em água a que se ajunta mel". As meninas indígenas eram ensinadas a tecer e fiar algodão, capaz de vestir os jovens nus. O tempo livre das crianças ficava por conta do banho de rio ou no "ver correr as argolinhas", brinquedo, segundo Nóbrega, importado de Portugal: "Ensinamo-lhes jogos que usam lá os meninos do Reino. Tomam-nos tão bem e folgam tanto com eles que parece que toda a sua vida se criou nisso", anotava o padre Rui Pereira em 1560. As atividades físicas mais simples impregnavam-se de cantos e danças nos quais a cultura indígena se impunha. Em festas nos aldeamentos, os meninos levantavam-se à noite para a seu modo cantar e dançar "com taquaras que são canos grossos que dão no chão e com o som que fazem cantam e com as maracas que são umas frutas, umas cascas como cocos furados por onde deitam pedrinhas dentro". A sensibilidade musical do indígena fazia crer aos jesuítas que, "tocando e cantando entre eles, os ganharíamos" e que "se cá viesse um gaiteiro", anotava Nóbrega, não haveria cacique que recusasse seus filhos à escola jesuítica. Nos batismos em grupo, os meninos índios eram vestidos com "roupas brancas, flores na cabeça e palmas na mão", sinal da vitória que teriam alcançado contra o Demônio.

Até 1580, os jesuítas procediam como uma espécie de missionários oficiais da Coroa. A anexação de Portugal à Espanha, no período da União Ibérica (1580-1640), mudou, contudo, essa hegemonia – estimulando-se o ingresso de outras ordens religiosas ao Brasil. Os franciscanos destacaram-se por seguir a ocupação do litoral nordestino, do Rio Grande do Norte a Alagoas. Unidos aos senhores do açúcar, desenvolviam sua ação dentro das capelas de engenhos, rezando missas, realizando batismos e casamentos comunitários, abençoando as moendas e os animais. Acompanharam os bandeirantes em suas expedições de apresamento de índios e, ao contrário dos jesuítas, situaram-se mais do lado do branco do que do índio. Nas expedições oficiais para a conquista da Paraíba, por exemplo, jamais apoiaram tabajaras e potiguares e, entre 1588 e 1591, começaram a estabelecer-se em conventos, lado a lado com beneditinos e carmelitas.

Instalados ao final do século XVI em Olinda, os carmelitas ensinavam teologia e língua brasílica, ou seja, o tupi simplificado, e daí enviavam seus missionários Brasil afora. Foram vigorosos defensores dos interesses portugueses na Amazônia, logo deixando de importar-se com o caráter missionário e investindo nas relações com as populações de vilas interessadas no comércio de especiarias, como o cacau. Mais dedicados à vida contemplativa do que a qualquer outra atividade, os beneditinos pertenciam, por sua vez, a uma ordem rica, possuidora de inúmeros imóveis e fazendas sustentadas por escravos. Na Amazônia, cartas régias fixaram a atuação de cada ordem: franciscanos de Santo Antônio, as missões do cabo do Norte, Marajó e norte do rio Amazonas; Companhia de Jesus, as dos rios Tocantins, Xingu, Tapajós e Madeira; Carmo, as dos rios Negro, Branco e Solimões; franciscanos da Piedade, as do Baixo Amazonas; mercedários, as do Urubu, Uatumã e trechos do Baixo Amazonas. Já no Sudeste, os franciscanos organizavam-se em missões volantes, nas quais grupos visitavam de tempos em tempos as vilas e os povoados do interior para pregar, confessar, rezar missas, apoiando com socorro espiritual os colonos.

À medida que a colonização, a fome e as guerras dizimavam os índios do litoral e que os negros africanos eram trazidos em massa para trabalhar nos engenhos como escravos – sem que autoridades religiosas argumentassem contra sua escravização –, os movimentos missionários se deslocavam para o interior da Colônia à procura de novas almas. Nos sertões do rio São Francisco, capuchinhos franceses, aliados das reformas propostas pelo Concílio de Trento, e oratorianos italianos, muito voltados para as práticas piedosas de orações e devoções, tiveram destacada atuação. Os laços que os ligavam diretamente à Santa Sé, em Roma, sem passar por vínculos com o governo português, lhes davam grande liberdade de ação. Suas missões lhes permitiam estar mais próximos do povo humilde que habitava, disperso e sem auxílio, as ermas vastidões do interior.

Mas havia muitos espinhos nos caminhos da evangelização. Os conflitos entre leigos e o clero se sucediam. Os mais importantes deram-se em torno da escravização dos indígenas, verdadeira pedra no sapato – ou melhor, nas alpargatas – dos padres que desejavam a catequese e a conversão do gentio. Desde o século XVI, a Companhia de Jesus conseguiu que o governo proibisse tal prática. Todavia, grupos importantes de plantadores de cana, donos de engenhos e, posteriormente, bandeirantes que obtinham grandes lucros com a escravização dos negros da terra consideravam sua proteção uma ruína para a Colônia. Eles não apenas insistiam com as autoridades do Reino para que estas lhes concedessem liberdade para usar o trabalho compulsório dos índios, como também, por meio de pressões e ameaças, retardaram quanto puderam a supressão da escravatura dos nativos. Para fazer frente às dificuldades criadas pelos colonos, uma lei de 1639, baseada em bula papal, reafirmou a liberdade dos indígenas. A resposta não tardou: colonos revoltaram-se em São Paulo, Santos e Rio de Janeiro, apontando suas armas contra os portões das escolas da Companhia de Jesus. Das janelas, terços na mão, os padres os excomungavam sob uma chuva de balas. Em Belém, os colonos acusavam os jesuítas por libelos enviados diretamente a procuradores na Corte. O ódio entre um e outro grupo era tal que os jesuítas foram expulsos dessas localidades, só regressando anos depois.

Em meio a essa crise, chegou ao Brasil, em 1652, o padre Antônio Vieira, que logo no ano seguinte foi nomeado visitador das missões do Maranhão e Grão-Pará. Familiarizado com a Colônia, pois tinha morado com os pais na Bahia até entrar para o seminário, Vieira vinha com a função de evangelizar, erguer igrejas e realizar missões entre os índios do Maranhão, além de contar com o apoio do rei, que ameaçara com severas punições os que atravessassem seu caminho. Alguns de seus textos são contundentes críticas à escravidão indígena, como a *Informação sobre o modo que foram tomados e sentenciados por cativos os índios no ano de 1655*. Nele, Vieira afirma: "Para acudir às injustiças que em todo o estado do Brasil se usavam no cativeiro dos índios naturais da terra, tomaram por último remédio os senhores reis destes reinos declarar a todos por forros e livres". Exceção seria feita no caso de guerra justa, ou seja, quando os nativos se recusassem à catequese, praticassem a antropofagia, cometessem latrocínio em terra ou no mar, se negassem a pagar tributos e a defender o rei ou a trabalhar para ele. Em outras palavras: quando de alguma forma resistissem à colonização.

Levados do sertão para o litoral pelos jesuítas, muitos índios eram agrupados em aldeamentos onde recebiam instrução e educação religiosa. A orientação de Vieira era, contudo, de que permanecessem no interior, evitando o confronto com os colonos gananciosos ou com outras ordens religiosas, mais incomodadas com o prestígio da Companhia do que com o destino dos índios. A pressão sobre Vieira foi tão grande que ele se viu obrigado a sair do Maranhão em 1654, retornando a Portugal. Havia tempos, na verdade, delineava-se esse quadro incendiário: entre 1632 e 1648, as populações guaranis aldeadas pelos jesuítas entre o Paraguai, o Paraná e o Rio Grande do Sul (Guairá, Itatim e Tape) haviam sido arrasadas por bandeirantes paulistas. Por essa época, numerosos grupos indígenas deslocaram-se para a margem oriental do rio Uruguai para estabelecerem-se junto dos jesuítas nos Sete Povos das Missões. Organizados para abrigar até mil famílias em moradias de terra socada, tais aldeamentos eram alvos constantes de ataques organizados por bandeirantes paulistas.

Em relação às demais populações católicas, um importante espaço de práticas religiosas para homens e mulheres coloniais eram as irmandades ou confrarias. Associações de caráter local, tais instituições auxiliavam a ação da Igreja e promoviam a vida social, desempenhando tarefas que, muitas vezes, deveriam caber ao ausente governo português: recolhimento de meninas órfãs, fundação e manutenção de abrigos de meninos pobres e hospitais, denominados Santas Casas da Misericórdia. Sua finalidade específica era promover a devoção a um santo. Em torno de festas, do culto e da capela do santo, um grupo de pessoas, fossem brancas, mulatas ou negras, se organizava. O que caracterizava a irmandade era justamente a participação de leigos no culto católico, participação que não implicava necessariamente a constante presença de padres e religiosos. Confrarias e irmandades demonstravam toda a força por ocasião da festa do padroeiro: ruas e igrejas eram decoradas com ervas perfumadas e tapetes e iluminadas por tigelinhas de barro contendo óleo de baleia. Irmãos vestidos de capa vermelha, tocheiros à mão, abriam a procissão, que era seguida de carros alegóricos ricamente enfeitados, atrás dos quais volteavam músicos e bailarinos. A diversidade de instrumentos musicais não ficava atrás da pompa coreográfica dos cortejos. Ritmos profanos e peças sacras se mesclavam à sonoridade dos batuques africanos. Músicos negros vestidos de seda e cobertos de plumas, tocando címbalos, pífaros e trombetas, misturavam-se a brancos, tocadores de clarins e charamelas. Uma imensa variedade de sons rasgava o ar, enquanto fiéis, piedosamente, desfilavam estandartes e as imagens religiosas.

Seguindo o costume português, a vida doméstica também consistia em importante espaço espiritual. Nas paredes das moradias era comum encontrarem-se cruzes de madeira, gravuras do anjo da guarda ou do santo com o nome do dono da casa. Nas zonas rurais, um mastro com a bandeira do santo indicava a preferência da devoção familiar. Ao levantar-se, pela manhã, o cristão benzia-se murmurando o "Pelo sinal". Oratórios, ou quartos de santos, eram iluminados por velas de cera que queimavam constantemente e onde as imagens eram vestidas e adornadas pelas mulheres. Flores naturais ou de papel, palhas bentas no Domingo de Ramos, medalhas milagrosas, escapulários e livros de oração compunham o arsenal do devoto na luta contra Satã. Em propriedades abastadas era comum a presença de capelas ou ermidas onde se celebravam casamentos, comunhões e batismos de senhores e escravos, homens livres e homens forros. Santos de estimação como Santo Antônio eram invocados para interceder em favor do fiel em caso de escravos fugidos, cavalos extraviados ou roubos. As solteiras costumavam invocá-lo para arranjar maridos; as casadas, em caso de desavenças conjugais. Não atendidas, penduravam-no, de cabeça para baixo, nos poços de água ou tiravam-lhe o menino Jesus do colo até terem seus desejos concedidos. Orações em que se nomeavam os santos, Jesus ou Maria eram usadas por benzedeiras e curandeiras para aliviar as dores, feridas e maleitas dos fiéis: "Deus eterno, por cujo amor Santa Apolônia sofreu que lhe tirassem os dentes [...] dai-me socorro saudável contra o incêndio dos vícios, e dai-me socorro saudável contra a dor dos dentes, por intercessão. Amém, Jesus".

Além do catolicismo, a Colônia foi palco de outros credos, crenças e práticas religiosas. Descendentes de judeus, por exemplo, buscaram refúgio nessas terras, que lhes pareciam de promissão. O movimento migratório começara no início do século XVI em função de perseguições que lhes eram movidas na península Ibérica. Instalados sobretudo na Bahia, em Pernambuco e no Maranhão, os recém-chegados integraram-se rapidamente à língua, aos costumes e à economia local, misturando-se aos cristãos, com quem dividiam cargos administrativos e comerciais. Os cristãos-novos detinham engenhos, escravos e terras. Para manter vivos os laços comunitários e de identificação, realizavam clandestinamente práticas e atos religiosos do judaísmo, ainda que sob a ameaça da Inquisição. Mas como é que esta se fazia presente na Colônia?

A Colônia nunca possuiu tribunal inquisitorial, ficando subordinada ao existente em Lisboa. Bispos e até leigos – sob o título de Familiares do Santo Ofício – podiam encaminhar denúncias contra suspeitos de heresia. Essas acusações também ocorriam por ocasião de visitações. Espécie de Justiça ambulante, as visitas de inquisidores – realizadas entre 1591 e 1595, 1618 e 1621 e em 1627 ao Nordeste, assim como entre 1763 e 1769 ao Grão-Pará – tinham por objetivo combater as heresias e zelar pela fé e boa moral dos católicos. Nesse quadro, ritos, preceitos ou cerimônias judaicos eram alvo dos monitórios gerais, ou seja, um documento eclesiástico com aviso aos fiéis, que descrevia minuciosamente tais ritos e era afixado às portas das igrejas. Pequenos atos do cotidiano serviam para indicar judaísmo. Guardar os sábados, por exemplo, revelava-se através do hábito de vestir roupas limpas e arrumar a casa na véspera – limpar e cozinhar alimentos, acender candeeiros, etc. – para que não houvesse necessidade de trabalhar nesse dia. Conscientes do interesse do Santo Ofício por pessoas que cometiam essas infrações, os cristãos-novos costumavam apresentar-se às autoridades confessando seus atos. Fernando Salazar, por exemplo, compareceu perante o inquisidor Marcos Teixeira, em 1618, e declarou "vestir camisa lavada aos sábados", justificando-se a seguir: "Por ser homem que ganha a sua vida em tratar as galinhas e papagaios e em outras cousas da terra e vir muito suado quando vem de fora". Os jejuns eram outra prática constante daqueles que seguiam às escondidas a lei de Moisés. Havia um grande jejum em setembro, o da rainha Ester e o das segundas e quintas-feiras da semana. Nesses dias, os israelitas evitavam alimentos durante o dia e ingeriam, só à noite, carnes e sopas; passavam, ainda, o dia descalços, pedindo perdão uns aos outros. Na celebração da Páscoa judaica, comiam pães ázimos e recitavam orações judaicas, baixando e levantando a cabeça diante da parede, adornada com cordões e fitas rituais, os trancelins. Enterravam os mortos em mortalha nova e terra virgem, colocando-lhes na boca um grão de aljôfar ou uma moeda de prata para que pagassem a primeira pousada. Os meninos eram circuncidados. Mesmo não seguindo as práticas judaicas de modo inteiramente consciente, os cristãos-novos conservavam a essência de sua cultura original. Repudiavam as imagens dos santos que enfeitavam os oratórios, consideravam a religião católica uma idolatria, esquivavam-se do sacramento da confissão, alegando: "É melhor confessar a um pau ou a uma pedra do que a um outro pecador".

Diferentemente dos cristãos-novos, os judeus que iriam se instalar em Pernambuco quando da invasão holandesa, de 1630 a 1654, encontraram melhores condições para exercer sua religiosidade. Concentraram-se numa rua do Recife, a Jodenstraat (rua dos Judeus), onde construíram a sinagoga da comunidade Kahal Zur Israel: uma casa de muitas janelas, com o térreo ocupado por duas lojas, tendo no andar de cima uma ampla sala mobiliada para utilização religiosa. Ao rabino, ou *haham*, Isaac Aboab da Fonseca devem-se as primeiras páginas literárias, em hebraico, escritas no Brasil: um poema que descreve os sofrimentos suportados pelos judeus em 1646, quando o Recife ficou sitiado pelos luso-brasileiros.

O protestantismo teve, no Brasil colonial, dois períodos marcantes. O primeiro vai de 1555 a 1560, quando chegou à baía de Guanabara o vice-almirante francês Nicolau Durand de Villegaignon para fundar no hemisfério sul uma colônia, a França Antártica, com calvinistas (huguenotes) franceses, hostilizados em sua terra. O segundo foi o da colonização holandesa no Nordeste. Com o auxílio de Gaspar de Coligny, nobre protetor dos huguenotes, Villegaignon estabeleceu-se na Guanabara com quatrocentos homens atraídos pela promessa de liberdade religiosa. Suspeitas e insegurança, porém, logo perturbariam o governo da França Antártica. Villegaignon desconfiava de seus próprios homens e dos índios tamoios, seus aliados. Os problemas ficaram maiores quando aqui chegou um contigente de 280 religiosos calvinistas vindos de Genebra, onde haviam sido ordenados. Ao que parece, os missionários recém-chegados traziam cartas de recomendação de importantes líderes religiosos e nobres, que fizeram Villegaignon temer por seu prestígio na França. Na chegada, o líder os recebeu com gestos de obediência, passando, logo depois, a criticá-los por não usarem pão comum e vinho não misturado com água na celebração da Santa Ceia.

As polêmicas se multiplicaram. Villegaignon questionava as posições calvinistas sobre a transubstanciação, ou seja, a mudança da hóstia em corpo de Deus, a invocação dos santos, o Purgatório. Por fim, proibiu Pierre Richier, um dos pastores credenciados por Calvino, de pregar. Diante de tantos conflitos, Richier partiu para a Europa com seus auxiliares. Devido às más condições da travessia marítima, alguns resolveram voltar. Foram recebidos por um desconfiado Villegaignon, que rejeitara publicamente o calvinismo. Obrigados a redigir uma declaração sobre alguns pontos doutrinários – intitulada *Confessio Fluminensis* –, caíram numa armadilha; acusados de traição, foram condenados e executados. Tornaram-se os primeiros mártires do credo protestante na América.

Enfraquecido e já sem a proteção de Coligny, Villegaignon retornou à França em 1558, pouco antes de os portugueses recuperarem a Guanabara. Por tensões político-religiosas, fracassava a tentativa de implantar uma colônia calvinista no Centro-Sul do Brasil colonial. Ela seria repetida, igualmente sem sucesso, no começo do século XVII, em São Luís do Maranhão, com a França Equinocial.

Conforme mencionamos, outro período de significativa atividade protestante foi o da colonização holandesa no Nordeste. Sob a regência de Maurício de Nassau, o domínio holandês estendeu-se temporariamente do Maranhão até abaixo do rio São Francisco. Nesse governo, a liberdade religiosa era para todos. Católicos eram livres para exercer seu culto e manter relações com a sede episcopal da Bahia. Sinagogas e escolas hebraicas funcionavam no Recife e foram as primeiras da América. O protestantismo, considerado a verdadeira religião, lutava para instalar-se no Brasil. A chave para sua compreensão era a subordinação de todos os aspectos da vida aos sagrados mandamentos. A formação de paróquias protestantes estendeu-se pelas conquistas territoriais, com a catequese e o ensino ocupando muitos pregadores.

Os africanos também trouxeram seus credos para a América portuguesa. Com eles, cerimônias religiosas como o acotundá e o calundu, além de cultos envolvendo os mortos, que eram corriqueiramente praticados. Em casas humildes, cobertas de capim, de paredes de barro, preferencialmente à beira de um córrego ou fonte, celebrava-se a dança de tunda, ou acotundá. Altares com banquetas de ferro onde se misturavam ordenadamente cabaças, panelas e recipientes variados de barro e imagens antropomorfas sinalizavam o espaço sagrado. O som de tambores e atabaques, cantos no dialeto courá, da Costa da Mina, enchiam a noite. Vindas das camarinhas, mulheres vestidas com panos brancos, que com frequência lhes cobriam a cabeça, dançavam e cantavam, por vezes misturando palavras extraídas de textos católicos e africanos. Muitos dos elementos rituais que se encontram hoje no candomblé baiano e xangôs do Nordeste já estavam presentes nesses rituais: o emprego de galos e galinhas nos sacrifícios de animais, a predominância feminina, o destaque de uma das dançantes identificada ao líder cerimonial, a possessão e o transe ao som de atabaques.

Havia ainda outras formas de religiosidade africana na Colônia. Vindas do Daomé, atual Benin, na costa ocidental da África, rituais de origem jeje conhecidos como calundus eram conduzidos por um vodunô, líder espiritual, com o auxílio de vodunces, membros do culto; o ritual consistia em danças e cantos na língua jeje, ao som de ferrinhos (agogôs e gans) e atabaques. O centro do cerimonial abrigava ervas, búzios e aguardente. Folhas de diversas plantas serviam na preparação de alimentos oferecidos às divindades, os ebós, mas também em ritos de iniciação e limpeza do corpo. Um sentido para a vida, segurança e proteção contra um mundo hostil, espaço para sociabilidades e solidariedades eram as funções desses rituais religiosos. Dessa maneira, a Colônia crescia à sombra da cruz e de vários credos que ainda hoje hidratam nossa cultura.

4

PODER & PODERES

O primeiro instrumento institucional de ocupação das terras americanas foi a feitoria. Por intermédio delas faziam-se contatos com índios da terra e explorava-se pau-brasil. Cabia ao feitor evitar a deserção de marinheiros, receber produtos da terra que seriam enviados ao Reino e tentar impedir que embarcassem, sem autorização, indígenas escravizados e, sobretudo, mulheres brancas. Entre 1502 e 1504, criaram-se feitorias em Cabo Frio, na Bahia e em Pernambuco. No fim de 1520 acumulavam-se na mesa real os pedidos de gente que queria se estabelecer na Colônia. A promessa de "ganhar uma terra que não tem nenhum proveito e conquistá-la" era muito utilizada. Outro argumento era que a instalação de algumas povoações evitaria que os índios vendessem pau-brasil a estrangeiros.

 O sucesso da fórmula aplicada nas ilhas do Norte da África, Madeira e Cabo Verde, fez com que d. João III optasse pela divisão das terras em capitanias. Uma vez demarcadas, cada uma com cinquenta léguas de costa, foram distribuídas entre fidalgos. Como donatários, cabia-lhes criar vilas e povoações, exercer justiça, nomear juízes e oficiais, incentivar a instalação de engenhos, marinhas de sal e moendas de água, arrendar terras do sertão. Uma série de vantagens e poderes funcionava como chamariz para os colonos. Em contrapartida, recebiam "um foral dos direitos, foros, tributos e cousas que na dita terra hão de pagar".

Povoar o Brasil fazia-se urgente. A acintosa presença francesa obrigava a uma tomada de posição. Por outro lado, o comércio com as Índias custara caro ao Tesouro real, mas fizera a fortuna de muitos comerciantes capazes de aplicá-la em outros negócios que lhes parecessem rentáveis.

O sistema malogrou, contudo, devido ao tamanho do território colonial, assim como em razão de ferozes ataques indígenas. Conforme mencionamos, quando se fundou o governo-geral e Tomé de Souza foi enviado para a Colônia, apenas três das quinze capitanias distribuídas haviam sobrevivido. Chegado em 1549, o primeiro governador-geral ergueu a primeira vila com foros de cidade, São Salvador, na Bahia, e deu início a um violento combate contra os tupinambás, matando e castigando parte deles para dar exemplo, como registra um documento do período. Trouxe consigo os padres jesuítas e o plano para a instalação urgente de uma estrutura político-administrativa que evitasse o naufrágio completo da colonização: o governo-geral. Na bagagem, Souza trazia ainda um regimento – instruções para pessoas e instituições – cujas preocupações incidiam sobre questões militares e de povoamento: assentamento de colonos, distribuição de gado bovino, criação de órgãos locais de administração, as câmaras, etc. Em 1588, outro regimento foi aprovado. Nele, novas diretrizes apontavam para uma maior presença do Estado português na Colônia: defesa da costa, exploração de salitre para defesa da armada, prospecção de minas de metais, proteção contra ataques e reafirmação da escravização de indígenas por guerra justa, assim como instalação da Relação – ou seja, tribunal de instância superior, na Bahia –, na verdade só instituída em 1609.

Ao longo do tempo, governadores e depois vice-reis trariam, cada qual, seus regimentos e instruções, ao sabor das diversas conjunturas. Não houve consistência nas diretrizes administrativas até meados do século XVIII. A fragilidade do sistema retardava a instalação de um governo centralizador, tal como se desejava no Reino, comprometendo, simultaneamente, os interesses fiscais, políticos e estratégicos da Metrópole. Apesar disso, começava a formação de quadros burocráticos – marcada, contudo, pela precariedade. Numa correspondência datada de 1550, o ouvidor-geral Pero Borges faz menção à proliferação de funcionários metropolitanos, muitos deles degredados com as orelhas cortadas – forma de castigo humilhante –, outros tantos muito pobres e ignorantes. Entre 1602 e 1607, o oitavo governador do Brasil, d. Diogo Botelho, encontrou um tal descalabro na figura de funcionários que lesavam o Fisco e exerciam tranquilo contrabando que efetuou várias demissões na capitania de Pernambuco. A incompetência judicial que então se instalava iria somar-se à distância física entre o centro de decisões administrativas, Lisboa, e as cidades litorâneas brasileiras. E entre estas e as vilas do interior. Mal se instalara, a máquina do governo começava a emperrar. O braço da lei não atingia as áreas remotas. As próprias leis eram profusas e confusas. Os magistrados, corruptos. A voracidade de meirinhos, escrivães e juízes prevaricadores era insaciável. A administração judiciária concentrava-se em algumas vilas e cidades, deixando o resto da Colônia nas mãos da justiça privada e do mandonismo local. Nasciam, assim, outros poderes além do exercido pelos representantes da Coroa.

A Fazenda, por sua vez, era dominada pela necessidade de ampliar tributos, recursos e impostos para atender às necessidades crescentes do Estado. No mais, controlava casas para a alfândega e nomeava funcionários necessários ao seu funcionamento nos portos. Formada por guarnições de primeira, segunda e terceira linhas, a organização militar reunia tropas e regimentos de cavalaria, infantaria e artilharia. Foi, contudo, apenas no século XVIII, quando os conflitos com os espanhóis ao sul da Colônia se acentuaram, que tais "forças armadas" coloniais começaram a se profissionalizar.

A organização eclesiástica também se mostrou precária no século XVI. As razões? Havia dificuldade de recrutamento de sacerdotes e a autoridade episcopal não se instalara entre nós. Quando o primeiro bispado foi criado na Bahia, em 1551, a terra e os moradores eram tão pobres que não podiam arcar com as despesas de manutenção do corpo eclesiástico. Gastos com a instalação de colégios para a Companhia de Jesus faziam com que sobrassem poucas rendas, pagas pela Coroa, para o clero secular. Foram inúmeros os conflitos entre autoridades coloniais e bispos, entre membros do clero secular e as ordens religiosas e na própria hierarquia de ordens e do clero secular. Este se estruturou no bispado de Salvador, elevado a arquidiocese e sede da província eclesiástica do Brasil em 1676, ao mesmo tempo que eram criadas as dioceses do Rio de Janeiro e de Olinda (1676), e depois as do Maranhão (1677), Belém (1719), São Paulo e Mariana (1745). O clero regular, representado por diferentes ordens religiosas, era independente, graças a doações vindas de matrizes europeias, esmolas da população local e rendimentos de propriedades privadas. Um dos órgãos metropolitanos que intervinham na administração eclesiástica colonial era a Mesa de Consciência e Ordens. O Tribunal do Santo Ofício da Inquisição não se instalou jamais. Conforme foi dito, registram-se apenas denúncias avulsas e visitas de inquisidores à Bahia, a Pernambuco e ao Grão-Pará, em busca de hereges, cristãos-novos, feiticeiros, sodomitas e outros pecadores que infringiam a moral e a fé católica.

O vasto terreno das magias amorosas, assimiladas à feitiçaria e relacionadas pelo Santo Ofício à ocorrência de pactos diabólicos, foi uma das obsessões dos inquisidores. As fontes inquisitoriais, relativas ao vasto período do século XVI ao XVIII, em várias partes da Colônia, trazem à luz diversos artifícios então utilizados, que poderíamos chamar de magia erótica. Antes de tudo, as cartas de tocar, magia ibérica que se fazia por meio de um objeto com o nome da pessoa amada e/ou palavras gravadas; quando encostado à pessoa, tal objeto seria capaz de seduzi-la. Nas visitações que fez o Santo Ofício no século XVI, se descobrem várias bruxas, pois assim foram chamadas as acusadas de vender tais cartas e divulgar outras magias eróticas. Também havia casos registrados nos tribunais episcopais e daí transferidos ao inquisitorial. Um exemplo: em Minas, no século XVIII, certa mulher de nome Águeda foi acusada de possuir um papel com algumas palavras e cruzes, carta que servia para as mulheres tocarem em homens desejados sexualmente. No Recife, alguém chamado Antônio Barreto era quem portava um papel com signo-salmão (estrela de seis pontas) e o credo às avessas, magia que servia para fechar o corpo e facilitar o acesso a mulheres: sujeitaria qualquer mulher que tocasse à sua vontade. Seriam inúmeros os exemplos de perseguições religiosas às tradições culturais que fugissem ao cristianismo.

Além das cartas de tocar, recorria-se também, com idênticos propósitos, às orações amatórias, muito comuns na Colônia e universalmente conhecidas. Trata-se de um ramo de magia ritual em que se acreditava ser irresistível o poder de determinadas palavras e, sobretudo, do nome de Deus, mas que não dispensava o conjuro dos demônios. Tudo com o mesmo fim de conquistar, seduzir e apaixonar.

Além da Igreja e do Estado, outras formas de poder iam lentamente se estruturando. O familismo político vicejava nas cidades litorâneas, unindo prósperos senhores de engenho a funcionários metropolitanos. Ao longo do século XVII, os primeiros ocuparam postos de comando nas câmaras e suas ações arbitrárias caíam sobre as costas de arrendatários, meeiros e lavradores, interferindo nos resultados dos julgamentos e das ações que corriam na Justiça colonial. Os casamentos dentro de pequeno grupo de famílias permitiam que estas se revezassem em postos de prestígio. Nesses grupos era constante a manipulação de alianças de família para resolver, na esfera pública, problemas domésticos. Livros de genealogia mostram o entrelaçamento de apenas sete famílias piauienses, que constituíam a elite local, emaranhadas num cruzamento consanguíneo que atravessou séculos. Em qualquer parte da Colônia, moças que se casavam sem consentimento ou bênção eram excluídas das redes de sociabilidade familiar, já que isso era considerado grave afronta ao grupo.

Uma segunda camada de colonos, constituída por plebeus, lavradores e "homens de qualidades", como se lê em algumas cartas de sesmarias, fixava-se silenciosamente com seus gados e escravos no interior. Vagava pelos ermos sertões toda uma população desajustada e apartada do trabalho regular, a princípio remediada. Tais camponeses volantes eram considerados pelas autoridades "facinorosos e bravos". Muitos viviam com suas famílias, isolados e solitários, nos roçados que cultivavam. Outros podiam ser ladrões de gado ou formigueiros, nome que se dava aos que roubavam coisas de pouco valor. Não faltava quem se organizasse em bandos e quadrilhas, agindo em assaltos pelas estradas.

Contudo, não somente a população pobre proliferava. Por todo o sertão surgiram chefes locais abastados, que haviam criado fortuna e zonas de poder local e pessoal. Tais potentados não hesitavam em medir forças com autoridades e vizinhos. Confrontos sanguinários lavavam a honra de famílias inteiras e seus agregados durante gerações. Os donos de tais terras, apoiados em escravos e dependentes, sentiam-se impunes dentro de seus domínios e até de uma região. Tinham parentes e amigos voluntários por aliados. Impensável contrariá-los. Só que o vizinho pensava da mesma maneira. Assim, nunca carecia motivo para desavenças, bastando – como explicava o padre Antonil em 1711 – "um pau que se tirasse ou um boi que entrasse no canavial por descuido para que se declarasse o ódio escondido e se armassem demandas e pendências mortais". Os dias de festas religiosas, momento em que a comunidade se juntava, era o preferido para acertos de contas: tiroteios dentro de igrejas, emboscadas durante a procissão, troca de punhaladas nos locais em que se vendia bebida. As lutas travadas entre Pires e Camargo, em São Paulo, entre 1640 e 1660, ou entre os Monte e os Feitosa, de 1724 a 1745, bem ilustram o caráter dessa animosidade feita de desprezo pela autoridade da Coroa. A impunidade grassava e contaminava a população de vilas e vilarejos. Não raras vezes, esta se revoltava contra a passagem de um desembargador da Relação ou de escrivães – empregados na cobrança de impostos ou no recrutamento militar. Poucas autoridades metropolitanas ousavam interferir nos "negócios do sertão". A despeito das diferenças entre o que ocorria no litoral e no interior, entre os sertões de fora (do Ceará à Paraíba) e os sertões de dentro (do sudeste do Maranhão ao rio São Francisco, em Minas Gerais), o Estado português seguiu buscando condições de controle das populações e de sua capacidade de criar riquezas na América portuguesa. O longo braço do rei tentava estender-se, interior adentro, muitas vezes à revelia dos poderosos locais. Mas sempre em busca de riqueza.

5

ENGENHOS, ESCRAVOS E GUERRAS

O plantio e o trato da cana-de-açúcar significavam a possibilidade de participar ativamente na estrutura de poder colonial. Como era, porém, a vida social dos primeiros senhores de engenho? De que era feito seu cotidiano e que tipo de problemas enfrentavam? Se aceitarmos a opinião dos letrados da época, podemos afirmar que, apesar da aparência em contrário, mesmo os fazendeiros ricos alimentavam-se mal, comendo em excesso dura carne-seca. Só uma vez ou outra degustavam frutos. Mais raramente ainda legumes. A falta de boa comida era compensada pelo excesso de doces: goiabadas, marmeladas, doces de caju e mel de engenho e cocadas. Na passagem de um padre, abriam-se, com esforço, as despensas e matavam-se os animais de criação: patos, leitões e cabritos. Em Pernambuco, conta-nos um cronista, "escravos pescadores" eram, nessas ocasiões, encarregados de buscar "todo o gênero de pescado e marisco". A abundância registrada em alguns engenhos não era a norma. Os que se davam ao luxo de mandar vir alimentos do Reino consumiam víveres malconservados. O senhor de engenho sofria com doenças do estômago, atribuídas pelos doutores da época não à precária alimentação, mas aos "maus ares" do trópico. A saúva, as enchentes ou a seca dificultavam ainda mais o suprimento de alimentos frescos. A sífilis marcava-lhe o corpo, deixando-o vincado com as suas chagas.

A maior parte dos engenhos aninhava-se na mata, não muito distante dos centros portuários, o que se explica pela maior fertilidade dos terrenos e pela abundância de lenha, necessária às fornalhas famintas, alimentadas por um trabalho que às vezes ocupava o dia e a noite, de oito a nove meses, normalmente de julho/agosto de um ano a abril/maio do seguinte. E não deviam se afastar muito do litoral, sob pena de, sendo único o preço dos gêneros de exportação, não poder competir com os engenhos vizinhos aos portos, cujo produto não se amesquinhava com as despesas de transporte. Em Pernambuco, instalavam-se ao longo dos rios que se concentram na vertente do Atlântico do planalto da Borborema, na Zona da Mata, em que predominam arredondados morros e colinas. O corolário da terra era a água. Se a irrigação era desnecessária graças ao rico massapé, tanto o gado quanto as pessoas precisavam de água doce. Usavam-na também nos engenhos e trapiches, nas prensas e moinhos. Não à toa, a maior parte dos engenhos localizava-se à beira de rios como o Paraguaçu, o Jaguaribe e o Sergipe, na Bahia, e o Beberibe, o Jaboatão, o Una e o Serinhaém, em Pernambuco.

No interior das verdadeiras fortalezas de adobe e taipa que eram as casas-grandes, vigia a simplicidade e até o desconforto. O mobiliário era pobre e escasso: camas, baús, móveis e cabides. Todas peças toscas, feitas pelo carpinteiro do engenho. Alguns preferiam a doçura das redes, solução refrescante nas noites quentes. Varandas entaladas no meio da fachada principal e pequenos alpendres davam ao senhor de engenho a vista sobre sua terra, cana e gente. Pavimentos térreos, verdadeiros depósitos fechados, iluminados por pequenas frestas nas paredes, permitiam-lhe se defender melhor do inimigo. Não faltavam, contudo, observadores de época capazes de entusiasmar-se com a imponência do conjunto: engenho de água muito adornado de edifícios, engenho com grandes edifícios e uma igreja, engenho ornado de edifícios com uma ermida mui concertada e formosos canaviais, diria o cronista e senhor de engenho português Gabriel Soares de Sousa, descrevendo-os em 1587. À rigidez da casa opunha-se, em dias de festa, o exagero das vestimentas: "Vestem-se, e as mulheres e os filhos de toda a sorte de veludos, damascos e outras sedas, e nisso tem muito excesso [...] os guiões e selas dos cavalos eram das mesmas sedas que iam vestidos", comentava um enlevado Cardim, na fase de expansão canavieira. Os casamentos festejavam-se, segundo ele, com banquetes, touradas, jogos de canas e argolinhas e vinho de Portugal. Muitos batizavam seus engenhos com o nome de santos protetores: São Francisco, São Cosme e Damião, Santo Antônio. Outros tinham nomes africanos como Maçangana. Outros ainda lhes davam nomes de frutas e árvores: Pau-de-Sangue, Cajueiro-de-Baixo, Jenipapo.

No centro de sua família, o senhor de engenho devia irradiar autoridade, respeito e ação. Sob seu comando dobravam-se filhos, parentes pobres, irmãos, bastardos, afilhados, agregados e escravos. Uma esposa, às vezes bem mais jovem, movia-se à sua sombra. Ela vivia para gerar filhos, desenvolvendo também uma atividade doméstica – costura, doçaria, bordados – alternada com práticas de devoção piedosa. Na ausência do senhor, contudo, assumia as responsabilidades de trabalho com vigor igual ao do marido. Sua família era a formulação exterior de uma sociedade, mas não o domínio do prazer sexual. A possibilidade de se servirem de escravas criou no mundo dos senhores uma divisão racial do sexo. A esposa branca era a dona de casa, a mãe dos filhos. A indígena, e depois a negra e a mulata, o território do prazer.

Disputas pelo acesso à terra também marcaram a ocupação das terras açucareiras, e não faltavam os que "infiltravam-se manhosa e furtivamente" – no entender de um observador, em 1635 – em terras virgens, na esperança de enriquecer graças à instalação de engenhos. O engenho de açúcar correspondia a uma estrutura extremamente complexa. Estrutura, diga-se, que se expandiu no Nordeste do Brasil na sua forma clássica, ou seja, associada às grandes plantações e ao trabalho escravo, nos séculos XVI e XVII, aproximadamente. Apesar de assentada em capitais de vulto, capazes de garantir a produção em larga escala, a empresa do açúcar contava igualmente com pequenos empreendedores que abasteciam o engenho com suas canas. Um relatório holandês de 1640 informa que somente 40% dos engenhos de Pernambuco moíam canas próprias, e os demais dependiam da matéria-prima fornecida por tais lavradores.

A empresa do açúcar não envolvia só senhores e escravos. Ela abrigava um grupo diversificado de trabalhadores especializados e agregados, que orbitavam em suas franjas, prestando serviços ao senhor de terras. Eram mestres de açúcar, purgadores, caixeiros, calafates, caldeireiros, carpinteiros, pedreiros, barqueiros, entre outros. A eles juntavam-se outros grupos a animar a vida econômica e social das áreas litorâneas: mercadores, roceiros, artesãos, lavradores de roças de subsistência e até mesmo desocupados e moradores de favor compunham uma complexa fragmentação de pequenos ou grandes proprietários. O número de escravos que possuíam (de apenas um a dezenas) permite inferir a diversidade de origens sociais e de situações econômicas. No século XVIII, com o declínio da atividade e o aumento das alforrias, alguns libertos tornaram-se, também, proprietários de partidos de cana.

No que exatamente consistia o engenho? Em outras coisas mais além das gigantescas rodas, movidas a água ou a tração animal, com que são representados nas gravuras dos viajantes. A preocupação com a técnica, por exemplo, era fundamental. A fase agrícola não exigia maiores investimentos pela excelência das terras nordestinas – o massapé –, evitando-se até o uso de arado e adubos. Uma vez plantada, a cana do tipo crioula é colhida após um ano e meio. A colheita se fazia rudimentarmente, com facão e foice. Respeitavam-se, todavia, segundo conta o bandeirante João Peixoto Viegas, as "luas próprias". A força da moenda determinava a produtividade na extração do caldo. Para fazê-la girar, água, bois e cavalos alternavam-se na preferência dos senhores de engenho. Herdadas dos mouros, as rodas-d'água chegaram ao Brasil pela mão de habilidosos artesãos. Sempre na vertical, tinham o diâmetro de aproximadamente sete metros. Acoplada ao mesmo eixo da roda-d'água havia uma outra roda menor, dentada, chamada rodete, que transmitia o movimento a uma roda maior, esta horizontal e com o mesmo diâmetro da roda-

-d'água, que se chamava bolandeira. O eixo da bolandeira, revestido de um cilindro dentado e reforçado com aros de ferro, transmitia o movimento a dois outros cilindros paralelos, também dentados e reforçados. Era entre eles que se passava a cana.

    O cozimento do caldo extraído na moenda era realizado em tachos de cobre pousados sobre um fogo de lenha. O calor no interior das casas de caldeira era vulcânico. Por isso escolhiam-se para essa tarefa escravos fortes e robustos: eram os caldeireiros e tacheiros. A cota diária dos primeiros era processar três caldeiras e meio de caldos; a dos últimos, a quantidade necessária para preencher, ao fim da jornada de trabalho, de quatro a cinco formas de melado. Muito valorizado era o mestre de açúcar, cujo mister era "dar ponto às meladuras" ou "achar o pulso aos açúcares". O cronista Fernão Cardim, em 1583, sobre ele escreveu: "Tem necessidade cada engenho de feitor, carpinteiro, mestre de açúcar com outros oficiais que servem de o purificar; os mestres de açúcar são os senhores de engenhos, porque em sua mão está o rendimento e ter o engenho fama, pelo que são tratados com muitos mimos, e os senhores lhes dão mesa e cem mil-réis e outros mais, cada ano". Muitos deles foram levados para as Antilhas, por holandeses, franceses e ingleses, quando esses instalaram ali seus engenhos. A purga ou purificação consistia em acondicionar o caldo cozido em formas cônicas de barro com um furo através do qual o melado escorria durante alguns dias. Tais formas assentavam-se sobre estrados de madeira, com orifícios próprios para acomodá-las. No interior desses pães – nome dado às formas –, o açúcar se depositava de acordo com o valor comercial. Na parte superior, o branco, mais caro e fino; na inferior, o mascavo. Para a fabricação de pães de açúcar, havia olarias nos engenhos. Depois de secos, os diferentes tipos de açúcares eram embalados para comercialização. Levados em caixas por transporte fluvial ou lombo de animais e carros de boi, chegavam até os portos de embarque. Muitos engenhos possuíam ainda destilarias para a produção de aguardente utilizada no escambo de escravos e banguês para a fabricação de rapadura. Seguiam-se oficinas, estrebarias e armazéns.

Quem plantava, colhia, botava a cana para moer, acondicionava e transportava o açúcar até o mar? O escravo: de início o indígena e depois o africano. Deve-se lembrar que desde o século XV, no Sul de Portugal e posteriormente nas ilhas do Norte da África, a escravidão de negros em associação com engenhos de açúcar era comum. Intensificou-se ao longo dos séculos XVI e XVII, graças ao tráfico para o Brasil. A importação de africanos cobria a falta de mão de obra, uma vez que as epidemias e a mortalidade ligadas ao trabalho forçado, associadas à fuga de tribos inteiras para o interior, acabaram por inviabilizar o trabalho cativo dos índios. Dizia o padre Anchieta que "os portugueses não têm índios amigos que os ajudem porque os destruíram todos". Se, por um lado, a escravidão indígena durou até o século XVIII, no planalto paulistano, absorvido pela pequena produção de trigo para consumo interno, a percentagem de escravos índios envolvidos na produção do açúcar foi, por outro lado, baixando à medida que os senhores enriqueciam e podiam importar africanos. Isso começou a acontecer, principalmente na Bahia e em Pernambuco, a partir da segunda metade do século XVI.

Nas áreas rurais, as plantações drenavam escravos sem cessar. Submetidos a senhores e administradores, os cativos tinham de se integrar a uma divisão de trabalho bastante sofisticada. Na lista do engenho baiano Freguesia, encontramos escravos exercendo as funções de oficiais da casa de caldeira, purgadores, no serviço de enxada, como trabalhadores da casa de caldeira, do serviço de moenda ou da horta, como carreiros, carapinas, pedreiros, condutores de saveiros, costureiras, bordadeiras, lavadeiras, entre outros. Tratá-los como "coisa" era natural, regra, aliás, seguida pela Igreja Católica, que os possuía às centenas em seus conventos e propriedades. O castigo físico exagerado era, contudo, condenado. Todo o cuidado que lhes era dispensado devia ser entendido como zelo pelo capital que representavam. O jesuíta Antonil advertia os senhores de engenho: "Aos feitores, de nenhuma maneira se deve consentir o dar couces, principalmente nas barrigas das mulheres que andam pejadas [ou seja, grávidas], nem dar com paus nos escravos porque na cólera não se medem os golpes, e pode ferir na cabeça um escravo de muito préstimo, que vale muito dinheiro, e perdê-lo". Mais eficiente seria dar "algumas varadas com cipó às costas". Rações de farinha de mandioca ou milho, coquinhos chamados aquês, feijões e hortaliças compunham o cardápio alimentar dos moradores do engenho, e, por extensão, em maior ou menor quantidade, também, dos escravos. Carne de galinha era excepcionalmente servida aos doentes. Por outro lado, a aguardente, consumida como fonte de calorias, causava graves problemas de saúde. Junto à cachaça, a maconha, à época denominada fumo de Angola ou pango e trazida clandestinamente nos navios do tráfico, era utilizada para aliviar os sofrimentos do cativeiro. As roupas, por sua vez, eram raras. Não foram poucos os cronistas e viajantes a observar que os escravos cobriam-se, geralmente, com muito pouco. A Igreja admoestava os senhores para que evitassem trazê-los "indecentemente vestidos", como se queixava o jesuíta Jorge Benci. As mulheres vestiam saia e blusa feitas com panos de Surrate ou baeta, e os homens usavam apenas calça, permanecendo sem camisa.

Os escravos distinguiam-se em boçais – como eram chamados os recém-chegados da África – e ladinos, os já aculturados e que entendiam o português. Ambos os grupos de estrangeiros opunham-se aos crioulos, aqueles nascidos no Brasil. Havia distinções entre as nações africanas e, dada a miscigenação, a cor mais clara da pele era também fator de diferenciação. Aos crioulos e mulatos reservavam-se as tarefas domésticas, artesanais e de supervisão. Aos africanos, dava-se o trabalho mais árduo. Em contrapartida, muitos recebiam em usufruto parcelas de terra onde podiam cultivar, nos fins de semana e feriados, produtos agrícolas mais tarde revendidos. Tal comércio, por pequeno que fosse, permitiu a alguns comprar a própria liberdade. Não é raro encontrar nos registros deixados por senhores de engenho as formas de pagamento utilizadas por seus escravos por conta de sua liberdade: ouro, prata e efeitos. Estes podiam ser valores negociáveis (créditos, por exemplo) advindos desse pequeno comércio. A liberdade também podia ser obtida graças às alforrias de pia concedidas em dias de batismo, ou outras, formalizadas nos testamentos do senhor. As tensões entre os grupos de homens de cor não eram pequenas. Não poucas vezes, os crioulos e mulatos antagonizavam com os negros africanos, a ponto de pedir a seus senhores que estes lhes passassem as piores tarefas. Em 1789, por exemplo, os escravos do senhor de engenho baiano Manuel da Silva Ferreira exigiam-lhe, durante um levante: "Para seu sustento, tenha lancha de pescarias e quando quiser comer mariscos mande seus pretos Minas".

Como se vê, a empresa do açúcar era complexa e envolvia terras, técnicas e homens. No século XVII, ia de vento em popa. Isso tudo era alvo de grande cobiça por parte dos holandeses. Sobretudo porque, durante a Unificação Ibérica (1580-1640), encontravam-se interditados de realizar negócios no Brasil. Afinal, a luta pela independência das Províncias Unidas era uma luta contra os Felipes espanhóis, o que, automaticamente, tornava os flamengos inimigos dos portugueses. Felipe II dera ordens expressas a respeito deste particular: "Nenhuma nau, nem navio estrangeiro" poderia comerciar em portos do Reino ou das Conquistas sem licença expressa e assinada pelo rei. Se, durante anos, holandeses comerciaram em nosso litoral, alguns deles tendo se tornado até senhores de engenhos – é o caso de Erasmo Schetz, que comprou em 1540, de Martim Afonso de Souza, um engenho em São Vicente –, agora viam a possibilidade de tomar conta da empresa do açúcar como um todo. E isso sem ter de pagar tarifas ou licenças à Coroa portuguesa (ou espanhola, a partir de 1580) e passando, além do mais, a controlar o refino e o comércio colonial do produto. A política restritiva da Coroa espanhola estimulava, portanto, uma reação, cristalizada na invasão de Olinda e Recife entre fevereiro e março de 1630. Começava aí uma contenda bélica entre duas potências europeias que eram também potências coloniais. A vantagem, segundo o relatório de um funcionário do Brasil holandês, é que não existia no Novo Mundo região mais fácil para conquistar do que a América portuguesa, bastando para isso ocupar dois ou três portos; na América espanhola seria indispensável ocupar extensas áreas.

Entre 1630 e 1632, os flamengos ficaram à mercê da guerra lenta: uma guerra feita de emboscadas e assaltos, levados a termo por esquadrões compostos de negros, índios e soldados da terra, que os mantinham nas praças fortes do litoral, mas que deixavam os engenhos e a produção de açúcar fora de seu alcance. Em 1635, a ajuda na forma de uma armada de socorro enviada pela Coroa foi desbaratada. Caiu a fortaleza de Nazaré, no cabo Santo Agostinho, e rendeu-se o arraial de Bom Jesus. Sobrou apenas uma pequena resistência em Porto Calvo, reunindo as colunas do índio Felipe Camarão e do negro Henrique Dias sob o comando do napolitano Bagnuolo. Soldado experiente, Bagnuolo mostrou-se sempre pessimista sobre o papel dos ataques volantes, chegando a queixar-se a Felipe IV: "Não defender as praças e retirar-se para os matos é contra a reputação das armas de Vossa Majestade". Temia ainda a precária ação dos soldados recrutados na Paraíba e em Pernambuco, que, uma vez tendo recebido o soldo, desapareciam nos matos. Previa, assim, o desfecho que teria essa primeira fase das guerras do açúcar. Enfraquecida pela Guerra de Trinta Anos (1618-48), que travava contra os protestantes, a Espanha, por meio do protegido de Felipe IV, o conde duque de Olivares, enviou para a Colônia minguados reforços. Lisboa pouco podia interferir, fazendo-se a resistência à custa e nas costas dos luso-brasileiros. Um mercenário inglês, Cuthbert Pudsey, assim resumiu a primeira fase da ocupação: "No começo, esta guerra no mato era algo estranho para nossos homens, devido às emboscadas que o inimigo propositadamente nos armava nas matas, invenção assassina que nos matava muitos soldados [...] tendo pago um alto preço, reforçamos nossas companhias com espingardas, tornando nossos homens peritos no uso delas, de modo que em breve tempo nos podemos vingar do inimigo, dispondo ademais de negros que conheciam bem o interior e que guiavam nossos passos".

Preocupados em consolidar o domínio da terra e reconstruir a economia, os dirigentes da Companhia das Índias Ocidentais enviaram para cá João Maurício, conde de Nassau-Siegen, com o título de governador-geral do Brasil. Ele chegou ao Recife a 23 de janeiro de 1637, apressando-se em esmagar os últimos focos de resistência. Nassau veio com uma verdadeira corte, onde conviviam pintores como Frans Post e Albert Eckhout e sábios como George Marcgraf e Willem Piso. Empenhou-se em transformar a vila, mandando construir dois palácios: o de Vrijburg, para a sede do governo, e o outro, o de Boa Vista, para sua residência. Entre os dois, ergueu a cidade nova de Maurícia, adornada com um jardim botânico e um museu, à época denominado gabinete de curiosidades. No Recife, a pequena aglomeração de 250 casas passou para aproximadamente duas mil; aos antigos moradores misturaram-se os recém-chegados holandeses, comerciantes franceses, escoceses, dinamarqueses e ingleses que ali se estabeleceram. Na Paraíba, segundo o cronista holandês Gaspar Barléu, Nassau foi saudado por uma comitiva tapuia que lhe ofertou arcos, flechas e penas de ema, em sinal de paz e cortesia. Retribuiu-lhes com vestimentas de linho, camisas de mulher, facas, miçangas e anzóis. Mas, se as coisas pareciam ir bem com os indígenas, não o foram com os colonos. Dos engenhos existentes nas capitanias de Itamaracá, Paraíba e Rio Grande do Norte, quase a metade foi abandonada pelos proprietários, confiscada ou vendida pelo governo holandês entre 1637 e 1638. Os vazios criados pelo abandono dos engenhos foram preenchidos por holandeses, judeus e luso-brasileiros, graças ao financiamento providenciado pela Companhia. Criou-se, assim, um grupo de novos proprietários interessados no sucesso da empreitada flamenga. E entre os senhores que preferiram abandonar suas terras, os chamados retirados de Pernambuco, a maioria instalou-se entre a Bahia e o Rio de Janeiro, arrendando engenhos e dedicando-se às atividades agrícolas. Outros optaram por casar-se dentro de famílias abastadas, ingressando na burocracia ou na carreira militar. Houve, também, quem vivesse do aluguel dos seus muitos escravos, levados consigo na fuga.

Nuvens sombrias na economia anunciavam, contudo, uma mudança. O colapso do preço do açúcar na bolsa de mercadorias de Amsterdã entre 1642 e 1644 destruiu o otimismo que Nassau encorajara em sua verdejante Maurícia. Enquanto o recém-instalado governador-geral incentivava o financiamento e a melhoria dos engenhos, estimulando, entre outros aspectos, a implementação de uma política de livre-comércio na qual a Companhia ficava restrita ao monopólio do pau-brasil, de escravos e de munição, na

Europa, o açúcar se desvalorizava. Endividados com a compra de escravos, ferramentas e cobres, os senhores de engenho começaram a atrasar os pagamentos à Companhia. Na Metrópole, em resposta, comerciantes passaram a exigir de seus representantes e comissários importantes somas em pagamento do que lhes fora fornecido, provocando escassez de numerário. Para satisfazer o comércio da Metrópole, os negociantes recifenses passaram, por sua vez, a exigir satisfação dos mercadores do interior, que, por seu turno, executaram seus devedores luso-brasileiros. Com essa infernal cadeia de mazelas, seguiu-se a bancarrota. Em 1642, com Nassau ainda no comando, começaram a chover notícias sobre a ruína de comerciantes do Recife, ruína que empurrara para a falência grandes mercadores flamengos. O preço dos imóveis começou a cair, seguido da contração da venda de escravos e do tráfico marítimo. Para culminar, as ações da Companhia despencaram.

No plano político, outra cadeia, esta de fatos, ajudaria a precipitar a restauração de Pernambuco. Não nos esqueçamos de que, em 1640, d. João IV assumira o trono e que, com a perda dos territórios no Oriente, o Brasil ganhava importância. Enquanto isso, na Holanda, insatisfeitos com as despesas e os prejuízos, os diretores da Companhia exigiram o retorno de Nassau. Ele regressou em 1644. No mesmo ano, uma conjura de pernambucanos foi abortada, mas nem por isso cessou a agitação contra o invasor. Forças luso-brasileiras fustigavam as fronteiras do território ocupado pelos holandeses, encorajando pequenas revoltas e guerrilhas. No ano seguinte, o Maranhão seria abandonado, e no Ceará a guarnição flamenga acabaria massacrada por índios bravios. Em 1645, rebentava a revolta de Pernambuco, que ganhou o conjunto dos territórios outrora ocupados pelos holandeses. As tropas de Hendrick van Haus foram batidas e os flamengos voltaram a refugiar-se nos portos.

A operação montada para apoiar os revoltosos foi comandada por um rico agricultor mulato, inicialmente aliado dos holandeses, mas desde 1644 bandeado para o lado luso-brasileiro. Tratava-se de João Fernandes Vieira. Essa revolta foi a de devedores que tinham dois objetivos: alegando sua participação na luta contra os flamengos, pretendiam livrar-se das dívidas que tinham acumulado e garantir a posse de engenhos cujos antigos senhores tinham se "retirado". Engenhosos, não? Tropas regulares sob o comando do governador da Bahia, Antônio Telles da Silva, invadiram os territórios antes ocupados, somando aos seus os exércitos comandados por Felipe Camarão e Henrique Dias. Encontraram pela frente soldados enfraquecidos pela partida de seu chefe militar, Nassau, e desestimulados pelo atraso no pagamento de soldos. Multiplicavam-se as deserções. A guerra foi declarada em 1646. Duas batalhas campais, em Guararapes, selaram, entre 1648 e 1649, o destino dos holandeses.

Portugal resolveu intervir num momento em que os holandeses confrontavam a Inglaterra de Cromwell. Uma guerra iniciada em 1652 absorveria todas as forças, armas e esquadras das Províncias Unidas. Lá, não apenas discordâncias haviam enfraquecido a Companhia, como um grupo de burgueses interessados na via pacífica ocupava o governo. E percebera-se, com rapidez, que o Brasil ocupado era pior negócio do que enquanto colônia portuguesa. Através do comércio com Portugal, muito ainda se poderia lucrar em terras de açúcar, pau-brasil e outros produtos. A Companhia do Brasil, recém-criada em Lisboa, armou uma esquadra que zarpou para o Recife. Em 26 de janeiro de 1654, pressionados por terra e mar, renderam-se os poucos pontos que os holandeses ainda mantinham no litoral. Em poucos dias, recuperou-se o Recife.

A resolução do conflito passou por interferência inglesa. Recém-reconduzido ao trono, em 1660, Carlos II Stuart casou-se com Catarina de Bragança. O tratado de paz firmado com a Holanda, em Breda, deixava a totalidade do Brasil a Portugal, mediante largas concessões no Oriente, uma importante indenização e a possibilidade para os flamengos de seguir fazendo comércio nas costas brasileiras. As Províncias Unidas, por sua vez, renunciavam a qualquer ambição territorial. As guerras do açúcar tiveram sérias consequências para o Nordeste. Em curto prazo, deixaram ruínas. Colheitas destruídas, gado capturado, escravos aquilombados. Foram necessárias dezenas de anos para que Pernambuco voltasse a integrar a empresa do açúcar. Em longo prazo, comerciantes judeus e agricultores holandeses transferiram para as Antilhas o conhecimento de técnicas agrícolas aprendidas no Brasil. A tendência foi acompanhada por franceses e ingleses, e a presença de um maior número de produtores no mercado mundial empurrou a economia da Colônia para uma grande crise, da qual só sairia com a descoberta de ouro em Minas Gerais.

6

QUILOMBOS E QUILOMBAS

Ao percorrer o Brasil, o leitor encontrará nos estados de Mato Grosso, Maranhão, Bahia, Minas Gerais e até na Amazônia localidades chamadas Quilombo, Quilombinho ou Quilombola. Trata-se de comunidades originalmente constituídas por negros fugidos, instaladas, hoje, nas áreas onde houve luta e resistência contra a escravidão. Palmares foi o maior quilombo colonial, nascido no bojo das guerras do açúcar; e antes dele, contudo, movimentos de resistência já tinham se esboçado na própria África. Entre 1568 e 1573, por exemplo, a Longa Marcha dos Jaga, como é conhecida, reuniu milhares de guerreiros, homens e mulheres para lutar contra o invasor português e teve como pontos de apoio acampamentos fortificados denominados *kilombos*. Deles emanava uma forte organização política, religiosa e militar, capaz de agir em vastas regiões. Ao longo de suas expedições, invadiram e devastaram o Congo; seu objetivo era a destruição dos reinos aliados dos europeus. Na Guiné, atuaram, com o mesmo propósito, os bijagós. Na América do Norte, Central e do Sul, os revoltosos intitulavam-se palenques, mambises, cumbes, saramakas, cimarrones, mocambolas ou quilombolas.

No Nordeste, desde os fins do século XVI, foram registradas fugas de escravos. Sabia-se, então, que os fugitivos se concentravam na área que se estendia entre o norte do curso inferior do rio São Francisco, em Alagoas, às vizinhanças do cabo Santo Agostinho, em Pernambuco. Tratava-se de uma região acidentada, coberta de mata tropical onde abundava a palmeira pindoba, daí o nome: Palmares. Em 1602, a primeira expedição punitiva, comandada por Bartolomeu Bezerra, tentou pôr um fim a esses ajuntamentos de fugidos. Em vão, pois, a partir de 1630, a desarticulação dos engenhos, graças às guerras do açúcar, acelerou o crescimento do quilombo. Nessa mesma década, na Bahia, os ajuntamentos de negros fugidos, localizados em Rio Vermelho e Itapicuru, também cresciam. Durante o tempo dos flamengos, quilombos menos importantes do que Palmares formaram-se também na Paraíba. Reunidos em Craúnas e Cumbe, os negros provocavam desordens, invadindo e queimando casas, incitando a fuga de outros cativos.

Entre 1644 e 1645, os holandeses, sob o comando de Rodolfo Baro e João Blaer, atacaram Palmares. Em 1671, o governador de Pernambuco, Fernão de Souza Coutinho, chegou a escrever para Portugal afirmando que os negros eram muito mais temidos do que os holandeses porque os moradores, "nas suas mesmas casas e engenhos, têm inimigos que podem os conquistar". Como se vê, a percepção das tensões entre os grupos livres e escravos era evidente!

Gaspar Barléu, cronista e amigo de Nassau, deixou uma detalhada descrição da sociedade de Palmares: "Há dois desses quilombos" – explica –,"o Palmares Grande e o Palmares Pequeno. Este (Palmares Pequeno) é escondido no meio das matas, às margens do rio Gungouí, afluente do célebre Paraíba. Distam da Alagoas vinte léguas, e da Paraíba, para o norte, seis. Conforme se diz, contam seis mil habitantes, vivendo em choças numerosas, mas de construção ligeira, feitas de ramos de capim. Por trás dessas habitações há hortas e palmares. Imitam a religião dos portugueses, assim como seu modo de governar: àquela presidem os seus sacerdotes, e ao governo os seus juízes. Qualquer escravo que leva de outro lugar um negro cativo fica alforriado; mas consideram-se emancipados todos quanto espontaneamente querem ser recebidos na sociedade. As produções da terra são os frutos das palmeiras, feijões, batatas-doces, mandioca, milho, cana-de-açúcar. Por outro lado, o rio setentrional das Alagoas fornece peixes com fartura. Deleitam-se os negros com carne de animais silvestres, por não terem a dos domésticos. Duas vezes por ano, faz-se o plantio e a colheita do milho [...] O Palmares Grande, à raiz da serra Behé (serra da Barriga), dista trinta léguas de Santo Amaro. São habitados por cerca de cinco mil negros que se estabeleceram nos vales. Moram em casas esparsas, por eles construídas nas próprias entradas das matas, onde há portas escusas que, em casos duvidosos, lhes dão caminho, cortado através das brenhas, para fugirem e se esconderem. Cautos, examinam por vigias se o inimigo se aproxima".

Na época em que Barléu fez sua descrição, os holandeses tramavam a invasão do quilombo. Chegaram a introduzir em Palmares Pequeno Bartolomeu Lintz, encarregado de conhecer seu modo de vida e, depois, atraiçoar os antigos companheiros. Sua aceitação entre os quilombolas significa que estes estavam acostumados com a convivência com outros grupos étnicos. Problemas de ordem política retardaram o ataque, só realizado em 1644. Tendo à frente Rodolfo Baro, a expedição reunia cem tapuias bem armados. Palmares Grande foi parcialmente destruído, a ferro e fogo, mas se recompôs com rapidez. Em 1675, contava com cerca de dez mil habitantes, tendo sofrido, depois da expulsão dos holandeses, apenas escaramuças com bandos armados enviados por senhores de engenho.

Por essa época, as autoridades portuguesas puseram em funcionamento um plano de destruição sistemática de Palmares. Expedições anuais às aldeias e missões de reconhecimento visavam não apenas combater os rebeldes, como também impedir os contatos entre os negros fugidos e os colonos que os abasteciam de comida e armas. Entre 1670 e 1678, o quilombo foi governado por Ganga Zumba, ou o Grande Senhor, que vivia na cerca real do Macaco, erguida em 1642. Contra ele bateram-se Antônio Bezerra, Cristóvão Lins e Manoel Lopes. No ataque desfechado por este último, em 1675, a resistência fora organizada com grande brilho pelo sobrinho de Ganga Zumba, Zumbi. Seu nome em banto, *nzumbi*, referia-

-se ao seu provável papel de guerreiro e líder espiritual na comunidade. Em 1676 e 1677, novas expedições encontraram pela frente aldeias fortificadas que tinham sido queimadas e abandonadas, técnica, aliás, largamente empregada pelos rebeldes. Na última, chefiada por Fernão Carrilho, foram feitos prisioneiros dois filhos de Ganga Zumba. Logo após esse episódio, representantes de Palmares e portugueses se encontraram no Recife para celebrar a paz. Em troca da legalização das terras como sesmarias, Ganga Zumba prometeu devolver às autoridades os membros da comunidade que não houvessem nascido no quilombo. O desfecho, contudo, não agradou a alguns líderes quilombolas, entre os quais Zumbi, que foi, então, proclamado "rei", ao passo que seu tio e ex-líder foi, em 1680, assassinado por envenenamento. Os quinze anos seguintes caracterizaram-se por combates violentos, enquanto inúmeros capitães tentavam, sem sucesso, dobrar os negros fugidos e seus aliados índios, brancos, cafuzos e mulatos. Ao explicar por que tinham conseguido expulsar os holandeses, fracassando, todavia, diante dos aquilombados, Carrilho dizia: "Na guerra contra os flamengos pelejava-se contra homens". Em Palmares, a luta era contra "o sofrimento", "a fome do sertão", "o inacessível dos montes", "o impenetrável dos bosques" e "os brutos que os habitam". Ele descrevia Palmares como "um bosque de tão excessiva grandeza [...] maior do que Portugal", no interior do qual se podia viver seguro, sem "domicílio certo" para não ser descoberto. Ganhava aí a guerra do mato. A mesma que vencera os flamengos. Em 1685, o bandeirante paulista Domingos Jorge Velho pedia autorização para conquistar os indígenas da capitania de Pernambuco. Em vez de usá-lo contra os bugres, as autoridades decidiram lançá-lo contra Palmares. Afinal, dizia-se dos paulistas, na época, ser "gente bárbara e indômita que vive do que rouba". Seriam bárbaros contra bárbaros; ladrões contra ladrões. Um acordo sobre o destino dos cativos e das terras de Palmares foi selado entre o governador João da Cunha Souto Maior e o bandeirante. O alvo era a destruição do quilombo que resistia havia cem anos. Como prêmio, Velho podia reivindicar os prisioneiros de guerra, fazendo jus à tradição da guerra justa (possuía-se o que se conquistasse em batalhas militares). Em fevereiro de 1694, depois de 42 dias sitiado, a cerca real do Macaco caiu. Milhares de quilombolas morreram, outros tantos foram capturados e vendidos para fora da capitania. Zumbi, que conseguira escapar, foi capturado no dia 20 de novembro de 1695; executado, teve a cabeça exposta em praça pública. Era uma advertência: escravos deviam obedecer, e não desafiar o sistema escravista.

Os invasores encontraram casas, ruas, capelas, estátuas, estábulos e até toscas construções, denominadas "palácios"; além das plantações mencionadas pelo cronista holandês, encontraram também fundições e oficinas. Os conhecimentos que os índios detinham sobre o fabrico de cerâmicas e redes, o processamento da mandioca e técnicas de pesca foram muito importantes para dar autonomia ao quilombo. Mas Palmares não foi único. Tampouco Zumbi.

Na época em que Palmares sucumbia, descobria-se ouro em Minas Gerais. A drenagem sistemática de escravos para trabalhar nas lavras provocou o mesmo tipo de resistência, e os quilombos começaram a se multiplicar na região. A reação das autoridades, familiarizadas com o problema, foi instantânea: a multiplicação de alvarás, bandos e proibições combatiam esses perigosos ajuntamentos, assim como estimulavam a criação de uma tropa especializada, os capitães do mato, encarregados de perseguir os fugitivos. Os primeiros eram remunerados mediante a apresentação de provas: o quilombola recuperado ou sua cabeça decepada. Seu pagamento chamava-se tomadia. Uma prática comum nessa função foi a utilização de ex--escravos, pois eram conhecedores dos hábitos e dos comportamentos dos fugitivos. Por isso mesmo, tais agentes repressores nunca gozavam totalmente da confiança das autoridades. Houve capitães do mato que preferiam usar escravos capturados para ganho e uso próprio ou apresentar a cabeça de escravos que não eram fugitivos. Outros, mais bem-sucedidos, como o renomado mestre de campo Inácio Correia Pamplona, saíam-se bem na destruição de quilombos mineiros, ganhando por isso direitos sobre terras doadas pelas autoridades e sobre os escravos capturados. A recompensa pela caça ao negro fugido era a sesmaria.

Tal como em Palmares, esses quilombos tinham chefias. A correspondência dos governadores revela a existência de mocambos de "negros alevantados com reis que os governam" ou menciona "mulatos intitulados reis" com concubinas e filhos. Havia rainhas a quem também era rendida obediência. Muitos deixaram seu nome nos documentos de época: Bateiro, Cascalho ou Beiçudo. Os quilombos que comandavam podiam ser imensos, considerados "quase um reino", caso do Ambrósio – próximo ao atual Triângulo Mineiro –, com mil negros adultos, além de mulheres e crianças. Os ajuntamentos de cativos fujões também podiam ser pequenos, anônimos, capazes de se desfazer antes da chegada de seus perseguidores. Era o caso daqueles que cresciam nas serras em torno da capital, Vila Rica. Outros tantos se espalhavam por Pitangui, Pedra Bonita, serra do Caraça, Campo Grande, etc. Os moradores reagiam com pavor à presença dos quilombolas: temiam saques, assaltos e depredações que, com o passar do tempo, poderiam se tornar corriqueiros. Petições eram encaminhadas às Câmaras, alertando para a fuga de cativos e, sobretudo, para o fato de que os fugidos andavam armados, "ameaçando brancos e matando escravos destes que iam apanhar lenha e capim". Temendo pelas vidas em perigo, autoridades tentavam controlar a situação brandindo punições – cortar a mão ou o tendão de Aquiles de quilombolas –, assim como sancionando proibições, como à venda de chumbo e pólvora a negros e mestiços. O controle sobre a ação dos quilombolas era tão ineficiente que houve episódios em que eles, armados de mosquetes, pistolas e facas, bloquearam o tráfego de mercadorias em estradas importantes, encarecendo produtos ou fazendo-os desaparecer dos mercados. Mas por que uma ação tão sem barreiras? Nas Minas Gerais do século XVIII, percebe-se com nitidez uma característica que se encontra em outras regiões do Brasil: a inserção dos quilombos na vida comunitária. Apesar das violências cometidas, os escravos fugidos costumavam conviver pacificamente com certos grupos sociais, prestando serviços, comprando suprimentos e fazendo escambo; no caso mineiro, diamantes e ouro contra alimentos e bens variados. Taberneiros e estalajadeiros, nas imediações de vilas e arraiais, aproveitavam para fornecer-lhes armas, e suas vendas eram os lugares ideais para informações sobre assaltos e roubos. O fruto era dividido entre uns e outros. Usando, enfim, dos mais variados expedientes, quilombolas tentavam ampliar sua rede de relações sociais e econômicas: negociavam, trocavam, vendiam, fazendo qualquer coisa para garantir sua autonomia e liberdade. Isso os colocava ao lado de outros tantos homens e mulheres destituídos de posses que, aos milhares, lutavam na Colônia contra as duras condições de vida que lhes eram impostas pela Metrópole.

Em Mato Grosso, onde se achou ouro em 1719, às margens do rio Coxipó, não faltaram escravos e, consequentemente, quilombos. Utilizados nos serviços da mineração, agricultura e pecuária, esses cativos também trabalhavam duro na construção de obras públicas. Os que se encontravam em regiões de fronteira, como Guaporé, eram estimulados pelas autoridades espanholas a fugir, pois, do outro lado da linha demarcatória, encontrariam a liberdade. Outra característica da resistência negra nessa região foi a aliança com os indígenas. Os quilombos de Quariterê, Sepotuba e Rio Manso abrigavam índios, negros e mestiços – os caburés – vivendo em harmonia. Entre os negros, havia libertos convivendo com fugidos. Como em toda parte, os quilombolas desenvolviam agricultura de subsistência, plantando milho, feijão, mandioca, amendoim, cará, banana e ananases. Decorrente de sua forma de organização, a produtividade alimentar dessas comunidades contrastava com a penúria de cidades importantes como Cuiabá, onde as crises de abastecimento eram frequentes. O elevado número de negros livres nessas regiões de fronteira dificultava a identificação de quilombolas. Em cidades como Crixás, Pilar, Tocantins ou Arraias, em cujos arredores instalaram-se quilombos, aproximadamente 70% da população era constituída por "pretos". Somavam-se a tudo isso as características naturais de Goiás e o atual Tocantins, marcadas pela presença de densa malha fluvial – o Araguaia, o Tocantins e o Paranaíba do Sul e seus afluentes –, que permitia não se deixar rastros das fugas em canoa. Chapadas e montanhas multiplicavam esconderijos, e a vegetação de cerrado complicava as buscas dos capitães do mato.

No Rio Grande do Sul também foram registrados quilombos. Nessa região, escravos contrabandeados da província espanhola de Sacramento faziam funcionar estâncias e charqueadas. Em época de abate de gado, o trabalho era estafante, mantendo-se os cativos ocupados graças ao rebenque do capataz e goles de aguardente. Topônimos como arroio do Quilombo ou ilha do Mocambo atestam a resistência a um regime que, nos finais do século XVIII, começou a dar mostras de impaciência com fugas e deserções. Multiplicam-se, então, editais para a contratação de capitães do mato capazes de deter "a multidão de escravos fugidos metidos em quilombos". A Câmara de Porto Alegre registrava em sua ata de 2 de janeiro de 1793: "Nesta vereança [...] se mandou fazer uma marca F para marcar os escravos apanhados em quilombos, e assim mais um tronco, para o capitão do mato segurar os escravos que forem apanhados em quilombos, para neles se fazer a execução que a lei determina, antes de entrarem na cadeia". Os fugidos agrupavam-se nas muitas ilhas fluviais dos rios e lagunas que banhavam a região. Na primeira metade do século XIX, a situação era de pânico. Não faltaram informes de autoridades sobre o terror em que viviam as populações: "Dia a dia se aumentam os roubos, incêndios, assassinatos perpetrados pelos quilombolas, que ousada e astuciosamente têm aterrado os pacíficos moradores da serra dos Tapes e feito abandonar casas e lavouras, tendo-se perdido muitas colheitas de milho e feijão, que infalivelmente farão falta considerável no consumo da população desse município". A queixa procedia, pois ataques a propriedades, ranchos e chácaras, lutas entre quilombolas e escravos, além de sequestros de mulheres, tinham se tornado correntes. Mesmo os pequenos proprietários negros não eram poupados.

No Rio de Janeiro, a situação não era diferente. Rios, como o Iguaçu e o Sarapuí, no recôncavo carioca, hidratavam engenhocas e engenhos, além de escoarem considerável produção agrícola voltada para o abastecimento da capital carioca. O encaminhamento de tais produtos fazia-se por essas verdadeiras estradas fluviais, cruzadas por barqueiros escravos, sob o comando de comerciantes. Pântanos, afluentes e meandros consistiam, por sua vez, numa segunda estrada, por onde hortaliças frescas e lenha abasteciam a cidade. E conduziam para a liberdade. Liberdade nos quilombos que infestavam a região de Iguaçu e que aparecem na documentação do início do século XIX sob várias denominações: do Iguassu, do Pilar, da Barra do Rio Sarapuí, do Bomba, da Estrela e do Gabriel. Nessa região, os aquilombados desenvolviam um ativo comércio de lenha e, graças aos serviços prestados e trocados com vendeiros, escravos remadores, libertos donos de embarcações, pequenos lavradores, fazendeiros e cativos de propriedades mantinham sua autonomia. De suas roças de feijão, banana, batata-doce e cana enviavam, através dessa rede de contatos, produtos para abastecer pequenos mercados ou a mesa do grande proprietário de terras. Adquiriam, em troca, sal, pólvora para caçadas, aguardente e roupas. Os beneditinos, que mantinham um engenho em terras iguaçuanas, por exemplo, fechavam os olhos para as comunicações entre seus escravos e os aquilombados. A pesca abundante nos rios garantia-lhes ainda mais do que comer, vender e viver. O comércio era tão lucrativo que tornava os pequenos comerciantes e barqueiros seus aliados. A complexidade dessas organizações se evidencia no caso do quilombo do rio Moquim, no norte fluminense: cerca de trezentas pessoas mantinham enormes lavouras de milho, mandioca e feijão, criavam galinhas e porcos, possuíam uma ferraria para a construção de ferramentas de trabalho, além de oratórios e um cemitério. Seus moradores habitavam "senzalas arruadas" e as crianças ali nascidas eram batizadas por um padre pardo, foragido da Justiça mineira.

Na Paraíba, destacaram-se as comunidades de negros fugidos denominadas Craúnas e Cumbe. Na Bahia, tais agrupamentos também não foram raros. Inseridos nas franjas dos centros urbanos, esses quilombos viviam um cotidiano marcado por negociações e conflitos. Como o do Orobó, o do Andaraí e o do Oitizeiro, instalados nas cercanias de Barra do Rio de Contas, e que deram algum trabalho às autoridades. Em fins do século XVII, também existiam mocambos instalados em Camamu, Cairu e Ilhéus, localizando-se numa área de mangues pouco policiada e despovoada; atacados por tropas de índios cariris – o hábito de atacar quilombos com índios mantinha-se desde o início de Palmares –, esses agrupamentos, nas vésperas de 1700, dispersaram-se.

E na distante Amazônia? Lá o escravo negro foi fortemente substituído pela escravidão e trabalho compulsório do indígena. As mais diversas leis, cartas régias ou bulas papais não evitaram a compra e venda clandestina de índios, comércio, diga-se, que beneficiava vários grupos. Transformados em trabalhadores de segunda classe, esses índios eram convertidos à força ao cristianismo, brutalmente explorados e "pagos" com cachaça ou quinquilharias. Os "salários" raramente chegavam às suas mãos. Agrupados em corporações, estavam sujeitos a castigos caso fugissem ou faltassem ao trabalho. À medida que se expandia tal regime, cresciam as formas de resistência. As fugas eram espetaculares: escapavam grupos de até oitenta indivíduos entre homens, mulheres e crianças. No século XVIII, a denominação amocambado começava a aparecer insistentemente nos documentos oficiais, que registram, para o período, gastos com soldados para a captura de fugitivos. Muitos moradores davam-lhes abrigo para poder, posteriormente, usá-los em próprio benefício ou fazê-los parceiros na luta pela sobrevivência. O roubo de canoas, instrumento de fuga mais comum, era constante.

Conforme podemos notar, várias regiões da Colônia conviveram com quilombos. Isolados como Palmares ou inseridos nas periferias das vilas e cidades, agressivos ou pacíficos, reunindo gente de diferentes etnias, cor e credo. O que lhes importava era resistir, e, para isso, a presença de laços de solidariedade ou de parentesco, assim como a vivência de práticas religiosas, foi muito importante. Inúmeras pesquisas dão conta da presença de mulheres e crianças quilombolas, atestando assim a existência de ligações estáveis dentro da instabilidade que significava viver fugido. Brigas de faca, castigos exemplares, surras em mulheres infiéis comprovam a existência de regras e de valores no seio dessas comunidades. Fugas temporárias alimentavam os encontros entre os que viviam dentro e os que viviam fora do quilombo. Fugas transitórias permitiam aos cativos negociar com os senhores melhores condições de vida dentro do cativeiro. Laços de amizade ligavam comerciantes e aquilombados, permitindo aos últimos ter acesso a armas e alimentos ou a informações capazes de garantir-lhes a sobrevivência ante seus perseguidores. Como bem lembrou um historiador, embora em menor número, as mulheres quilombolas destacaram-se na manutenção material de suas comunidades, zelando pelo suprimento de alimentos, confeccionando roupas e utensílios para uso doméstico. Cabia-lhes cuidar de roças e de animais domésticos, assim como preparar a comida. Seu papel nas funções religiosas era preponderante: por meio de rituais ancestrais, fortaleciam o espírito combativo dos homens. Preparavam-lhes amuletos e banhos de ervas, ofereciam sacrifícios rituais e dominavam as propriedades das plantas medicinais capazes de debelar doenças e curar ferimentos. Acompanhavam os quilombolas em caçadas ou enfrentamentos com os temidos capitães do mato e, então, exerciam função de apoio ao conduzir pólvora e armamentos, assim como levando e trazendo recados.

7

PERTO DO OURO E LONGE DO REI

Entre fins do século XVII e início do XVIII, ocorreu o que um historiador denominou de o "ensimesmamento da América portuguesa". A Colônia deu as costas ao litoral e começou a se entranhar sertões adentro. Com a queda do preço do açúcar, Bahia e Pernambuco não eram mais centros nevrálgicos, embora continuassem funcionando como relevantes eixos administrativos e sociais do decadente Império português. Entre Olinda e Recife começam a aguçar-se as rivalidades entre a gente da terra e os reinóis. A tensão eclodiria em 1710 numa guerra civil. Enquanto no Nordeste se gestavam conflitos, nas serras e brenhas a oeste do litoral do Rio e de São Paulo ecoava o grito de "Ouro! Ouro!". Paulistas, sertanejos do rio São Francisco e densa corrente imigratória vinda da Metrópole começavam a ocupar os ermos sertões. Através de rios e córregos transformados em caminhos, homens em busca da mítica serra das esmeraldas subiam na direção do Nordeste, vasculhavam o vale do Amazonas e desciam a margem esquerda do rio da Prata. Começava sorrateiramente um dos capítulos mais emocionantes de nossa história. Vamos a ele.

Ao capitão Fernão Dias Paes escrevia, em 1664, o rei d. Afonso VI: "Eu, El Rei, vos envio muito saudar. Bem sei que não é necessário persuadir-vos a que concorrais de vossa parte com o que for necessário para o descobrimento das minas". O monarca português rogava-lhe que devassasse os sertões do Paraná, de Santa Catarina e do Rio Grande. Homens como Fernão Dias, posteriormente consagrados com exagero pela historiografia, eram muito familiarizados com os sertões. Seus antepassados já tinham se embrenhado nos matos do litoral em busca do ouro de lavagem. Alheios às exigências da Coroa, os paulistas pouco pagavam impostos e tentavam de todos os jeitos obstar o controle das autoridades sobre a mineração que praticavam. Na época em que Fernão Dias recebeu a carta real iniciou-se a rápida expansão em direção aos chapadões mineiros, goianos e mato-grossenses. De vilas e cidades como São Vicente, São Paulo e Taubaté, levas de homens começaram a se deslocar em direção aos vales e serras mineiros, deixando para trás mulheres, velhos e crianças. As pequenas localidades mudavam de ritmo; os engenhos e lavouras entravam em hibernação. No comércio, no artesanato e na produção agrícola, mulheres começavam a substituí-los, tentando animar o resto de vida urbana que sobrara. Inúmeras delas ganhavam a vida e sustentavam famílias. Faziam de tudo: eram agricultoras, lavadeiras, costureiras, tintureiras, doceiras. Até a prostituição ajudava na luta pela sobrevivência.

Os bandos, organizados em bases militares, podendo ter de dez a centenas de homens, chamavam-se bandeiras. Neles se juntavam não apenas paulistas, mas estrangeiros, descontentes, desertores e fugitivos da Justiça. "Espécie de bandidos e de gente libertina que vive sem governo", no dizer de viajantes. Índios livres ou cativos eram largamente utilizados como batedores, guias, carregadores, coletores de alimentos ou guarda-costas. Longe da vistosa imagem que encontramos nas gravuras, os bandeirantes vestiam-se com um chapelão de abas largas, camisa e ceroulas. Às botas, preferiam sandálias indígenas ou caminhar descalços. Coletes de couro acolchoados, capazes de protegê-los das flechas mortíferas dos inimigos, eram a peça mais sofisticada da leve bagagem que portavam. O importante era carregar muitas armas, inclusive arcos e flechas, além de grãos, que, junto com a mandioca, eram sistematicamente plantados nas trilhas abertas.

Entre 1693 e 1695, faisqueiras mineiras foram encontradas, ao mesmo tempo, por variados grupos em trechos dos vales dos rios das Mortes e das Velhas. Para chegar aí tomavam-se dois caminhos: o Geral do Sertão acompanhava o rio Paraíba do Sul, através da serra da Mantiqueira; o outro cobria a região norte do Rio Grande, onde afluentes desembocavam nas proximidades das terras mineiras. Em poucos anos, foi aberto um atalho, entre o porto de Paraty e o alto da serra. Chamaram-no posteriormente Caminho Velho para distingui-lo do Caminho Novo. A primeira rota desembocava na trilha dos bandeirantes, que ia dar em Guaratinguetá, Pindamonhangaba, Taubaté e São Paulo. Esses vários trajetos eram árduos, pedregosos e íngremes, exigindo mulas bem treinadas e pernas fortes dos que as cavalgavam ou vinham a pé. Outra estrada corria paralela ao rio São Francisco, divisa entre as capitanias da Bahia e de Pernambuco. O arraial de Mathias Cardoso recebia os viandantes provenientes do sertão baiano. Entrincheirados em suas faisqueiras, os paulistas olhavam com desconfiança os aventureiros que desembocavam de tais caminhos: "Gente vaga e tumultuária, pela maior parte gente vil e pouco morigerada", na descrição do governador-geral do Brasil, d. João de Lencastre.

Uma sombra pairava sobre as tão esperadas descobertas auríferas: a mutidão de aventureiros que se espalhara por serras e grotões mostrava-se criminosa e desobediente aos ditames da Coroa ou da Igreja. Carregavam consigo tantos escravos que o preço da mão de obra começara a aumentar na Bahia, em Pernambuco e no Rio de Janeiro. Ao longo de dez anos, a tensão entre paulistas e forasteiros, entre autoridades e mineradores, só fazia aumentar. Todas as tentativas oficiais de controle falharam: de quase nada valendo a imposição de um passaporte ou o fechamento dos caminhos. Paralelamente a isso, o contrabando de ouro e a falta de alimentos cresciam. A fome espreitava, e não faltou quem morresse brigando pelo de-comer.

Em pouco mais de dez anos de colonização das áreas produtoras de ouro, percebiam-se mudanças substantivas. Nas minas circulava um grupo que adquirira forte visibilidade: o dos emboabas, os não paulistas e, sobretudo, dos filhos de Portugal, gente que, anos antes, chegara paupérrima e conseguira entesourar cabedais. Tornaram-se, além de mineradores, mascates. Se os primeiros possuíam índios, carijós e tapuias para ajudá-los no trabalho, os segundos tinham escravos de origem africana. Tal como seus senhores, os cativos não se "bicavam". Esgotadas as primeiras lavras de aluvião, uma mudança se impôs: o ouro que antes estava ao alcance da mão teria, a partir de então, de ser extraído do seio das montanhas. A nova modalidade de exploração custava caro. Os emboabas, todavia, estavam perfeitamente aparelhados para a empreitada. Comerciantes lusos estabelecidos no litoral davam cobertura às operações financeiras que a mudança exigia. O único obstáculo eram os privilégios paulistas. Uma carta régia de 1705 os aboliu, abrindo caminho para a ação dos emboabas. Até 1708, eles já dominavam duas das três zonas auríferas. Muitos paulistas, empobrecidos ou humilhados, retiraram-se para o distrito do Rio das Mortes ou buscaram sorte em aluviões distantes ou em currais de gado. Os que restaram, "faca no peito e pistola à cinta", cercados por escravos mamelucos, afrontavam seus inimigos. Foi numa dessas demonstrações de guerra que teve início o confronto que ensanguentou os rios da região. Assassinatos, conflitos, um pequeno grupo de mamelucos esmagados no Capão da Traição, enfim, a situação fervia. Conta uma testemunha de época: "O negócio das Minas há muitos dias está parado; porque andam aqueles moradores com as armas nas mãos, divididos em duas facções, sendo capitão de uma delas, que são todos os que não são paulistas, um Manuel Nunes Viana, natural daquela vila e morador no sertão da Bahia. Este se acha com mais de três mil homens armados em campanha; é homem que leva consigo muita gente por ser muito rico, facinoroso e intrépido por cujas razões é o que introduz nas minas muitas e grandes tropas da Bahia para onde vai a maior parte do ouro que elas produzem contra as outras de Sua Majestade que Deus guarde, e com grande prejuízo de sua real fazenda porque não paga quintos. [...] O governador desta praça se resolveu passar aos sertões de Minas e ver se pode a sua pessoa sossegar aqueles moradores. Queira Deus que o consiga pelo muito que importa El Rei nosso senhor".

Manuel Nunes Viana, homens armados e suas tropas... tais assuntos nos levam além de Minas. Enquanto nos flancos da serra do Espinhaço veios auríferos faziam crescer a população, aumentar o tráfico de escravos, diversificar as atividades econômicas e, consequentemente, as pressões da Metrópole sobre a Colônia, nos distantes sertões se escrevia outra história. Esta, como dizia um historiador, bem "longe do rei". Uma vez consolidado o povoamento da costa, o movimento de colonização empurrava os homens para as vastidões internas do continente. Na busca de pedras preciosas, índios para apresar ou tocando preguiçosas manadas de boi, homens livres e escravos ocupavam efetivamente tais ermos, fazendo jus ao princípio romano do *uti possidetis* ("tudo o que tens ocupado"). Portugal passava, então, a ser dono do vasto sertão, e é para lá que vamos agora.

8

O SÉCULO SERTANEJO

Diferentemente dos intrusivos paulistas, os criadores de gado nordestinos adentraram não nas matas e alagados, mas nas vastas extensões de terra distantes do fértil litoral. Faziam-no mansamente. Faziam-no, aliás, desde a montagem dos primeiros engenhos. Em 1549, com a instalação do governo-geral, começou a lenta expansão da pecuária no Nordeste. Uma das figuras emblemáticas dessa forma de conquista do sertão foi o português Garcia d'Ávila, que, tendo recebido umas terras de pasto nos campos de Itapoã das mãos do governador Tomé de Souza, logo as estendeu até a enseada de Tatuapara, onde ergueu uma construção com traços medievais: a Casa da Torre. Em poucos anos, tornou-se um dos mais ricos homens da Bahia. Dele dizia-se ter tanto gado que "não lhe sabe o número, e só do bravo e perdido sustentou as armadas Del-Rei". Devagarzinho, manadas baianas, imensas e silenciosas, percorreram léguas e léguas do território brasileiro, espalhando-se entre o que hoje é o Piauí e as nascentes do rio São Francisco, em Minas Gerais.

    O sertão, significando na época as terras apartadas do litoral, era o palco dessa nova ocupação. A vida ali não era fácil. O cotidiano desenrolava-se sob sol ardente e em solo árido. De agosto a dezembro, a falta d'água era tanta que muitas pessoas quase não tinham o que beber. Junto com a seca vinham as crises de abastecimento. Quase nada florescia, nem crescia. A regularidade das estiagens era apavorante: anos como os de 1660, 1671, 1673 e 1735 deixaram marcas. Preocupadas, as autoridades anotavam em correspondências oficiais: "Há dois anos que se experimenta nesta capitania e em todo o Estado uma total falta de água, por cuja causa se destruíram as plantas e não produziram as safras, além do que há grande falta de carne e de farinha". As dificuldades alimentares aparecem em outros registros, como aquele de 1697 em que um padre anotava sobre os sertanejos: "Comem estes homens só carne de vaca com laticínios e algum mel que tiram pelos paus; a carne ordinariamente se come assada, porque não há panelas em que se coza. Bebem água de poços e lagoas, sempre turva e muito assalitrada. Os ares são muito grossos e pouco sadios. Desta sorte vivem esses miseráveis homens, vestindo couros e parecendo tapuias". A pobreza sertaneja era um dado real, embora escapasse ao relato do padre europeu a luta dos homens para adaptar-se ao meio ambiente. Para ficar em poucos exemplos, que se pense no uso de fibras vegetais substituindo tecidos de vestir, nas redes de fibra de caroá, no cardápio agreste de carne de tatu ou peba e da paçoca de carne de sol pilada com farinha e rapadura.

Nas áreas menos atingidas pela seca, o gado dominava a terra. A imensidão das fazendas de gado do Nordeste já tinha chamado a atenção do jesuíta Antonil por se estenderem de Olinda à freguesia de Nossa Senhora da Vitória, no "certão do Peauhy": "E posto que sejam muitos os currais da parte da Bahia, chegam a muito maior número os de Pernambuco, cujo sertão se estende pela costa desde a cidade de Olinda até o rio de São Francisco oitenta léguas, e continuando, da barra do rio de São Francisco até a barra do rio Iguaçu, contam-se duzentas léguas. De Olinda para o oeste até o Piauí, freguesia de Nossa Senhora da Vitória, cento e sessenta léguas, e pela parte do norte estende-se de Olinda até o Ceará Mirim oitenta léguas e daí até ao Açu trinta e cinco, e até o Ceará Grande oitenta. E por todas vem a estender-se desde Olinda até esta parte quase duzentas léguas".

A cidade de Oeiras – primeira capital do Piauí – originou-se de uma única fazenda, denominada Cabrobó, fundada por sesmeiros dos descendentes de Garcia d'Ávila. O antigo núcleo da fazenda, seus casarões, currais e casas de moradores e agregados geraram a vila de Moxa, nome do riacho que banha a região e que serviu de primeira designação para a capital piauiense. Casas de barro cobertas de palha, currais de pedra ou madeira, pequenas roças de mandioca, feijão e milho funcionavam como âncora para o gado que se criava solto. Pastagens sem limites funcionavam como campos de engorda onde o vaqueiro só pisava para buscar bezerros novos e fazer nova choupana. Fazendas grandes agregavam tendas de ferreiro e carpinteiro, cercadas para separação de reses, reservas de pasto e lavouras de subsistência. Muitas delas ainda possuíam engenhos movidos a boi ou a água para a produção de açúcar mascavo, assim como dispunham de casas de farinhada e alpendres ou tendas com rodas de fiar algodão. Os fios eram tingidos com urucum, jenipapo ou caju. As que não tinham sal à flor da terra compravam da barca do sal que subia e descia o Parnaíba. Na época das chuvas – anunciadas pelo desabrochar da flor do mandacaru –, aprontavam-se arreios, ferraduras e couros. Nos meses de abril e maio, conhecidos como fins d'água, floresciam juremas e magnólias a perfumar os caminhos. As campinas eram chamadas de campos mimosos. Nas noites escuras, o som agudo dos berrantes sinalizava a direção para os viajantes perdidos. Técnicas e equipamentos tão importantes nos engenhos eram substituídos pela habilidade específica do vaqueiro. Habilidade em tratar vaca parida, em cuidar de umbigo de bezerro, em evitar bicheiras, em serrar chifres pontiagudos, em marcar as ancas dos animais com ferro quente. O curral era o cenário para toda essa atividade: "Em cada fazenda", explicava o ouvidor Durão, no século XVIII, em sua *Descrição da Capitania de São José do Piauí*, "deve haver pelo menos três currais que tomam diversos nomes conforme o serviço que presta. Chama curral de vaquejada àquele em que se recebe o gado que tem de ser vendido, onde se tira o leite e onde se faz o rol de porteiras; curral de apartar àquele em que se recebe todo gado indistintamente para ao depois ser distribuído pelas diferentes acomodações; curral de benefício onde se recolhem os garrotes para serem ferrados e para se fazer as partilhas dos vaqueiros".

Um quarto dos bezerros pertencia ao vaqueiro. O tamanho dos currais variava de acordo com o rebanho e o número anual de bezerros, chegando até a mil metros quadrados. Uma fazenda de baixa produção amansava, anualmente, cem bezerros; uma grande, mil. Cercas eram feitas de aroeira, cedro, candeia, louro, jatobá, jacarandá, enfim, madeiras nobres que, então, eram abundantes. Junto aos vaqueiros livres trabalhavam escravos, homens e mulheres. Os de serviço trabalhavam nas diferentes atividades da fazenda: roçar, abrir picadas, destocar, semear, serviços domésticos, etc. Havia, contudo, escravos vaqueiros divididos, junto com os livres, por sua utilidade: vaqueiro cabeça de campo de gado ou vaqueiro cabeça de campo d'éguas. E também os curtidores e os serventes. Segundo os viajantes Spix e Martius, de passagem pelo Piauí, em 1820, para cada mil cabeças bastavam dez escravos. Casamentos ou uniões consensuais entre homens e mulheres escravos garantiam relativa estabilidade familiar nas fazendas de gado. Das crianças nascidas, a grande maioria era empurrada para o trabalho no campo desde cedo, e muitos meninos de sete anos aparecem nos documentos como pequenos vaqueiros. Outra característica da área de pecuária era o número elevado de escravos alforriados, sobretudo no século XIX.

O gado tinha várias funções: seu couro servia para o ensacamento da produção de fumo e embalagem de alimentos nas viagens ultramarinas, a fabricação de malas, bolsas, laços e redes. No engenho, os animais eram comumente usados para a lavragem das canas e para virar as pesadas rodas. Naqueles vastos territórios, quem tinha algumas reses era considerado pobre. Os animais eram utilizados até a exaustão. O gado alimentava vilas e cidades em Pernambuco e Bahia, mas também, via rio São Francisco, as populações que, no final do século XVII, se instalaram em Minas Gerais. A cidade de Juazeiro, na Bahia, por exemplo, ganhou esse nome pela quantidade de juás e tamarindeiros que abrigavam o gado na passagem do rio São Francisco. Era um antigo pouso de tropa. Fortunas imensas se constituíram na pecuária. Mas o mais importante é que o pequeno comércio de gado mantinha uma grande população de camaradas, vaqueiros, agregados, livres e forros ocupada e acumulando bens.

Tal como no Nordeste, a criação de gado, cem anos após o início da colonização, conquistou o Sul da Colônia. Nessa área, os jesuítas foram os principais responsáveis pela disseminação das reses. E o fizeram para alimentar os aldeamentos de catequese. Abatiam-se, com esse propósito, milhares de reses por ano. Havia tanto gado pastando nos campos que qualquer estrangeiro tratava de registrar o fato em suas anotações: "Rebanhos incontáveis de gado, inverno e verão", como dizia o padre Antônio Sepp. Num sistema de trocas comerciais mantido com os paulistas, também permutavam reses por algodão, para vestir os índios das reduções. Nas épocas em que os preadores vindos de São Paulo abatiam-se sobre os aldeamentos, caçando indígenas, os jesuítas retaliavam abandonando seu gado à vida selvagem. A vacaria do mar, que se estende do litoral atlântico até o rio Uruguai, se formou, segundo um historiador, pela dispersão de centenas de vacas leiteiras, abandonadas pelos jesuítas em 1637. Tais vacarias multiplicaram-se e não poucas vezes foram atacadas pelos espanhóis em guerra com os portugueses. Amparados por soldados tapes, comedores de carne verde – termo referente ao gado recém-abatido –, tais rebanhos foram alvo de constante cobiça. Em meio às tensões de suas metrópoles, lusos davam aos espanhóis licenças para vaquear. Muitos, porém, raramente se contentavam com sua cota, preferindo vagar por conta própria caçando gado.

O primeiro quartel do século XVIII encontrou as vacarias quase dizimadas. Prevenidos, os jesuítas deslocaram seu criatório para Pinhais, deixando seu gado intocado, em reprodução, por oito anos. Ao final, tinham centenas de milhares de cabeças, e nem os ataques de índios nem o consumo das missões diminuía esse ritmo de crescimento. Quando houve sua expulsão, em 1759, só na Estância Grande de Yapeyú, os inacianos possuíam mais de 500 mil cabeças de gado vacum, 4 mil cavalos e 70 mil ovelhas. Ao chegar, quinze ou vinte anos mais tarde, luso-brasileiros encontraram os campos repletos de gado. Iniciou-se, então, um processo de mão dupla: o Estado retomou os trabalhos das fazendas reais de Bojuru e Capão Comprido, existentes desde 1737, a fim de alimentar tropas e famílias de soldados que vinham concorrendo para povoar o Rio Grande. Durante a segunda metade do século XVIII, juntas, as duas fazendas chegaram a ter milhares de animais, mas a má administração logo pôs tudo a perder. A valorização do preço do couro promoveu uma verdadeira carniçaria; matavam-se milhares de animais, inclusive vacas prenhes e vitelinhas, para arrancar-lhes o precioso revestimento. Inúmeros vice-reis protestaram. Denúncias, como a feita por um certo Sebastião Francisco Betamio, em 1780, contra capatazes negligentes em relação à diminuição do rebanho, ou insensíveis aos maus-tratos impostos a vacas leiteiras e cavalos, somavam-se à necessidade de um regulamento sólido, como o que quis aplicar o vice-rei Luís de Vasconcellos. Tudo em vão. O Estado gastava uma fortuna para alimentar com carne e farinha os soldados e moradores de Sacramento, enquanto seus próprios criatórios se arruinavam, vítimas de roubos e descaso.

Na outra mão, ou seja, contrariando o processo de decadência, em várias áreas o rebanho se multiplicava. Nas estâncias, sobretudo as instaladas nas cercanias do rio Pardo, abrigavam-se moradores ricos e senhores de milhares de cabeças de gado. Currais constituídos por cercados de madeiras e gravetos, isolados nos pampas, funcionavam não como centro de engorda, mas de domesticação dos rebanhos. Impunha-se a lei da querência: as reses passando pelo rodeio, sujeitando-se à sua ação centralizadora e não mais se dispersando. A lança, o laço e a boleadeira, instrumentos de adestramento e captura dos animais, eram magnificamente manejados pelos grupos de solitários campeadores, conhecidos como bombeiros. O estancieiro, diferentemente do preador ou do traficante, era homem plantado em terra própria. Terra com casas grandes, pomares e campos de trigo. Invernadeiro, ele comprava gado do preador para vendê-lo ao comprador – com seus tropeiros e tropas – ou ao traficante, abrigado temporariamente sob tendas de couro. Esses dois grupos, pilhadores de cavalos e matadores de bois, por suas arriadas – roubo de gado –, eram o tormento das autoridades. Eram pejorativamente chamados de intrusos. Por outro lado, foi graças a eles que a planície platina foi varrida de espanhóis e índios. Em multidão surda e difusa, se espalhavam pelas fronteiras, empurrando-as. Estabelecidos em falsas querências com o fim único de revendê-las aos colonizadores, chegavam a apossar-se de pedaços das estâncias reais. Uma cultura singular nascia na Cisplatina: a valorização do cavalo bom, cantado em prosa e verso, a forma de arriar o pingo com ornamentos de prata, rosas, estrelas e corações, enfim, aperos para cabeçadas, testeiras e peitorais. O campeador gaúcho, o autêntico guasca, se caracteriza, então, por seu amor ao pago e à querência, o hábito da carneagem – esfolar a rês –, do churrasco, do mogango com leite, do sombreiro de feltro, das botas de couro com vistosas chilenas de prata, do agudo punhal de cabo floreado.

O contínuo movimento de comércio com os paulistas, iniciado no começo do século XVIII, tornava possível essa civilização gaúcha. Entre 1724 e 1726 – relata um historiador –, a importação paulista anual foi de mil muares, dobrando até 1750. Daí até 1780, passou a 5 mil e, de 1780 a 1800, dobrou mais uma vez. De 1826 a 1845, estava acima de 30 mil animais. Se os muares equivaliam a 49,8% dos animais drenados para São Paulo, os bois correspondiam a 28,2% das importações e os cavalos a 22%. Na outra ponta desse lucrativo comércio encontramos os tropeiros. Mas quem eram?

Basicamente, eram homens que viviam de tropear, ou seja, de comprar e vender diversos tipos de produtos. Podia ser gente do Nordeste ou do Sudeste. Enfocaremos, aqui, o papel dos tropeiros paulistas, responsáveis, junto com tropeiros mineiros, pelo enorme desenvolvimento da sociedade gaúcha. Denominavam-se paulistas os nativos da capitania, mas também portugueses e espanhóis que ali viviam. Os paulistas, dizia um cronista colonial, depois que lhes tiraram os terrenos auríferos, se voltaram em grande parte para o negócio e a criação de gados, aproveitando assim os muitos campos naturais da capitania e os feitais – campos feitos em detrimento da agricultura. Dedicaram-se também a comprar gados na capitania de São Pedro ou em Curitiba e, conduzindo-os por terra a essa capitania, iam vendê-los às outras. Tinham razão: os gados baianos que desciam o São Francisco não davam mais conta de alimentar as necessidades das populações nas áreas mineradoras. Além disso, o prodigioso desenvolvimento das correntes de circulação humana, durante o século XVIII, ensejava meios rápidos e abundantes de comunicação. Esses meios seriam cavalos e mulas. O problema de transporte desses grossos rebanhos foi assim resolvido: traziam as reses até Laguna e para galgar o paredão da Serra Geral, de maneira a oferecer-lhes o pasto que ia de Lages a Curitiba, abriram caminho acompanhando o rio Araranguá. O itinerário da cidade de São Paulo para o Continente do Viamão dá a medida da tremenda viagem das tropas: "Partiam de Sorocaba, seguiam na direção de Itapetininga, atravessavam o rio Itararé, tocavam em Ponta Grossa e nas proximidades de Curitiba e em seus campos povoados de currais; cortavam o vale do rio Negro, penetravam as florestas da serra do Espigão, entravam nas vastas regiões de Campos Novos Curitibanos e Lages. De lá, prosseguiam através dos rios das Canoas e das Caveiras até o estreito desfiladeiro do caudaloso Pelotas. Depois da garganta do Pelotas abriam-se os campos de Vacaria, na serra rio-grandense. Desciam cortando os rios das Antas e das Camisas até a verdejante planície do Guaíba. Por toda parte, de Sorocaba a Viamão, avistavam-se fazendas e currais de gado".

Ao longo da estrada, pousos: pequenos núcleos de civilização e comércio. O milho, básico ao gado, era fonte de lucro. Aos domingos, um vigário rezava missa para locais e forasteiros. Nos ranchos – longos telheiros cobertos com varanda –, os tropeiros descarregavam, faziam-se fogueiras e, num tripé à moda cigana, preparavam o de-comer: feijão com carne-seca e angu de milho. A cachaça era usada em confraternizações ou como remédio. Grandes cestos ou bancos de madeira eram feitos de cama. Descarregados de seus fardos, os animais eram raspados com facão para tirar o pó e o suor. Prevalecia a regra da solidariedade: quem chegasse primeiro deixava lugar para as mulas de outras tropas, ajudando a descarregá-las quando necessário. Cargas eram arrumadas dentro do rancho com cuidados para não se misturar. As cangalhas secavam ao sol e eram depois empilhadas. Nas vendas encontrava-se um pouco de tudo para enfrentar a estrada: aguardente, doces, velas, livros de reza. Pelo chão, mantas de toucinho, pequenos barris de açúcar grosso e sal, espingardas e munição.

As mulas vindas do Sul eram comercializadas, *grosso modo*, na feira de Sorocaba. A dezoito léguas de São Paulo, a cidade foi o cenário das mais importantes feiras de muares dos séculos XVIII e XIX. Os animais partiam do Sul nos meses de chuva, quando as pastagens começam a verdejar. Uns preferiam vir direto, chegando entre janeiro e março, outros estacionavam nos campos de Lages, ao sul de Santa Catarina, para que os animais se refizessem. As tropas não eram trazidas para dentro da vila, estacionando nas imediações, nos currais dos campos d'El Rei. Havia lugar para a engorda preparatória para a festa, além da domesticação dos burros, na qual os sorocabanos eram mestres. Uma escola de peões evoluiu junto com as feiras. Aprendia-se a domar mulas para a sela ou para a cangalha. No primeiro caso, exigia-se elegância no andar; no segundo, resistência e força. Junto aos animais, os peões e capatazes erguiam suas barracas. De dia, eram os exercícios de doma, a alimentação de milho e sal, o preparo de rédeas e correias. À noite, acendia-se o fogo, preparava-se o quentão, gemia a viola. Ali juntavam-se caboclos, peões e camaradas, nomes genéricos dos que não eram patrões. Os tropeiros iam para a cidade. Muito provavelmente detinham-se a examinar arreios e apetrechos que se vendiam nessas ocasiões: as sacadas, ou selas de madeira chapeadas a prata, facões, redes, ponchos, caronas de pele de onça e mantas sorocabanas. Pois é com essa aparatosa indumentária que Charles Landseer os pintou, orgulhosos e elegantes num rancho, em 1825. Seus lucros se perdiam em grossas apostas nas patas dos cavalos, pois não faltavam corridas nas raias de areia. Algumas ruas na saída da vila concentravam as "perdidas" nas casas de alcouce. Nelas, sexo, jogo e bebida se misturavam.

Uma vez vendidas, as mulas serviam para tudo. Carregavam gente, pedras ou produtos de subsistência, como cereais, carne, sal, açúcar. Portavam todos os instrumentos de trabalho utilizados na mineração ou nos engenhos. Levavam os produtos que, dos portos litorâneos, partiam para mercados no exterior: fumo, aguardente, açúcar, anil, algodão e, no início do século XIX, café. Transportavam pólvora e armamento e artigos de necessidade no cotidiano, como vestimentas, móveis, arreios, utensílios de casa. Levavam também artigos de luxo, como cravos – por assim dizer, o avô do piano – e livros franceses proibidos, por exemplo, os de Rousseau.

A importância econômica e social desse século sertanejo não deixa dúvidas. Sertanejos, guascas e tropeiros estiveram por trás do funcionamento de engenhos de açúcar, do desenvolvimento das atividades mineiras e do abastecimento do interior do Brasil. A circulação interna da Colônia, assim como o transporte de produtos e bens, só podia ser feita em lombo de mula. O abastecimento de Minas e dos grupos militares estacionados no Sul dependia da carne bovina. A fazenda de gado do Nordeste criou uma massa de pequenos e médios proprietários. O mesmo se deu no Sul e no Sudeste. Aí, particularmente, essa gente alargou nossas fronteiras. Funcionando como uma verdadeira correia transmissora de negócios, valores e informações, tropas e tropeiros carregavam informações, cartas e recados, ligando as pessoas nos pontos mais diversos da Colônia. No século XVIII, as tropas de mulas foram responsáveis pela profunda animação que tomou conta do pequeno e do grande comércio, assim como da sociedade que começava a nascer nos sertões, antes tão ermos e tão longe do rei. Inúmeros registros dão conta da presença das tropas pelos caminhos. Em 1717, em viagem de São Paulo a Minas, o governador d. Pedro de Almeida observava ter cruzado com mais de mil animais em seu caminho, fora os oitocentos que vira arranchados em Guaratinguetá. Cem anos mais tarde, um cronista registrava tropas de cinquenta animais que viajavam, sem cessar, entre São João del-Rei e Rio de Janeiro. Em 1858, o tráfico entre Rio e São Paulo era feito no lombo de dezenas de milhares de bestas. A dívida do sertão em relação aos tropeiros estendeu-se até a chegada do trem na segunda metade do século XIX.

9

CIDADES COLONIAIS

Façamos a viagem de volta, do campo para a cidade. Uma primeira pergunta: como eram as cidades do tempo dos nossos arquiavós? Os documentos coloniais não deixam dúvidas. Para além de um "ajuntamento de homens no mesmo lugar com casas contíguas ou vizinhas", a cidade era também um "povoado no qual a boa fortuna é mãe das inveja e a má fortuna do desprezo. Lugar em que para ser grande é preciso tiranizar os pequenos, e para ter com que passar é necessário andar, buscar, correr e lidar". Enfim, a opinião oficial da época não era exatamente das melhores, e com razão. Muitas cidades portuguesas, assim como suas congêneres coloniais, eram o cenário de uma tremenda desordem, espaço de permanentes disputas e conflitos sociais. Além disso, as cidades reuniam os grupos mais empobrecidos da sociedade. O que levava as autoridades metropolitanas, como fez o marquês de Lavradio, de maneira preconceituosa, a comparar os moradores da Bahia a "macacos" e "vermes", queixando-se de ter de governar um "povo grosseiro e ingrato". Comentário não muito diferente do registrado, três anos mais tarde, no Rio de Janeiro, cujo cenário urbano foi considerado "sumamente pobre" e marcado por "clima e gente infernal".

Prolongando a tradição medieval, nossas cidades, na sua grande maioria, foram construídas não em áreas planas, como recomendava Vitrúvio – autor do tratado *De architectura* (27 a.C.), em voga desde o Renascimento –, mas em lugares altos e de difícil acesso. Morro abaixo, serpenteavam ruelas e becos sobre os quais aglomeravam-se casas toscas. O casario apertado fazia sombra às vias estreitas e escuras, nas quais se jogava, dia e noite, todo tipo de lixo. Inúmeros cronistas registraram seu mal-estar. Anchieta dizia que Salvador estava "mal situada num monte". Em 1610, o francês Pyrard de Laval queixava-se de seu difícil acesso, e seu conterrâneo Froger, décadas mais tarde, dizia que lá não havia uma única rua direita. Com todos os defeitos, Salvador foi, até 1763, a capital da possessão portuguesa, e nela se concentravam a alta fidalguia lusitana, o alto clero e os magistrados que administravam a Colônia. Os lucros com o açúcar incentivaram a construção de edifícios oficiais e religiosos, assim como de algumas luxuosas residências. Estas, na forma de sobrados geminados de três ou quatro pavimentos, começam a ser erigidas no século XVII. O solar dos Sete Candeeiros é um exemplar desse tipo de obra. Outro exemplo de arquitetura residencial suntuosa se encontra no Solar do Unhão, com suas quatro fachadas livres e originalmente morada do desembargador Pedro de Unhão Castelo Branco. Pequenas capelas foram erigidas desde os primeiros anos: a da Conceição, junto ao porto, na faixa litorânea, origem da atual igreja de Nossa Senhora da Conceição da Praia; a da Ajuda, na Cidade Alta, que funcionou como matriz e como igreja dos jesuítas, antes da construção da Sé e da igreja do colégio dos padres da Companhia. A Sé, edificada depois da chegada do bispo Fernandes Sardinha, foi iniciada por Tomé de Souza e assim descrita por Mem de Sá, em 1570: "Fiz a Sé dessa cidade de pedra e cal, com três naves e de boa grandura". Escrevendo em 1587, Gabriel Soares de Sousa complementava, sobre o Colégio dos Jesuítas: "Tem esse colégio grandes dormitórios e muito bem-acabados, parte dos quais ficaram sobre o mar com grande vista; cuja obra é de pedra e cal [...] com uma formosa e alegre igreja, onde se serve ao culto divino, com mui ricos ornamentos, a qual os padres têm sempre mui limpa e cheirosa".

A existência de casario com arquitetura mais rebuscada levava ao surgimento de opiniões favoráveis ao meio urbano colonial. Segundo o professor português Luís dos Santos Vilhena, morador da capital baiana em 1790, a maior parte dos sobrados desembocava na Praia, ou Cidade Baixa. Sete calçadas levavam desta à Cidade Alta. "Há nela", explicava o autor, "muitos edifícios nobres, grandes conventos e templos ricos e asseados". Salvador tinha ainda três praças: a Nova da Piedade, onde os regimentos faziam exercícios militares; a do Palácio, em torno da qual se concentravam a residência dos governadores, a Casa da Moeda, a Câmara, a Cadeia, o Paço da Relação, o corpo da Guarda principal, outras tantas casas particulares e seis ruas que se comunicavam com toda a cidade; o Terreiro de Jesus, cercado pelo colégio e igreja dos jesuítas, posteriormente à sua expulsão transformado em Hospital Militar, a igreja dos Terceiros de São Domingos, a igreja da Irmandade de São Pedro dos Clérigos e inúmeras casinhas bordejando sete ruas que ali desembocavam. Nas cercanias da cidade encontrava-se o bairro de São Bento, planície aprazível cortada por ruas largas, onde se tinham estabelecido belas residências e algumas igrejas; o bairro da Praia, endereço de opulentos comerciantes; o de Santo Antônio, menos importante. A preocupação de Vilhena era, contudo, com a construção demasiada em terreno impróprio. Segundo ele, encarapitadas morro acima, por "evidente milagre, não rolavam" morro abaixo. "Visto que todas são feitas de tijolo, sobre delgados pilares do mesmo, levantados em precipícios escarpados, e sem terreno para segurança dos alicerces cuja vista infunde terror ao mais afoito e destemido", queixava-se. Sua preocupação era tão maior quanto nas fachadas de tais sobrados sobrepunham-se varandas com grades, cobertas com telhadinhos. A escuridão dava ao "tapume de rótulas", como o chamava, um aspecto fúnebre. Ainda criticando a fragilidade do urbanismo de Salvador, lembrava que, se "troassem canhões" de nações inimigas sobre a Cidade Alta, esta arruinaria a Cidade Baixa. A grande animação da vida urbana ficava por conta de inúmeras quitandas – em substituição a um grande mercado –, nas quais negras vendiam carnes, nacos de baleia e de peixes, hortaliças ou toucinho. Nas lojas finas ofereciam-se sedas de Gênova, linhos e algodões da Holanda e Inglaterra, tecidos de Paris e Lyon, mesclados de ouro e prata. O fausto e a falta de comodidade urbana andavam de mãos dadas.

Também no Recife, a riqueza do açúcar tratara de concentrar a população e promover a construção de altos sobrados, chamados sobrados magros, que conviviam com uma multidão de mocambos de escravos e homens pobres. Nos sobrados, o comércio ocupava o térreo; no primeiro andar, o escritório com apartamentos para caixeiros e sucessivamente alcovas e salas; no último andar, em função do calor excessivo, localizava-se a cozinha. Ia longe a época em que Gabriel Soares de Sousa definia o Recife, no século XVI, como um simples povoado de "pescadores e oficiais de ribeira". No início do século XVII, a capital pernambucana era considerada por frei Vicente do Salvador como o porto mais frequentado do Brasil. Diferentemente de outras tantas cidades coloniais, o Recife estabeleceu uma relação especial com as águas, principalmente as do Capibaribe, que emolduravam o espaço urbano. No bairro de Santo Antônio ficava o palácio da Boa Vista. O Recife propriamente dito – onde ainda fica o porto – estava unido a Olinda por um istmo de areia de praia facilmente encoberto pelo mar em dias de ressaca forte. Santo Antônio, a Mauritstadt de Nassau, concentrava as lojas de comércio, sendo que expressiva atividade – portas adentro ou portas afora – era exercida por mulheres, entre as quais muitas negras quitandeiras e prostitutas. Na época em que chegaram os holandeses, Santo Antônio, antiga ilha de Antônio Vaz, não passava de um vasto pântano coberto pelas marés. Nas proximidades erguia-se o convento de São Francisco e algumas casas de morada. Na direção de Afogados, passava-se ao pé do forte das Cinco Pontas. O palácio da Boa Vista, de longe a maior construção, estava mais no interior, pontilhado de casas grandes, com quintais extensos e até sítios. Um braço do Capibaribe cortava o sudoeste daquele subúrbio e, ao norte, um afluente do rio Beberibe e os manguezais de Santo Amaro das Salinas – local de desembarque de escravos africanos – iam, aos poucos, separando a ilha que abrigava o palácio da Boa Vista da terra firme até chegar à divisa com Olinda, a antiga capital.

Ao redor desse núcleo, estendiam-se as terras verdes dos engenhos. Os rios escoavam, como estradas, a produção açucareira até o porto do Recife; os senhores preferiam morar em lugar mais salubre: as colinas de Olinda. O incêndio provocado pelos holandeses em 1631, nesta última, fez desabrochar o Recife, que cresceu ao longo das águas. O nó da antiga povoação feito de um conjunto de armazéns, depósitos de açúcar e pequenas casas de pescadores fora substituído, no tempo dos flamengos, pela rua dos Judeus, com suas residências, comércio e sinagoga. Ao longo do rio, debruçavam-se moradias de todos os tipos mirando o movimento imenso de canoeiros escravos ou livres, levando gente, víveres, mercadorias, água potável e animais em todas as direções. O Poço da Panela, de águas cristalinas, era o lugar onde as famílias abastadas se refugiavam durante os tórridos verões. O Varadouro, barragem natural a separar a água doce da salobra, foi melhorado por sucessivos governadores, tornando-se não só o manancial da cidade, como porto das canoas que iam e vinham do Recife. Nas margens do Capibaribe de águas caudalosas, sobretudo em época de cheia, concentravam-se as lavadeiras da cidade, assim como os mocambos – feitos de barro batido, mariscos, cipós, madeira e folhas –, em que moravam escravos e famílias pobres.

Ancorada entre os charcos formados pelo Tamanduateí, pelo Pinheiros, pelo Juqueri e pelo Cotia, São Paulo parecia aos olhos dos viajantes estrangeiros melhor aglomeração urbana do que suas congêneres. No alto de uma pequena elevação sobressaíam as torres de suas oito igrejas, seus dois conventos e três mosteiros. Casas em taipa branqueada com tabatinga, uma espécie de argila clara, davam-lhe ares de incrível limpeza. As ruas, no entender de vários observadores, eram "largas, claras, calçadas, espaçosas e asseadas". Aqui e ali, chafarizes reuniam a multidão de escravos e mulheres em busca de água. O do largo da Misericórdia era dos mais concorridos. O clima ameno e saudável também impressionava: "O clima de São Paulo é um dos mais amenos da terra", exclamavam Spix e Martius, depois de torrar sob o intenso calor carioca. Transposto o riacho do Tamanduateí, entrava-se na parte mais animada: o mercado ou rua das casinhas – com lojas de víveres – que se esparramavam pela rua do

Buracão ou ladeira do Carmo. As casas de moradia dos que tinham mais posses costumavam ter dois andares dotados de balcões, onde se instalavam homens e mulheres. Neles tomavam a fresca da manhã e da tarde e assistiam ao desfilar das procissões em dias de festa de santos. Outras possuíam corredores laterais sustentados por pilares de madeira, assim como umbrais de portas e janelas decoradas. Até o início do século XVIII, muitos índios eram carpinteiros e seu estilo deixou registros na ornamentação das casas. Quanto ao seu interior, Saint-Hilaire, viajante francês do século XIX, descreveu-as como limpas e mobiliadas com gosto. As paredes, pintadas com cores claras e guarnecidas de rodapés nas casas novas, contrastavam com as das antigas, ornadas com arabescos e desenhos. Singelas construções religiosas dominavam o contorno da capital: a catedral da Sé, o mosteiro de São Bento, os conventos de São Francisco, Carmo e Santa Teresa e, mais afastado, o da Luz. O cedro garantia a fabricação de altares e retábulos. Capelas particulares, como a de Fernão Paes de Barros, eram elegantemente decoradas com folhas de ouro, exóticas chinesices e tetos pintados. Outras construções se sobressaíam ao casario uniforme e austero: eram elas o palácio do Governo, a cadeia, o quartel e o hospital militar. Segundo um cronista, as igrejas pouco tinham de notável. Para além da colina central descobria-se, ao norte da cidade, o Jardim Botânico construído em 1799 por Antônio Manuel de Mello Castro e Mendonça, governador da capitania; do lado do Brás, da Consolação ou Santa Ifigênia, pequenas chácaras com seus pomares e roças bem cuidadas indicavam a presença de moradores. Mais longe, além dos rios que banhavam o sopé da colina, freguesias periféricas sediavam fazendas que abasteciam, com seus produtos, o mercado de alimentos.

 A presença de terreiros e praças, tão comum em nossas cidades, notadamente nas costeiras, não se fará sentir nos núcleos de mineração que se formaram de pequenos arraiais, como Ouro Preto e São João del-Rei. Ocorrendo o ouro em regiões montanhosas, os arraiais nasciam ora junto aos regatos, ora nas encostas. Entre eles se formou uma rede de ruas irregulares e íngremes, nas quais se encravavam pequenos pátios. Em meio ao emaranhado de vielas, travessas e becos, se equilibravam, a princípio, casas de pau a pique cobertas de telhas do barro facilmente encontrado na região, as casas de sopapo, posteriormente trocadas, pelo menos entre a elite, por construções mais duráveis. Ao longo do século XVIII, as austeras paredes de taipa começaram a abrir-se em janelas e vãos que davam às casas mineiras uma extraordinária harmonia. Os povoados rapidamente se transformaram em vilas, concentrando colonos e imigrantes que, com seus escravos, vinham em busca de ouro, e autoridades que ali se instalavam para controlar a extração aurífera. Nessas mudanças, os casarões se assobradaram e, como em outras partes do Brasil, instalava-se um negócio no térreo. Ipês, braúnas, cedros e casca-de-cobra foram madeiras largamente utilizadas na construção de residências, igrejas e edifícios públicos. Seus interiores ganhavam tetos lisos ou com painéis ricamente decorados com grinaldas, desenhos geométricos, colunas e figuras de animais. Com o mesmo objetivo de embelezar, a esteira de bambu achatado, processo trazido pelos portugueses do Oriente, recebia curiosas pinturas. Os imóveis eram acessados por corredores, muitas vezes pavimentados com hematitas e quartzos rolados. Uma escada metida entre as paredes levava ao primeiro andar. Nele se encontravam o salão de visitas – de frente para a rua – e a sala de jantar, nos fundos, abrindo-se para uma varanda. Os quartos de dormir abriam-se para o primeiro recinto. As cozinhas, para a varanda. Aí também se localizava o quartinho em que eram depositados os vasos de serviço íntimo e onde, em gamelas ou bacias de arame, se tomava banho. Uma outra escada ligava a varanda ao pátio interno. Para além do pátio, estendia-se a horta familiar. Debaixo da casa, junto ao galinheiro, às cocheiras e ao quarto de arreios, localizava-se o espaço onde os escravos dormiam. Segundo especialistas, com poucas variantes, esse foi o tipo de construção comum à elite nos distritos do ouro e dos diamantes. A partir da segunda metade do século XVIII, o uso da pedra lavrada de tradição minhota foi frequente em igrejas, casas solarengas, edifícios públicos e fazendas nas regiões de tapanhoacanga. Este é o caso, por exemplo, do sítio do padre Faria, do Taquaral, e do arraial da Passagem de Mariana.

A prosperidade da vida urbana mineira incentivou uma série de melhoramentos arquitetônicos e domésticos: as fachadas começaram a ganhar sacadas rendilhadas em pedra-sabão, grades de ferro de inspiração italiana, ornamentos de cantaria nas soleiras. Jardins à francesa, recortados em canteiros de variadas flores, chamavam a atenção dos viajantes, como os da casa dos Motta, em Ouro Preto. Em Goiás, cidades do ouro, como Jaraguá, viram surgir o uso da malacacheta em lugar de vidros na janela e de seixos rolados na ornamentação de vestíbulos. Fontes inspiradas na escola de escultura de Mafra murmuravam, refrescando as tardes. Residências médias e grandes abrigavam capelas com altares de jacarandá ou cedro onde senhores e escravos assistiam à missa. Nas casas sem capela, o quarto dos santos, em que uma cômoda alta sustentava oratórios e imagens, atendia às promessas e orações de todos. Numerosas oficinas de carpintaria davam conta de encomendas de estátuas, terços, coroas e rosários. A mobília, inspirada em desenhos importados de Portugal, ganhava desenhos em alto-relevo, garras de leão ou burro, embelezando camas, cadeiras, cômodas, contadores e bufetes. Espelhos e ferragens sofisticavam-se. As arcas, onde se guardavam roupas finas e bens preciosos, também ganhavam decorações com tachas douradas. Para alegrar as paredes, religiosos italianos vendiam quadros de procedência europeia. A prata convertia-se em baixelas, serviços de penteadeira e arreios, sendo produzidos por prateiros baianos e mineiros. O linho cultivado nos distritos do Rio das Mortes e o algodão de Montes Claros transformavam-se em finas alfaias domésticas. Em Mariana, Prados e Congonhas do Campo, pequenas olarias forneciam louça grossa para o uso diário.

Até a descoberta do ouro em Minas Gerais, a cidade do Rio de Janeiro não tinha muitos encantos. Possuía, no século XVII, uma fortaleza bem guarnecida de canhões e um centro comercial muito animado por embarcações vindas do Rio da Prata e de Angola. Da América espanhola, especialmente do Peru, vinham muitas patacas de prata para pagar escravos clandestinos. A importância desse comércio ficou gravada na devoção a Nossa Senhora de Copacabana – de origem boliviana –, mais tarde instalada na pequena capela da praia do mesmo nome. Para a África era enviada a farinha de mandioca, produzida no Recôncavo Fluminense, e lá vendida, segundo o cronista Brandônio, por "alto preço". Igualmente do Rio saía parte do tabaco baiano destinado a comprar escravos em Angola. Até meados do século XVII, a cidade possuía quinze igrejas e instituições religiosas: o colégio dos jesuítas, no extinto morro do Castelo, o mosteiro de São Bento, o convento do Carmo, a igreja de Nossa Senhora da Conceição ou da Cruz dos Militares, que sinalizavam a prosperidade da cidade. Seu perfil, contudo, era ainda de um Rio de Janeiro rural. A cidade tinha, havia pouco tempo, descido dos morros, onde a plantara inicialmente Mem de Sá, para invadir várzeas e vales entre montes. Ao longo da ribeira, plantavam-se trapiches encarregados de armazenar açúcar. Entre o quadrilátero dos morros do Castelo, Santo Antônio, de São Bento e da Conceição delineavam-se as primeiras vias: a rua Direita, da Vala, da Misericórdia. No atual Catete instalaram-se olarias que abasteciam a cidade com tijolos e telhas. Na lagoa de Socopenapã (mais tarde, Rodrigo de Freitas) moía o engenho del Rei restaurado por Martim de Sá. Duas capelas importantes foram, então, construídas: a da Candelária, erguida, em promessa, pelo abastado Antônio Martins da Palma, que pagava um voto que fizera durante terrível travessia do Atlântico, e a da Penha, que desde sua construção, por Baltazar de Abreu Cardoso, ganhou fama de santuário milagroso. Medidas de higiene combatiam com timidez o péssimo estado sanitário: isolaram-se doentes de varíola em lazaretos e obrigou-se o destripamento em alto-mar das baleias caçadas ao largo da costa: "Para que o mau cheiro que exalavam não infeccionasse a cidade". A Cadeia Pública e a Casa da Câmara desceram do Castelo e se instalaram na várzea, no antigo terreiro da Polé, depois praça do Carmo e atual XV de Novembro. Na Ilha do Governador, erigiu-se um estaleiro, destinado a fabricar galeões e fragatas empregados no comércio marítimo e no policiamento do litoral brasileiro. Os primeiros quilombos, constituídos por negros fugidos dos engenhos, começavam a concentrar-se nas margens do Paraíba.

No início do século XVIII intensificaram-se o tráfico negreiro para a extração do ouro e o aumento da produção do açúcar fluminense. Como ficou a cidade? Crescida, inchada, ela via aumentar dia a dia os problemas com limpeza. Os viajantes estrangeiros consideravam o Rio de Janeiro, como disse dela um inglês, "a mais imunda associação humana vivendo sob a curva dos céus". Em contraste com a belíssima baía azul e montanhosa, as casas eram feias. As ruas, sujas, atraíam porcos ou outros animais domésticos que vinham comer os restos de lixo jogados porta afora. O desasseio das praias, em cujas águas se derramavam os dejetos domésticos, preocupava as autoridades: "Despejos cujos eflúvios voltam para a cidade e a fazem pestífera". Melhorados em 1743, os armazéns do rei se transformaram em residência dos governadores e, a partir de 1763, em residência dos vice-reis. Branca, retangular e baixa, a construção era modesta e seus vastos salões abrigavam pouca mobília. À sua direita, na linha do casario voltado para a praia, erguiam-se os telhados íngremes da casa dos Telles. Ao lado, portas abertas indicavam a estalagem do francês Philippe, bodegueiro conhecido dos imigrantes portugueses que buscavam os caminhos para Minas Gerais. Um chafariz na praça reunia escravos que vinham buscar água em sonoro tumulto.

    As lojas dos mercadores abrigavam-se do sol forte sob toldos de pano riscado. Tabuletas indicavam os ofícios: barbearia, chapelaria, oficina de bate-folhas. Indicavam também "Bom e Barato!". Na porta, caixeiros de tamanco aguardavam as ordens dos patrões, na sua maioria portugueses do Minho ou das Ilhas. Nos cantos de muitas ruas, oratórios com velas acesas lembravam aos devotos a oração das seis da tarde. Na esquina do Rosário com a Quitanda havia um em louvor de Nossa Senhora da Abadia; no canto de Ourives com Assembleia, outro em honra de Nossa Senhora do Monte Serrate; o da fuga para o Egito, na rua do Piolho, e assim por diante. As fachadas das residências quase desapareciam por trás das grades dos muxarabiês, pelas quais as senhoras e suas escravas observavam, sem ser vistas, o movimento da rua. As paredes duplas, responsáveis por indescritível calor, raramente tinham decoração. Quando muito, forravam-nas com chitão ou damasco. O salão de receber, vazio de mobiliário, somava-se à pequena sala de jantar. No centro da construção, pátios ajudavam a iluminar e arejar os fechados ambientes.

Sem numeração, as casas eram conhecidas pelos nomes dos que nelas residiam ou pelo comércio que ali se praticava.

Num porto onde o tráfico de escravos era determinante, onde ficava tal mercado? O Valongo, nome que o sinistro local recebeu, localizava-se entre o outeiro da Saúde e o morro do Livramento. Erigido sob as ordens do marquês de Lavradio, quando se instalou no Rio, em 1769, consistia em armazéns alinhados, beirando a praia, cada um com sua porta aberta para receber a mercadoria humana vinda da África. Depois da travessia em condições terríveis, os cativos encaveirados eram engordados com farinha, banana e água, podendo ganhar "até cinco libras por semana". Cartazes do lado de fora anunciavam a chegada de "negros bons, moços e fortes" e de preços com "abatimento".

No Rio de Janeiro ou em outras cidades coloniais, a massa de escravos dominava boa parcela dos ofícios urbanos. Atarefados, oferecendo seus serviços ou os produtos feitos na casa do senhor, cumprindo obrigações, levando recados, carregando água, os cativos estavam em toda parte. Sua presença associada ao transporte privado é constante nas gravuras sobre o período. Eram eles que carregavam o banguê, velha liteira, particular ou de aluguel, cujo telhado de couro em forma de baú protegia do sol quem ia dentro. Portavam nos ombros as cadeirinhas, mais refinadas, feitas de couro de vaca e forradas de damasco carmesim, cujas cortinas fechavam-se a cada vez que nelas se transportava uma dama. Levavam, também, a serpentina, espécie de palanquim indiano com cortinas, tendo um leito de rede. O madeiramento em que se pendurava o traste e que era valentemente erguido pelos cativos possuía esculturas: pombas, anjos, flores, frutos, obras de talha, enfim. Fardas de melhor qualidade e perucas francesas vestiam os andas, escravos encarregados de transportar senhores abastados. Mas cruzava-se pelas ruas com outros tipos de carregadores: os de pesados tonéis amarrados em tramas de corda e pau. E os dos tigres: barris carregados de lixo doméstico normalmente enterrados em buracos nas praias das cidades litorâneas. Uma bandeira preta indica a saturação dos mesmos.

Nas estradas das capelas, nos becos sujos, encontravam-se pelo chão aqueles que tinham se tornado os dejetos da escravidão. Doentes, aleijados, moribundos eram deixados a mendigar ou a morrer pelas ruas da cidade. Misturavam-se a outros pedintes, muitos deles imigrantes sem sorte e sem trabalho, camponeses pobres, crianças abandonadas, soldados expulsos das tropas. Todos personagens das nossas cidades. As camadas mais despossuídas da população encontravam-se, depois das ave-marias, nas tabernas, nas vendas, nas casas de alcouce ou de prostituição: eram espaços de sociabilidade onde se bebia cachaça barata, cantava-se ao som da viola, em São Paulo, ou da marimba, no Rio de Janeiro, e jogavam-se dados e cartas. O chão de terra batida, sobre o qual se cuspinhava o fumo mascado, recebia não poucas vezes o corpo de um ferido de briga ou de uma prostituta cujos serviços eram prestados ali perto. Em muitos desses locais misturavam-se os dialetos africanos com a fala reinol. Soavam atabaques, rabecas, berimbaus.

Durante o dia, as ruas das cidades se animavam com outros sons. O peditório dos irmãos das confrarias era um deles. Bandeja à mão, esmolavam de pés descalços para suas festas: a do Divino, a do Rei Congo, a do Santíssimo. A voz insistente também pedia: "Para a cera de Nossa Senhora! Para as obras da capela! Para as alminhas de Deus!". Campainhas informavam sua presença, que era respondida pela criançada gritando: "Pai Nosso! Pai Nosso!". O santo viático, quando passava, também causava comoção. Irmãos de opa anunciavam pelo triste badalo da campainha que estavam levando os últimos sacramentos a um moribundo. Uma multidão consternada seguia atrás em oração. Nas artérias mais importantes cruzavam-se os funcionários do governo, os soldados da milícia da terra, frades e padres seguidos de beatas, mazombos – enriquecidos graças ao açúcar, ao ouro ou ao tráfico de escravos –, mulatos, mamelucos, cabras, peões, oficiais mecânicos, ciganos, degredados e milhares de escravos. Mulheres, as trabalhadoras, cativas, forras ou brancas pobres, vendiam, elas também, os seus serviços de lavadeiras, doceiras, rendeiras, prostitutas, parteiras, cozinheiras, etc. Pouco se viam senhoras e sinhás. Reclusas, não deixavam de realizar tarefas domésticas, expondo-se apenas em dias de festa religiosa.

10

LER, ESCREVER E CRIAR

Foi graças à instalação de conventos de jesuítas, franciscanos, carmelitas e beneditinos que brotou o primeiro embrião da vida cultural no mundo colonial. Vieram com as ordens religiosas os primeiros livros. Livros capazes de instruir e de ensinar a rezar. Manuais de confissão, livros de novenas e orações, breviários relatando a vida dos santos e catecismos tinham por objetivo ajudar a catequizar e pacificar as almas. Apesar da forte presença da literatura sacra, já quando das primeiras visitas do Santo Ofício da Inquisição às partes do Brasil, apareciam denúncias de outras leituras. De leituras proibidas no Brasil, pois Estado e Igreja sempre tomaram livros e saberes como fonte de inquietação e pecado, censurando-os e perseguindo quem os lesse. Um exemplo? Em 1593, vários moradores da Bahia foram acusados de ler o romance *A Diana*, de Jorge de Montemayor, um clássico profano do Renascimento europeu. Seu tema: um picante caso de amor. Entre seus leitores achou-se uma mulher, dona Paula de Siqueira, que muito "folgava" com o tal livro! Certo Nuno Fernandes possuía as *Metamorfoses,* de Ovídio, enquanto seu conterrâneo, Bartolomeu Fragoso, para escapar ao controle da censura, preferira rasgar as páginas, depois de lidas, do seu exemplar do temido *A Diana*. Apesar de encontrarem-se no distante sertão, em São Paulo também havia alguns leitores de obras como os *Mistérios da Paixão de Cristo*, sermões e até mesmo *Os Lusíadas*, de Camões.

Todavia, conspirava contra a presença de livros o elevado número de analfabetos – categoria na qual poderíamos incluir a quase totalidade dos escravos e escravas coloniais. Enquanto uns poucos leitores disputavam obras impressas ou cópias manuscritas, outros se debruçaram maravilhados sobre as aventuras narradas pelos folhetos de cordel, como a da *Donzela Teodora*, a de *Roberto, o Diabo* ou a da *Princesa Magalona*, que ainda hoje circulam pelo Nordeste e eram então enviados pelas naus que percorriam o Atlântico em direção à América. Entre os que sabiam ler e escrever, também não faltou quem quisesse retratar a terra e seus moradores. Administradores e sacerdotes, magistrados e mercadores produziram relatórios, descrições ou mesmo poemas com um simples intento: descrever, dominar e tirar proveito do que os cercava. José de Anchieta foi pioneiro, produzindo um dos primeiros livros escritos entre nós e publicado, num impecável latim, em Lisboa em 1563. Tratava-se de um poema épico sobre o governador Mem de Sá com cinematográficas descrições sobre suas crueldades em relação aos indígenas. O jesuíta escreveu, também, poesias e autos teatrais, sempre tendo em vista catequizar os infiéis, evitando, segundo o jesuíta Simão de Vasconcellos, "entretenimentos menos honestos". Seu auto sacro *Pregação universal*, pura obra de devoção, é dos mais importantes desses textos, pioneiro, todavia, pela forma como misturava latim, português e tupi. A preocupação em usar a língua para colonizar almas expressou-se também na *Arte de gramática da língua mais usada na costa do Brasil*, tentativa bem-sucedida de aproximar os jesuítas dos índios. Dentro da mesma linha de edificação religiosa, Simão de Vasconcellos escreveu posteriormente uma crônica sobre as atividades da Companhia de Jesus no Brasil.

Paralelamente à preocupação religiosa, os livros procuravam noticiar as riquezas da terra. A mais clara informação sobre a natureza e sobre os moradores da Terra de Santa Cruz nasceu da pena de um sensível senhor de engenho baiano, Gabriel Soares de Souza. Referimo-nos ao já mencionado *Tratado descritivo do Brasil*, terminado em 1587. Resultante de um pedido da Coroa espanhola que então subjugava Portugal, o livro narra com minúcias o lugar que o autor adotara (era português) e onde passara da pobreza à riqueza graças ao açúcar. Para redigir seu texto, Gabriel Soares se valeu de "muitas lembranças por escrito" que anotara ao longo dos dezessete anos vividos no Brasil, relatando com absoluta graça e precisão a topografia da Bahia, as plantas do Novo Mundo, a zoologia americana, a agricultura que se praticava e até as formas pelas quais nossos antepassados indígenas exerciam a medicina. Seguindo essa tradição, *Diálogos das grandezas do Brasil*, composto pela altura de 1618, é outra obra com informações sobre a terra e sua gente. Seu autor é, mais uma vez, um plantador de cana, Ambrósio Fernandes Brandão, que o realiza em forma de diálogos platônicos, muito na moda em Portugal. Mal passado um século de colonização, o autor já percebia a indiferença dos funcionários metropolitanos diante das realidades coloniais, assim como a indolência dos emigrados que se negavam a trabalhar, tudo empurrando para os escravos. Segundo ele, a transformação dos "labregos boçais" que aqui aportavam em "cavalheiros" se fazia graças ao comércio ultramarino e à adoção de hábitos copiados da aristocracia europeia. Ambos os autores faziam propaganda da imigração, prometendo aos pobres que viessem do Reino "uma terra que a todos agasalha", verdadeiro remédio para os desamparados. Ambos acentuavam as maravilhas desse novo Éden: os peixes aqui tinham muito mais sabor, o bolo de aipim era melhor do que o pão de trigo português, os bovinos eram mais fecundos, as éguas baianas, "tão formosas [...] como as melhores de Espanha", as galinhas, mais gordas do que as de além-mar, as figueiras não davam bicho, como em Portugal, nem as atacavam as formigas; o manjericão, o pepino e as abóboras eram maiores do que os da Metrópole e a beleza e o cheiro do abacaxi deixavam longe todas as frutas espanholas.

Pouco a pouco, essas descrições da terra brasileira vão dando lugar a relatos históricos. O primeiro brasileiro a escrever tal prosa foi Vicente Rodrigues Palha, na verdade frei Vicente do Salvador. Nascido em 1564, em Matuim, a seis léguas ao norte de Salvador, onde fez estudos na escola da Companhia de Jesus, seguiu mais tarde para Coimbra, onde se doutorou. Concluiu sua *História do Brasil* em dezembro de 1627, tendo falecido cerca de dez anos depois. Seu texto é revolucionário na medida em que introduz os verdadeiros personagens de nossa história: índios, negros, mulatos e brancos, cujas histórias são contadas em tom popular. Nele, anedotas e fatos folclóricos misturam-se a ditos do rei do Congo, às peripécias de seu escravo Bastião, quando da invasão holandesa à Bahia, e a explicações sobre a construção dos engenhos ou sobre a pesca da baleia. Frei Vicente foi o primeiro a criticar a posição dos portugueses, alheios, então, à conquista do sertão. Critica também os monarcas portugueses que pouco caso fizeram do Brasil, a ponto de não lhe usarem o nome, preferindo se intitular reis da Guiné, "por uma caravelinha que lá vai e vem". Os comerciantes portugueses, por sua vez, eram acusados de só virem "destruir a terra, levando dela em três ou quatro anos que cá estavam quanto podiam". O comportamento dos lusos lembrava-lhe o dos "caranguejos", que só faziam arranhar o litoral.

O século XVII trouxe outras novidades. A luta contra franceses e holandeses suscitou novos textos históricos. O *Valeroso Lucideno* (1648), de frei Manuel Calado, *A Nova Lusitânia* (1675), de Francisco de Brito Freire, e *O Castrioto Lusitano* (1679), de frei Rafael de Jesus, entre outros tantos e menores, representam, de certa forma, o sentimento localista entre os colonos, sentimento este inspirado nas tensões militares contra o estrangeiro. Contudo, antes da Batalha dos Guararapes e da rendição de Taborda, os holandeses contribuíram para recuperar a tradição lusitana seiscentista de descrições da natureza. Isso foi possível graças a Maurício de Nassau, que trouxera consigo uma pequena corte de cientistas, como o cartógrafo Cornelis Golijath, os médicos e naturalistas Willem Piso e George Marcgraf, assim como artistas do porte de Frans Post, Albert Eckhout,

Zacharias Wagener e Pieter Post – que alguns historiadores consideram o arquiteto do plano geral do Recife. A profusão, o colorido e as dimensões de seres absolutamente novos não cessarão de despertar a curiosidade desses intelectuais e seus textos vão se cobrindo de sentimentos entre o espanto maravilhado e o utilitarismo.

Apesar de alguns comentários de Anchieta, coube a Piso e Marcgraf dar início às investigações sobre as ciências naturais e físicas entre nós. Cada bicho, cada planta ou mineral eram cuidadosamente descritos e acrescentados ao conjunto já conhecido pelos europeus. A natureza era então vista como a manifestação do poder fecundo do Deus Criador. Nessa perspectiva de harmonia entre macro e microcosmo, ambos os autores batavos mencionados, mas sobretudo Piso, tiveram oportunidade de identificar na medicina indígena e na riqueza de nossas florestas um manancial de remédios para a cura de doenças: o açúcar servia para os olhos, assim como para os ardores do fígado e dos rins. O tabaco – surpreendentemente visto como um excelente medicamento – matava piolhos e vermes, fortificando o estômago, beneficiando o coração e curando certas afecções de pele. De caspa a queda de cabelos, da utilização de certas plantas como cosméticos até o tratamento do bicho-do-pé ou a utilização de óculos verdes para proteger os olhos da luz dos trópicos, tudo se encontra no livro de Piso.

Além desses autores, surgiram na Bahia do século XVII dois grandes nomes: Antônio Vieira e Gregório de Matos Guerra. Não eram homens isolados, pois, na mesma época, outros poetas compunham o "grupo baiano". Entre eles, Bernardo Vieira Ravasco e Manoel Botelho de Oliveira. Embora nascido em Portugal em 1608, Vieira passou a maior parte da vida no Brasil, onde morreu em 1697. Muito mais do que simples jesuíta, Vieira foi homem político inserido em questões importantes que atravessaram seu século: confessava a rainha de Portugal, aconselhava d. João IV, desafiou os senhores de escravos pela liberdade dos índios, defendeu a aliança com os comerciantes judeus contra a fúria da Inquisição, que também o perseguiu. Tinha, contudo, uma obsessão: transformar o Brasil na sede de magnífica monarquia, intitulada Quinto Império Português. Sua pena sempre esteve a serviço de seus ideais. Seus sermões, pregados aqui para índios e mazombos, e, na Europa, para a rainha Cristina, da Suécia, eletrizavam os ouvintes, levando-os às lágrimas. Numa oratória densa, plena de alegorias, expunha suas ideias e projetos. Foi, sem dúvida, o maior orador sacro de nossa língua. Escreveu ainda um texto que ficou inacabado, *História do futuro*, uma galeria de profecias ilustrada com fatos históricos antigos e recentes dos quais se poderiam concluir "os futuros". Na sua maneira de ver, havia uma nítida repetição na história da humanidade, reservando a Portugal dias melhores, como os do século anterior, sob d. Manuel, o Venturoso.

Contemporâneo de Vieira, Gregório de Matos (1636-95) teve uma vida igualmente surpreendente. Seu reconhecimento ainda vivo foi de tal ordem que dele se queixava o eminente jesuíta dizendo "maior fruto fazem as sátiras de Matos do que os sermões de Vieira". Filho de um fidalgo luso e de uma rica brasileira, Matos foi cedo estudar em Coimbra, onde se formou em leis e onde suas "cançonetas" faziam furor. Sua veia satírica o fez cair em desgraça na Corte. Ao voltar para a Colônia já homem maduro, compôs uma obra onde se encontram poemas líricos, religiosos e satíricos, retrato da Bahia seiscentista. Neles, pintou a violência com que brancos exploravam índios e negros, a desfaçatez com que maus governantes da Bahia maculavam seus cargos na hierarquia, a desonra dos homens da Igreja a correr atrás de mulheres, a crueza da vida sexual e amorosa de seus conterrâneos.

Enquanto alguns esculpiam as coisas da terra com palavras, outros o faziam na madeira e no barro. Dos mesmos conventos que abrigaram nossas primeiras bibliotecas, saíram nossos primeiros artistas. Tal como ocorria com a literatura, majoritariamente sacra, nossos entalhadores, escultores e pintores se dedicaram, no século XVII, a pintar as coisas do Céu. No mosteiro de São Bento, de Salvador, um português que viera para cá muito jovem, frei Agostinho da Piedade, foi o responsável pela modelagem de madonas, relicários e estátuas de pequeno porte marcadas por singelo fervor místico. No mosteiro de Sant'Ana do Parnaíba, um carioca, frei Agostinho de Jesus, trabalhou, por mais de trinta anos, em dezenas de imagens em barro paulista. Outro beneditino português, frei Domingos da Conceição da Silva, esculpiu anjos gordos enrolados em sinuosas volutas. Seu *Cristo morto*, transformado em crucifixo na igreja de São Bento, do Rio, assim como o espaldar da cadeira abacial da mesma igreja, são exemplos da fineza de seu estilo e forma. Em barro, madeira e ferro, as imagens recebiam encarnação, douração e policromia, constituindo-se parte importante da decoração de igrejas ou de moradas. Como ocorreu no século precedente, os pintores de maior importância, como o luso Domingos Rodrigues (1632-1706), vinham da Europa. O jesuíta belga Remacle Le Gott (1598-1636) aqui permaneceu pouco tempo. Vindo da cidade de Colônia, o frei alemão Ricardo do Pilar deixou no mosteiro de São Bento, do Rio, pinturas reveladoras de sua profunda fé. No entender de especialistas, as pinturas sacras do século XVII saíam do pincel de práticos e de aprendizes. Se, por um lado, sua origem denota a falta de especialização, por outro, elas irradiam o profundo sentimento religioso da Colônia: a crença nos anjinhos, nas nossas senhoras e santos vestidos para a festa do Juízo Final e no semblante triste do Cristo a mirar os pecadores.

    A vida cultural que vai timidamente se desenvolvendo também trouxe vitalidade à arquitetura em diversas regiões do Brasil. O "barroco mineiro" alternou fachadas sóbrias com interiores altamente trabalhados. A concorrência entre confrarias e irmandades religiosas pela decoração de suas igrejas traduziu-se em resultados suntuosos. No litoral, as despesas com a construção de igrejas obedeciam a orçamentos rigidamente respeitados. No interior, notadamente em Minas Gerais, como tais orçamentos eram mais irregulares, seus resultados também variavam. Igrejas onde o esplendor artístico deslumbra o espectador se acotovelavam ao lado de pequenas capelas, fruto apenas da devoção, e não de recursos financeiros. Observa-se, também no interior, uma maior improvisação quanto aos cânones europeus que eram facilmente adaptáveis no litoral. Na falta de azulejos ou outros materiais de luxo, artesãos brancos, negros e mulatos alforriados respondiam com inovações. O uso de pedra-sabão – que teve em Antônio Francisco Lisboa, o Aleijadinho, seu mais genial partidário – é um exemplo disso.

A pintura, por sua vez, deveria respeitar a um abecedário do emprego das cores, fixado pela Igreja: branco e preto significavam severidade; pardo e cinza, desprezo e abjeção; azul e branco, pureza e castidade; vermelho, amor e caridade; verde, penitência e esperança; roxo, luto. Tal tendência foi registrada na "escola fluminense", cujo precursor, mestre José de Oliveira Rosa, teve entre seus alunos João Francisco Muzzi e João de Souza. No Rio de Janeiro setecentista também operava o mulato Manuel da Cunha, que, depois de libertar-se da condição de escravo, desenvolveu uma obra da maior importância. Em Minas, ultrapassava-o outro mulato: Manuel da Costa Ataíde. Isso para não mencionarmos os também mineiros Manuel Alves dos Passos, José Soares de Araújo e Antônio Martins da Silveira, talvez os primeiros a aplicar ilusões prospectivas arquitetônicas no mundo colonial. Em São Paulo destacaram-se o pintor Jesuíno do Monte Carmelo – também arquiteto e músico – e José Patrício da Silva Manso. Ao passo que, em Pernambuco, João de Deus Sepúlveda deixou registrada a *Batalha dos Guararapes* no forro da igreja de Nossa Senhora da Conceição dos Militares.

Como seria de esperar, o Século de Ouro trouxe mudanças para a literatura. A nova riqueza alimentada pelo ouro e pelos diamantes empurrou para o Sudeste boa parte da incipiente vida literária. O Rio de Janeiro, escoadouro das riquezas minerais e capital colonial a partir de 1763, e as cidades mineradoras passaram a sediar novas expressões estéticas. Mariana, sede do bispado de Minas, tornara-se foco de instrução graças ao seminário ali instalado por obra de ricos proprietários interessados em garantir estudo aos seus filhos, antes de enviá-los a Coimbra. Fruto deste interesse por livros e por escrever, as academias literárias começavam a se organizar. Em 1724, criou-se em Salvador a primeira delas, a Brasílica dos Esquecidos. O nome aludia ao fato de que nas academias portuguesas ninguém se lembrava de incluir um brasileiro. Aos seus quadros pertenceu Sebastião da Rocha Pitta, autor de uma *História da América Portuguesa* (1730), marcada pelo sentimento de apreço pela terra local e pela tendência de encontrar soluções redentoras para seus problemas. Entusiasmado, ele registrou que em "nossa portuguesa América (e principalmente a província da Bahia que na produção de engenhosos filhos pode competir com a Itália e a Grécia...) fundara-se uma 'doutíssima academia', presidida por 'eruditíssimos sujeitos'". Tal situação foi seguida, em 1759, pela fundação da Academia Brasílica dos Renascidos, com quarenta sócios efetivos e oitenta correspondentes. No Rio, nascia em 1736 a Academia dos Felizes e mais tarde, em 1752, a dos Seletos. Ao tentar imitar os modismos metropolitanos e refletir simplesmente a inspiração oficial, tais academias não resistiram. Tiveram existência inglória e transitória.

Fora das academias há nomes a destacar: o do judeu fluminense Antônio José da Silva, queimado pela Inquisição em 1739, autor de "óperas" em que misturava personagens e histórias populares, fazendo se torcer de rir aristocratas e gente do povo, no teatro do Bairro Alto em Lisboa. Outro nome a ser lembrado é o de Nuno Marques Pereira, um presbítero secular nascido em Cairu, Bahia, em 1652, autor de um longo *Compêndio narrativo do peregrino da América*. Tratava-se de livro dedicado à Virgem, por meio do qual Pereira procurava realizar – como, aliás, o título indica – uma obra de edificação religiosa, retratando inúmeras situações do cotidiano colonial, onde se misturavam casais concubinados, frades mulherengos e rituais religiosos africanos. Nessa peregrinação fictícia em direção às Minas do Ouro, o padre descreve também a situação do tempo: engenhos de fogo morto, casas abandonadas, retirada dos habitantes e a temida Guerra dos Emboabas, que aproveita para condenar. Houve, ainda, Feliciano Joaquim de Souza Nunes, cuja obra, os *Discursos político-morais* (1758), versando sobre o descontentamento intelectual na Colônia, foi confiscada e destruída pelo governo português. O jovem do Rio de Janeiro, de fato, ali se queixava do desprezo dos reinóis, da falta de oportunidade para os intelectuais brasileiros, assim como do obscurantismo a que ficavam relegados. Uma das curiosidades de sua obra é o Discurso III, em que discute as qualidades e os defeitos que as esposas têm, sublinhando a importância da honestidade feminina. Sem ela, a mulher é "pobre, miserável [...] Mas, se pelo contrário é virtuosa, honesta, honrada e discreta, todos os bens conserva, todas as riquezas possui, toda a nobreza goza, todas as felicidades consigo traz".

A "escola mineira" produziu intelectuais bem mais expressivos, como Cláudio Manuel da Costa (*Obras*, 1768; *Vila Rica*, 1773), Basílio da Gama (*O Uraguai*, 1769), Tomás Antônio Gonzaga (*Cartas chilenas*, 1788-9; *Marília de Dirceu*, 1792), José de Santa Rita Durão (*Caramuru*, 1781). Quando começaram a poetar, vicejava em Portugal um estilo, o arcadismo, cujos cânones recomendavam que, tal como ocorrera com os clássicos, a arte deveria imitar a natureza, identificando-se com a vida bucólica do campo; a obra de arte tinha também de possuir fim moral e edificante. Nossos líricos somaram a tais características um "nativismo comovido", como disse importante crítico. A gente e a natureza americanas seguiam sendo assunto, embora com sabor distinto. Em ordem cronológica, Cláudio é o primeiro deles. Nascido em 1729 em Mariana, era um dos cinco filhos de pais abonados, cuja fortuna viera da mineração. Aluno do colégio dos jesuítas, formou-se em cânones, em Coimbra, voltando ao Brasil em 1753 ou 1754 para exercer advocacia e dar início às funções de secretário do governo em Vila Rica. Suas poesias tinham imediata repercussão entre seus confrades, sobre os quais exercia grande influência intelectual. Em *Vila Rica*, narra o encontro das diferentes culturas na cata do ouro e a vitória da civilização sobre a confusão provocada pelos aventureiros. O poeta suicidou-se – ou, mais provavelmente, foi assassinado – em 1789, pouco após a prisão dos envolvidos na Inconfidência Mineira. A realidade da região mineira aparece igualmente em poemas de Alvarenga Peixoto e Tomás Antônio Gonzaga, amigos fraternos, condenados, nas mesmas circunstâncias, ao exílio na África.

Gonzaga, nascido no Porto em 1744, de pai português, morou na Bahia durante a adolescência. Bacharel por Coimbra, voltou para cá em 1782, com o título de ouvidor de Vila Rica. Tornou-se poeta graças a suas rimas a Marília e outras mulheres, publicadas parcialmente em Portugal em 1792, mesmo ano de sua condenação ao desterro. Hoje, são-lhe atribuídas as *Cartas chilenas*, nas quais faz uma amarga crítica a certo governador de Minas Gerais acusado de nepotismo e corrupção. O carioca Inácio José de Alvarenga Peixoto também estudou com os jesuítas no Rio, seguindo posteriormente para Portugal, onde concluiu sua instrução. Em Coimbra, formou-se em leis. Em Sintra, foi juiz de fora. Um casamento com certa senhora mineira levou-o a estabelecer-se em São João del-Rei, onde trocou a atividade de magistrado pela de fazendeiro e minerador. Ia muito a Vila Rica, onde convivia com Cláudio Manuel da Costa, daí sua participação na conjura. Deixou sonetos, liras e odes incompletas. Desterrado em Ambaca, faleceu em 1793. Outro membro do grupo foi Manoel Inácio da Silva Alvarenga, nascido em Vila Rica, em 1749. Diferentemente de seus colegas de letras, era mestiço – seu pai era pardo – e pobre. Na universidade, escreveu o poema heroico-cômico *O desertor* (1774), apoiando as reformas de modernização dos estudos propostas pelo marquês de Pombal e afirmando o espírito mais liberal desse tempo. Foi também ferrenho animador de certa sociedade literária e científica, fundada com a ajuda do marquês de Lavradio no Rio de Janeiro, cenário de discussões sobre a prepotência portuguesa e os movimentos revolucionários na França e nos Estados Unidos. Seus rondós, impregnados de imaginação e sentimentalismo, foram reunidos em sua obra principal, *Glaura* (1799). Esteve preso por quase três anos, acusado de ter participado da Conjura Carioca, findos os quais lhe foi restituída a liberdade.

O século XVIII foi marcado ainda por outras manifestações que, mais do que retratar literariamente a natureza, procuravam investigá-la. Essa mudança de atitude se deve à chegada das ideias ilustradas e filiadas ao racionalismo francês. Na Metrópole, a segunda metade do Século das Luzes se caracterizou por uma revolução nos estudos universitários com forte ênfase em ciências e história natural. Coimbra teve seus estatutos reformados em 1772, abrindo-se Portugal para as ciências modernas. Pombal nomeara o paduano Domingos Vandelli, amigo de Lineu, para a cátedra de história natural, dando início à formação de uma geração de naturalistas cujo alvo era o desenvolvimento da pátria portuguesa. Vale lembrar que a botânica não era apenas considerada uma disciplina acadêmica, mas um instrumento de exploração dos recursos agrícolas. Nessa perspectiva, vários alunos de Vandelli foram enviados em expedições às colônias na África e à Índia. O Brasil, contudo, centralizava as atenções, e entre nós os nomes de José Mariano da Conceição Veloso e Alexandre Rodrigues Ferreira se sobressaem pela importância das tarefas que realizaram. Nascido em 1742, em Minas Gerais, tendo estudado inicialmente história natural com os franciscanos do Rio de Janeiro, Veloso seguiu para Portugal como editor de estudos técnicos, memórias e estudos sobre as plantas pertencentes à flora brasileira. Sua obra *Florae fluminensis*, terminada em 1790, catalogou quatrocentas espécies, antes ignoradas, observadas nas matas que rodeavam o Rio. Com ele, se embrenhava na floresta frei Francisco Solano, responsável pelas ilustrações e por belas telas nas igrejas cariocas.

Ferreira, considerado o primeiro zoólogo do Brasil, nasceu em Salvador a 27 de abril de 1756. Aos 14 anos, tornou-se aluno em Coimbra, onde cedo passou a ser "demonstrador" nas aulas de Vandelli. Seus estudos incidiam sobre várias áreas: geografia, mineralogia, espeleologia e, sobretudo, agronomia. Ao doutorar-se, foi indicado para chefiar uma expedição que deveria inventariar as riquezas naturais que pudessem servir aos interesses da Coroa portuguesa. Em 1783, teve início a maior expedição de cunho científico em domínios americanos, encarregada de "observar, acondicionar e remeter para o Real Museu da Ajuda os produtos dos três reinos: animal, vegetal e mineral", além da observação de como viviam as pessoas no Brasil. Ela percorreu as capitanias do Grão-Pará, São José do Rio Negro (Amazonas) e Cuiabá (Mato Grosso), ou seja, aproximadamente 39 mil quilômetros de matas e sertões. As dificuldades por que passou só podem ser compreendidas pelos que lerem sua obra: trata de todos os aspectos práticos da observação científica, mas também das condições de alimentação, saúde e viagem de cerca de quinhentas pessoas, entre soldados, guias, escravos e índios. À medida que avançava sertão adentro, ia enviando ao Real Museu de Lisboa o material coletado, "mais de duzentos volumes em treze remessas". Muita coisa se perdeu e, por excesso de zelo da Coroa portuguesa, a coleção teve um infausto destino: desenhos, textos, aquarelas e manuscritos permaneceram dois séculos sem publicação.

Outro aspecto da cultura que se desenvolveu durante o Setecentos foi o do teatro, na forma da diversão mais popular. Atores ambulantes percorriam cidades encenando, nas praças e nos mercados, autos como *Inês de Castro, Princesa Magalona* e o vicentino *Auto da Lusitânia*, e reunindo entusiasmados espectadores. Atuava-se sobre tablados armados, aos domingos, dia em que as pessoas da roça acudiam aos centros comerciais e urbanos. Fantoches, circos de cavalinhos e mamulengos, com seus palhaços e dramatizações rudimentares, faziam parte do espetáculo. Nas Minas Gerais, durante as festividades organizadas em torno do natalício ou do casamento dos reis portugueses havia representações. Construíam-se tablados, com seus bastidores e ricos cenários, e apresentavam-se peças ou comédias do repertório espanhol, inclusive de Calderón de la Barca. Quando da aclamação de d. José I, Cláudio Manuel da Costa viu levar ao palco, a 5 de dezembro de 1768, o seu *O parnaso obsequioso*, "drama para se recitar em música", escrito em homenagem ao jovem governador conde de Valadares. Quando das festas reais de 1786, em celebração ao desponsório do futuro d. João VI, as celebrações incluíram "três óperas cantadas", levadas na Casa da Ópera já existente em Ouro Preto. Essa Casa da Ópera, considerada por especialistas como um dos mais antigos prédios teatrais da América do Sul, teve sua cobertura concluída em 1769, sendo seu proprietário e construtor o contratador dos quintos reais e entradas coronel João de Souza Lisboa. Cinquenta anos depois, inaugurou-se em Sabará outro estabelecimento do gênero. Bem longe de Minas, em 1794, construiu-se a Casa da Ópera da Vila de Porto Alegre, na sua fundação conhecida como Casa de Comédia. Embora fosse um barracão de pau a pique, tinha capacidade para trezentas pessoas e começou a funcionar durante o contrato firmado entre o empresário Pedro Pereira Bragança e a "cômica representante" Maria Benedita de Queirós Montenegro. Como se pode observar, também dentro de alguns aspectos da cultura na Colônia as mulheres tiveram o seu papel.

11

MOTINS E REBELIÕES NA COLÔNIA

Muitas vezes já se disse que a história do Brasil foi escrita sem sangue e sem lágrimas. Que, entre nós, o desejo de paz sempre foi maior do que as tensões. Errado. O Brasil Colônia foi atravessado por episódios de descontentamento e revolta. Tais manifestações tinham dois focos de origem: um "externo" e outro "interno". O primeiro nascia da exploração cada vez maior de Portugal sobre o Brasil. Neste caso, autoridades coloniais agiam com violência por meio de rigorosas práticas mercantilistas que se traduziam em arrocho fiscal, associadas a corrupção, nepotismo e prepotência. Razões não faltavam. O empobrecimento crescente de Portugal desde a perda de suas receitas na Ásia, as constantes invasões e guerras contra os holandeses ou espanhóis, assim como a presença de uma Corte lisboeta cada vez mais parasitária, eram boas desculpas para que a Metrópole extorquisse ao máximo a Colônia ou, às vezes, tentasse isso sem sucesso. Ao longo do século XVIII, tais razões se desdobraram. O enriquecimento proveniente dos negócios coloniais se configurou como uma etapa constitutiva do capitalismo moderno, que teria no Novo Mundo uma fonte quase inesgotável de recursos. Já o foco "interno", em parte, incide sobre outras razões para tais rebeliões. Ele vem sendo afinado por historiadores debruçados sobre esse incrível palco de tensões que foram as Minas Gerais. Aí, as razões para motins e revoltas decorriam do fato de a voracidade fiscal se vincular a crises de abastecimento de alimentos. A extorsão fiscal gerou enormes tensões e a fome coletiva estimulou a mobilização popular. Não nos esqueçamos, tampouco, que nos sertões mineiros cresciam grupos de poderosos, armados até os dentes, que, apoiados em contingentes de escravos e capangas, eram capazes de fazer a lei com as próprias mãos. Questionavam, assim, a ordem e os impostos que lhes eram exigidos. Antes mesmo da expansão mineradora, o quadro de tensões já estava delineado. Quatro grandes conflitos ocorreram durante o século XVII. O primeiro deles ocorreu em São Paulo, em 1641, período em que d. João IV de Bragança restaurou o trono de Portugal. A capitania possuía um largo contingente de espanhóis, temerosos de perder terras e bens. Temia-se também interromper o ativo comércio entre o Sudeste e o rio da Prata, na figura dos chamados peruleiros. Os espanhóis Juan Rendón e Francisco Rendón de Quevedo indicaram para ser "rei" dos paulistas um outro descendente de espanhóis, Amador Bueno de Ribeira, ou simplesmente Amador Bueno. Apesar do grande prestígio que detinha na sociedade vicentina, Bueno refugiou-se no convento dos beneditinos, recusando a honraria e o temido ato separatista. Com seu apoio, as autoridades rapidamente impuseram ordem na capitania.

Vinte anos mais tarde, sob o governo de Salvador Correia de Sá e Benevides, nomeado governador pela terceira vez, foi a vez do Rio de Janeiro. O motivo foi de outra natureza. O governador, homem rico e poderoso, tinha fama de corrupto e, quando assumiu, ordenou a cobrança de novos impostos. Mal deu as costas, partindo para São Paulo, onde deveria examinar o estado da capitania, tiveram início reuniões chefiadas por Jerônimo Barbalho Bezerra em sua propriedade, na Ponta do Bravo, em São Gonçalo. Jerônimo destacara-se na luta contra os holandeses e era filho de Luís Barbalho Bezerra, governador no período de 1643 a 1644. A finalidade era depor Sá e Benevides. Essa, que ficou conhecida como Revolta da Cachaça, teve voltas e reviravoltas. Para começar, a multidão exigiu a anulação dos impostos anteriormente cobrados; impostos que deveriam aumentar as despesas com a tropa, reforçando, portanto, o controle sobre os moradores. Em seguida, o movimento canalizou insatisfações dos produtores de cachaça, proibidos de venderem o produto por concorrer com o vinho português, uma das primeiras moedas de troca no tráfico de escravos africanos.

Novos protestos ocorreram enquanto Bezerra cruzava a baía com outros rebeldes para exigir a deposição do governador interino, Tomé Correia de Alvarenga. Apavorado, este se refugiou no mosteiro de São Bento, enquanto o povo congregado o "removia". Recusando-se a atender à intimação, Alvarenga respondeu por escrito que não podia convir com sua própria expulsão, pedindo ainda que não "houvesse desinquietação". Insatisfeita, a população aclamou para governador Agostinho Barbalho Bezerra, irmão de Jerônimo e muito benquisto. Agostinho, contudo, titubeou. Temia represálias e, escondido no convento franciscano de Santo Antônio, alegava não ser a pessoa indicada para o cargo. A multidão ameaçava: se Agostinho não aceitasse, havia de morrer. "Não queriam outro governador senão a ele, enquanto Sua Majestade não mandasse o contrário". Não se sabe se Agostinho buscava conciliação com Salvador Correia de Sá e Benevides, que oficialmente continuava a ser o governador do Rio de Janeiro. Sabe-se, porém, que o último, alimentado pelas informações trazidas por mensageiros índios dos padres jesuítas, esperou habilmente o bom momento de voltar ao Rio. Enquanto isso não acontecia, o governo instituído pelo povo e a nova Câmara eleita se esforçavam por manter a normalidade da vida na cidade. Em 1º de janeiro de 1661, a cidade acordou sob o rufar de tambores que anunciavam a leitura dos bandos – avisos – do governador. Sá e Benevides perdoou os moradores da cidade, condenando, contudo, os cabeças do movimento: Jerônimo Barbalho, Jorge Ferreira de Bulhões, Pedro Pinheiro, as autoridades nomeadas pelos insurretos, entre outros, "todos considerados inconfidentes do real serviço". Também revogou as medidas tributárias e perdoou Agostinho Barbalho. Pacientemente, esperou mais quatro meses para que a resistência popular se dobrasse. Em abril, com a ajuda de forças militares vindas do Reino, invadiu de surpresa a cidade e, depois de pequenos combates pelas ruas, reconquistou o poder. Arrancou do convento franciscano os rebeldes e, graças a uma junta militar irregular, condenou Jerônimo, que foi enforcado, decapitado e depois esquartejado, enquanto os demais prisioneiros eram enviados a Salvador e, de lá, para a prisão do Limoeiro, em Lisboa. Aí, os revoltosos foram ouvidos pelas autoridades portuguesas: o comércio da cachaça foi liberado e não demorou muito para Sá e Benevides ser substituído por um novo governador.

A crise carioca deve ter inspirado a revolta contra o governador de Pernambuco, Jerônimo de Mendonça Furtado, apelidado de Xumbergas, pelos bigodes à la Schomberg, oficial alemão que comandara as tropas lusas na Restauração. As causas, mais uma vez, tinham origem nas inúmeras arbitrariedades praticadas entre 1664 e 1666, anos de sua administração. Ele administrava como um tirano, interferindo no Judiciário, sequestrando bens, tais como engenhos e lavouras de cana, prendendo desafetos, tudo em troca de dinheiro. Com o apoio dos dois filhos e alguns amigos, recunhou moedas, o que era um privilégio da Coroa, empossou ilegalmente um amigo no cargo de ouvidor e, para cúmulo, mancomunou-se com o marquês de Mondvergue, comandante de uma frota, para entregar a terra aos franceses. Uma terrível epidemia de bexigas – nome de época dado à varíola –, identificada pela crença popular aos fluidos exalados por Xumbergas, selou sua queda. Envolvendo importantes senhores de engenho, a conspiração tinha também por alvo escapar ao pagamento de impostos atrasados. Homens como João Fernandes Vieira e André de Barros Rego alegavam que já tinham arcado com a maior parte das despesas para expulsar os holandeses. Durante uma cerimônia religiosa, Xumbergas foi preso. A Câmara de Olinda comunicou ao governador-geral sua deposição, que foi festejada com versos populares: "O Mendonça era Furtado? Pois do Paço o furtaram;/ governador governado/ Para o Reino o despacharam". Não houve retaliação da Metrópole contra os revoltosos, mas as tensões internas decorrentes dos diferentes interesses entre os grupos locais começavam a frutificar.

No então estado do Maranhão e Grão-Pará, assim reunidos com o objetivo de melhorar as defesas da costa e dos contatos com a Metrópole, temos um excelente exemplo dos efeitos das tensões internas ao mundo colonial. Aí, o imenso território amazônico e as rusgas entre jesuítas e autoridades sobre a escravização ou não dos índios tornaram-se o cenário ideal para detonar conflitos. Desde 1652, as rixas em matéria de sucessão eram permanentes. Vereadores abusavam chamando os governadores ao Senado da Câmara por "questões de somenos". Além disso, eles tinham de lidar com a resistência das Câmaras às leis de proteção aos índios, com a agravante de que muitos deles usavam "índios livres" em seus serviços. O clero não jesuíta, corrupto, quando não traficava drogas da floresta ou outras riquezas, colaborava para a sensação de desordem. Duas questões vão acelerar o processo. A primeira foi a lei de 10 de abril de 1680, consolidada na Junta das Missões do ano seguinte, proibindo o cativeiro dos índios e entregando a jurisdição espiritual e temporal de suas aldeias aos jesuítas. A segunda foi o monopólio trazido pela Companhia Geral de Comércio do Estado do Maranhão, em 1682. Por seu intermédio, introduzia-se grande quantidade de escravos na região e proibia-se aos particulares realizar comércio de toda uma série de mercadorias: tecidos, barras de ferro ou de cobre e até simples facas e velas de cera. Do seu lado, os produtores eram obrigados a vender todos os gêneros – baunilha, cacau, cravo de casca, cana-de-açúcar, algodão e tabaco – à Companhia. Esta ganhava ao ter o monopólio do fornecimento de escravos africanos e de artigos necessários ao consumo no estado do Grão-Pará e Maranhão, ali vendidos por preços altíssimos. A pobreza da região suscitou registro até na pena do padre Antônio Vieira, que descreveu, sem dó, a fome que se abatia sobre a sociedade. Os privilégios concedidos à Companhia só agravavam o quadro. Quando de sua chegada a São Luís, o novo governador, Francisco de Sá e Menezes, junto com o representante da Companhia, Pascoal Pereira Jansen, foi procurado por uma comissão de representantes do povo que protestava contra o estado de coisas. Jansen, com o apoio do governador, subornou alguns vereadores, silenciando outros com ameaças de prisão e deportação. Um senhor de engenho e vereador, Manoel Beckman, também conhecido por Bequimão, particularmente atingido por não poder usar mão de obra indígena em suas terras, resolveu reunir outros prejudicados pela situação. Reuniões que contavam com o apoio dos franciscanos, dos carmelitas, do clero secular e até do bispo, que condenavam o monopólio. No dia 25 de fevereiro de 1684 teve início a revolta. Aproveitando-se da ausência do governador, instalado em Belém, os revoltosos depuseram-no e ao capitão-mor Baltazar Fernandes, expulsaram os jesuítas e decidiram pelo fim das atividades da Companhia no Maranhão. Formou-se uma Junta dos Três Estados com representantes do clero, o frade carmelita Inácio da Assunção, dos grandes proprietários – Beckman e Eugênio Maranhão –, assim como com Belquior Gonçalves e Francisco Deiró, representantes das camadas populares. Thomas Beckman, irmão de Manoel, zarpou para Lisboa para explicar o ocorrido ao rei. Tão logo chegou, foi aprisionado e embarcado de volta junto com o novo governador, Gomes Freire de Andrade. Sem encontrar resistência, Andrade abafou a rebelião. Como de hábito, prendeu e enforcou os cabeças, degredou e prendeu os que sobraram. O resultado? Os jesuítas voltaram ao Maranhão, mas a Companhia foi suprimida.

Alguns anos depois, paulistas e emboabas – ou seja, portugueses e outros forasteiros – se defrontaram num sangrento combate por causa do ouro das Minas. Tudo começou com um pedido feito pela Câmara da vila de São Paulo à Coroa para que esta restituísse aos paulistas as regiões mineradoras. O pedido não foi atendido e os requerentes viram suas lavras invadidas. Junto com seus senhores, os escravos também tomavam partido. De um lado, índios tapuias e carijós, de outro, negros escravos. Menos endividados e mais afinados com a Metrópole, os emboabas, comandados por Manoel Nunes Viana, proclamado governador, tomaram a dianteira da ação. O *Dicionário de bandeirantes e sertanistas do Brasil* traz sobre esse temido personagem várias histórias: teria assassinado uma filha por sabê-la de relações com um rapaz pobre e de baixa condição; mandava afogar escravos e desafetos numa lagoa perto de sua fazenda em Januária, para serem comidos por piranhas; recolhia doentes ricos da região e apressava-lhes as mortes para ficar com suas fortunas. Nos arraiais de Sabará e Cachoeira do Campo os paulistas foram derrotados, recuando para a região do Rio das Mortes. Em janeiro de 1709, as tropas do sargento-mor Bento do Amaral Coutinho cercaram dezenas de paulistas perto da futura São João del-Rei. Depois de rendidos e de depor suas armas, foram esmagados no Capão da Traição, episódio sangrento que marcou o fim dos conflitos. A consequência imediata foi a criação, em novembro de 1709, da Capitania de São Paulo e Minas do Ouro, com normas para a distribuição de lavras e a reintegração dos paulistas expulsos. Estabeleceu-se, também, a cobrança do quinto real sobre o ouro recolhido nas bateias, o envio de companhias de infantaria para garantir a ordem colonial e a proibição do porte de armas pelos escravos. Nesse mesmo ano, São Paulo era elevada à capital dessa nova capitania, e, em 1711, os arraiais mineiros – Ribeirão do Carmo, atual Mariana, Vila Rica de Nossa Senhora do Pilar do Ouro Preto e Nossa Senhora da Conceição de Sabará – eram elevados à dignidade de vila. Inseguras nessa terra que não mais lhes pertencia, as bandeiras paulistas seguiram buscando ouro até encontrá-lo, a partir de 1719, em Goiás e Mato Grosso.

Enquanto no Sudeste as brigas giravam em torno do ouro, no Nordeste tensões entre comerciantes e plantadores preparavam a Guerra dos Mascates – de 1710 a 1711. À sombra dos holandeses, o Recife havia crescido e prosperado. Um dos grupos que mais se beneficiaram do desenvolvimento comercial que então ocorrera foi o dos mascates: uma alusão aos portugueses que viviam de mascatear, vendendo seus artigos em domicílio. A denominação pejorativa tinha sido dada pelos senhores de engenho, cuja riqueza fora em parte arruinada pela guerra contra os batavos. Em contrapartida, mascates (na verdade, muitos deles eram grandes comerciantes) os chamavam de pés-rapados. Nessa época, a concorrência antilhana só fizera piorar a situação dos antigos senhores, que passaram a endividar-se com os comerciantes. Empréstimos eram contraídos para o financiamento da produção de açúcar até a nova colheita e a venda da produção anterior. Os mascates eram credores impiedosos. Arrochavam seus devedores, que eram obrigados a pagar-lhes quando quisessem ou a entregar-lhes a mercadoria por um preço vil. Além disso, a mineração fizera subir o preço dos escravos, que, em parte, desde o final do Seiscentos, eram drenados para a região das minas. Empobrecido, o grupo dos senhores de engenho só tinha um trunfo: o poder político e administrativo continuava na Câmara de

Olinda, controlada por eles. Por diversas vezes, os mascates tentaram romper a legislação que subordinava o Recife – onde se concentravam – a Olinda. Uma lei datada de 1705 confirmava, contudo, a proibição aos moradores do Recife de usufruir o direito invocado, alegando-se que eles não pertenciam à nobreza: não possuíam solares, nem brasões de armas, nem escravos, cavalos ou privilégios reais. Mas possuíam o poder econômico e, em nome dele, tentaram mudar as regras do jogo. Sob o governo de Francisco de Castro Morais – de 1703 a 1707 – e depois de Sebastião de Castro e Caldas, que assumiu a partir de 1707, os mascates pressionaram para obter mais poder, apoiados por grandes comerciantes metropolitanos e membros do Conselho Ultramarino. De fato, Castro e Caldas começou a favorecê-los em contratos para cobrar impostos ou no preenchimento de cargos de administração. A tensão subia. Em fevereiro de 1710, chegou a Olinda uma carta elevando o Recife à categoria de vila com o nome de Santo Antônio do Recife. Cabia ao governador estabelecer seus novos limites. Ele não perdeu tempo. Mandou levantar um pelourinho – privilégio de vilas e cidades – na praça central e instalou a Câmara com dois pernambucanos e dois portugueses. A reação dos senhores de engenho não tardou: o governador sofreu um primeiro atentado do qual saiu ferido, enquanto a elite açucareira reunia lavradores livres e escravos em milícias. Um segundo atentado o fez fugir em direção a Salvador, levando consigo alguns leais mascates. O conhecido senhor de engenho Bernardo Vieira de Melo, acompanhado de alguns seguidores, sugeriu que se entregasse o poder aos "polidos franceses" em detrimento dos "malcriados e ingratíssimos mascates". A maioria de seus pares preferiu entregar o governo ao bispo, d. Manuel Alves da Costa, hostil ao governador deposto. Um ano depois se deu a revanche dos mascates. Por sua interferência e de seus aliados metropolitanos foi indicado Félix José Machado de Mendonça Eça Castro e Vasconcellos como governador. Não satisfeitos, corromperam autoridades civis e militares em seu favor, notadamente as forças negras e indígenas, os Henriques e os Camarões, além de preparar-se, com estoques de alimentos e armas, para sitiar Olinda. Combates recrudesceram até a chegada de Vasconcellos em outubro de 1711. Dissimulado, o governador parecia manter a mesma distância dos dois grupos, mas não custou a revelar sua simpatia pelos mascates. Alegando ter descoberto uma conspiração contra sua vida, prendeu e perseguiu pés-rapados. Um bando chefiado por Manuel Gonçalves, de apelido Tundacumbe, percorreu o sertão invadindo e queimando engenhos, estuprando mulheres e assassinando moradores. Em Olinda, 150 adversários foram enviados para a fortaleza das Cinco Pontas. Bernardo Vieira de Melo e seu filho, André, foram para a prisão em Lisboa, onde tiveram morte misteriosa. Embora elevado a vila, o Recife guardou o gosto amargo do sentimento antiportuguês.

No mesmo ano de 1710 levantou-se em São Paulo um fazendeiro irado contra o aumento abusivo do preço do sal, produto que estava nas mãos da temida aliança entre comerciantes reinóis e negociantes coloniais. A história se repetia: alvo de monopólio, o sal era também centro de manipulações que aumentavam seu preço enquanto se diminuía a quantidade de produto embarcado para ser vendido em Santos ou São Paulo. Ou, então, ele ficava lá armazenado esperando a alta dos preços. A queixa era geral. Câmaras denunciavam que os pobres e os escravos comiam, muitas vezes, sem sal, em função do seu alto preço! Proprietário de imensa escravaria e terras em Jacareí, Bartolomeu Fernandes de Faria resolveu reagir diante da omissão das autoridades. Tomou a cidade de Santos, arrombou os armazéns e vendeu o sal a preço compatível. Voltou serra acima, carregado do produto e destruindo pontes e caminhos para livrar-se do assédio das autoridades. Foi preciso uma carta de d. João V pedindo a prisão do fazendeiro, que, entrincheirado em sua propriedade e favorecido pela simpatia popular, passou doze anos driblando a Justiça metropolitana. Aos 80 anos, foi levado a ferros para Salvador, de onde seria enviado a Portugal. Na capital baiana, foi vitimado por doença contagiosa e seu enterro foi custeado pela sociedade local, solidária à sua causa. Como se vê, o aumento do sal causara tensões também na capital da Colônia. Em 1711, o envolvimento da Metrópole na Guerra de Sucessão da Espanha exigira gastos que foram traduzidos na América portuguesa em aumentos de impostos. A taxa sobre o sal subira de 480 para 720 réis. E não foi só; também subira o imposto cobrado sobre os escravos trazidos da Costa da Mina e de Angola, de três para seis cruzados por cabeça, além de 10% de impostos sobre qualquer mercadoria importada. Pasquins ameaçadores foram afixados nos muros e o descontentamento popular foi tão grande que suspeitos de conivência com tal aumento tiveram suas casas invadidas. Na praça de Salvador, o povo e oficiais de milícias gritavam que não queriam tributos, conta-nos o governador-geral Pedro de Vasconcellos. A cobrança foi suspensa, mas voltou a ser imposta sob o governo do vice-rei d. Pedro Antônio de Noronha, marquês de Angeja.

Ainda sob os tacões de Vasconcellos, um novo motim estourou. Em 1711, o Rio de Janeiro foi invadido por um corsário francês, René Duguay-Trouin, em busca de ouro e de vingança de um compatriota, Jean Duclerc – pirata, também a serviço do rei da França –, assassinado nas masmorras da cidade, que tentara invadir no ano anterior. Com temor de um ataque a Salvador, um levante da população local exigiu do governador Vasconcellos a organização de uma força militar capaz de arrancar o Rio de Janeiro das mãos dos franceses. O governador alegava que, não tendo recursos, nada poderia fazer. Os patriotas, como ficaram conhecidos, ofereceram os próprios bens para custear a expedição, mas não foi preciso. Depois de receber uma fortuna em ouro e açúcar, Duguay-Trouin zarpou para a Europa antes que o exército de trezentos homens partisse de Salvador. Mas, na Bahia, o governador-geral reagiu com violência. Depois de rápida devassa, condenou ao degredo em Angola, a açoites e penas pecuniárias os três cabeças da rebelião: Domingos da Costa Guimarães, Luís Chafet e Domingos Gomes. Em 1732, o Rio de Janeiro assistiu à queda de mais um governador. Luiz Vahia Monteiro aportou à capitania em janeiro de 1725. Pela truculência de suas atitudes ante os poderosos logo recebeu a alcunha de "O Onça": "Lá vem o Onça", "cuidado com o Onça". Tinha duas preocupações maiores: a defesa da cidade e o combate ao contrabando do ouro, e, por conta delas, colecionou desafetos. Sua ênfase em multiplicar fortificações o fez bater de frente com os beneditinos, que tinham uma horta na ilha das Cobras, ponto militar estratégico na defesa da baía de Guanabara. Considerando essa ocupação ilegal e desejando ampliar aí uma fortaleza, expulsou os padres de São Bento, que favoreciam também o contrabando de ouro. Bateu-

-se com igual ferocidade contra famílias poderosas, como os Pizarro e Correia de Sá, que recebiam de maneira ilegal "terras foreiras", ou seja, grandes terrenos urbanos. Tais conchavos envolviam membros da Câmara, também insatisfeitos com a proibição de moradias em terras localizadas além do Muro da Cidade, além dos morros da Conceição, Santo Antônio e Castelo. Perseguiu igualmente os envolvidos com fundições de ouro ilegais, assim como todos os que ajudavam os descaminhos do metal amarelo. Seu zelo foi mal recompensado. Seus inimigos escreveram ao Conselho Ultramarino e, com a ajuda dos membros da Câmara e das ordens religiosas que o detestavam, ele foi deposto em 1732. O Onça morreu de desgosto.

Após a Guerra dos Emboabas (1708-9), Minas Gerais tornou-se palco por excelência de tremenda violência coletiva. Ali, revoltas se sucederam, preparando um século de tensões. Longe dos focos do poder público, distantes dos mecanismos de controle burocrático, grupos privados colocavam em xeque as regras determinadas para mediar as relações entre a Colônia e a Metrópole. Somava-se a esse clima de instabilidade a indisciplina dos funcionários reais e as ondas de fome que varriam a região desde 1698. Mas o que saltou aos olhos e deu especificidade a Minas Gerais foram atritos entre os vários grupos da burocracia: governadores, agentes do Fisco ou da Justiça, funcionários e clero. Agentes da Justiça gozavam de grande independência, ouvidores possuíam autonomia em relação aos governadores, punindo de maneira injusta. Os focos de poder que se viam fora do aparelho de Estado começaram a surgir dentro dele, impedindo, por conseguinte, que a autoridade e o controle portugueses se exercessem com plenitude. Um sensível equilíbrio se fazia em torno de certo "acordo de cavalheiros": população e autoridades buscavam consenso sobre o limite da cobrança de impostos, a distribuição de terras e a garantia de abastecimento dos núcleos urbanos. A Metrópole respeitava a autonomia de setores da população inseridos em áreas de fronteira, "longe do rei", e respeitava também os interesses dos poderosos e dos magistrados locais. Quando se rompia o acordo por aumento de impostos, falta de alimentos ou abuso de poder das autoridades, nascia um motim. Foi este, por exemplo, o caso ocorrido na Vila do Carmo em 1713.

O ouvidor-geral, dr. Manoel da Costa Amorim, resolveu redistribuir algumas lavras, desalojando os mineiros que nelas trabalhavam, e teve como resposta uma revolta generalizada. O mesmo se deu em Itaverava, quando o escrivão das datas, responsável pela repartição de "algumas lavras velhas", resolveu distribuí-las à revelia do desejo dos moradores. Em 1715, o povo das Minas se levantou contra o pagamento dos quintos por bateias, exigindo do governador, d. Brás Baltasar da Silveira, que as declarasse isentas desta forma de cobrança. As autoridades ficavam em apuros a cada vez que tentavam quebrar as regras impostas pelo uso e pelo costume.

A taxação ou a carência de alimentos também ensejavam distúrbios. Em setembro de 1721, a Câmara de Vila Real e o ouvidor-geral da Comarca de Rio das Velhas resolveram pôr em contrato o corte das carnes consumidas naquela vila, até então livremente comercializadas. Ao tomar conhecimento do estanco, imediatamente os moradores revoltaram-se por considerar tais contratos "odiosos e prejudiciais aos povos porque sempre [redundaram] em interesses particulares". Naquele ano, um contrato de aguardente suscitou a mesma reação entre os moradores de São João del-Rei. Não foram poucas as vezes em que alimentos eram apreendidos e repartidos entre o povo enquanto funcionários eram postos a correr ou escapavam de atentados. O padrão, contudo, era atacar a propriedade daqueles que exploravam o povo, poupando-lhes a vida. Nesses motins evitava-se também questionar o domínio português. Era comum homens encapuzados, ao som de tambores, destruírem propriedades e documentos oficiais que representavam sujeição, aos gritos: "Viva el-Rei! Morte aos traidores".

Em 1720 ocorreu uma sublevação que começou a unir as duas faces da mesma moeda. A sedição de Vila Rica nasceu quando Pedro Miguel de Almeida Portugal, conde de Assumar e governador da Capitania de São Paulo e Minas do Ouro, trouxe instruções para aplicar novas medidas: reforçar o poder do governador, extinguindo postos de oficiais de ordenanças e criando, em seu lugar, um Regimento de Dragões de Cavalaria, assim como estabelecer a obrigatoriedade de levar o ouro extraído, a fim de ser moldado em barras, marcado com selo real e "quintado", às casas de fundição. Rumores encheram as serras. Ninguém queria viajar longas distâncias, passando por caminhos arriscados, até uma dessas referidas casas e aí ficar à mercê de funcionários inescrupulosos. Instigados pelos frades descontentes e pelos poderosos, os mineiros começaram a pegar em armas e a fazer demonstrações de desagrado a tais medidas. Os dragões intervieram e os primeiros tumultos pareciam ter arrefecido. Contudo, na véspera do dia de São Pedro, 28 de junho de 1720, em meio ao foguetório e à festa que servia para encobrir a intenção dos rebeldes, explodiu a sedição. As intenções eram claras: matar o ouvidor, expulsar o governador, anular os registros nos quais se cobravam impostos aos mineradores, suprimir o monopólio do sal, da aguardente e do fumo pela Coroa, entre outros. À frente do movimento, um rico português endividado em trinta arrobas de ouro com o governo: Pascoal da Silva Guimarães, senhor de mais de dois mil escravos e de duas grandes fazendas. Tinha também um filho alcaguete, que o denunciou, mas em vão. As autoridades – governador e ouvidor – nada fizeram para prender os implicados no movimento. Cauteloso, o conde de Assumar preferiu reunir muitos homens com a finalidade de esmagar, de um só golpe, os sediciosos. Invadiu Vila Rica no dia 16 de julho, casas foram queimadas, ruas inteiras destruídas e prisões feitas. A mais espetacular foi a de Felipe dos Santos Freire, um português representante das camadas populares e acusado de ser o maior instigador da revolta. Teve punição exemplar. Condenado à morte, foi enforcado e seu corpo feito em pedaços. Outros envolvidos foram presos e enviados ao porto do Rio de Janeiro a fim de embarcar para Portugal. Alguns morreram na prisão – como frei Vicente Botelho –, outros foram anistiados, como ocorreu com o ouvidor Manoel Mosqueira Rosa e frei Francisco de Monte Alverne. A revolta de Vila Rica não passou em branco. Em consequência, criou-se a Capitania das Minas do Ouro, independente de São Paulo, e se protelou a criação das casas de fundição até 1725.

A partir de 1736, uma "tempestade temerosa", como disse alguém, varreu os inóspitos sertões do rio São Francisco. Foram motins seguidos que contavam – e essa foi sua peculiaridade – com a participação ativa e violenta das camadas mais baixas da população. Mulatos, mamelucos, índios, enfim, a "gente miúda" assustou muita gente grande. O palco de tais tensões não eram mais engenhos de açúcar, como no Nordeste, ou serras escarpadas nas quais formigavam os mineiros, mas áreas agropastoris. Tropeiros e criadores tocavam seus bois, como vimos, desconhecendo limites. A descoberta de ouro em Goiás levou, em 1734, o conde de Sarzedas a ordenar um só caminho para a passagem do gado via São Paulo. Sua intenção era clara: controlar a evasão de ouro e a sonegação de impostos pelo caminho do São Francisco. Em vão. Picadas laterais deixavam passar bois, escravos e outras mercadorias necessárias em regiões de mineração, como sal e farinha. Produção e intermediação fizeram aparecer núcleos comerciais como Barra do Rio das Velhas, Brejo do Salgado ou Morrinhos, pelos quais se escoavam gêneros de subsistência. Mas essa gente pagava poucos impostos. No começo da década de 1730, o início do declínio da extração do ouro levou as autoridades a aumentar a tributação. Martinho de Mendonça de Pina e de Proença seria o governador responsável pela implementação do novo sistema. Por meio dele, senhores ficavam sujeitos ao pagamento anual de três a quatro oitavas de ouro por escravo, assim como se taxavam libertos e vendas. Os que atrasassem os pagamentos teriam os bens penhorados. Em cada distrito, um intendente subordinado ao governador controlava os moradores. A taxa de capitação não podia ser mais impopular; pagava o pobre o mesmo que o rico. Mais uma partida de dragões foi enviada ao sertão para persuadir a população.

O primeiro motim eclodiu em março de 1736 em Capela das Almas, seguido do ocorrido no sítio de Montes Claros. Em julho do mesmo ano, novecentos homens, sendo que "mais de quinhentos arcos e flechas", uns a pé, outros a cavalo, se manifestaram em São Romão, futura sede das inquietações. A demanda era só uma: o "alívio da capitação". Faziam-na, segundo uma testemunha, com "ajuntamentos, armas e gritos". Espiões espalhados pela região davam notícia aos revoltosos dos movimentos feitos pelas autoridades e suas tropas. Em Capela das Almas e na Barra do Rio das Velhas, os amotinados, avisados com antecedência, fugiram em suas canoas quando de sua aproximação. Apesar de entender a resistência desses a quem chamava de "pés-rapados, mulatos, filhos de homens livres que eram muito, muito pobres", o governador pedia a seus imediatos que deles se cobrassem os impostos. Em Pitangui, três mil homens ameaçaram o governador, intendentes e ministros. Em fins de 1737, circulavam rumores de uma sedição em Vila do Carmo – atual cidade de Mariana – que seria um desdobramento dos motins do sertão.

Motins, rebeliões e sedições também podiam ser fruto da rebeldia militar. Na Bahia, em 1728, levantou-se a tropa do chamado Terço Velho – terço era a denominação de um corpo de tropa composto de dez companhias de 250 homens – contra o soldo baixo e pago com irregularidade. Terminou-se com o enforcamento dos cabeças: o cabo de esquadra mulato Antônio Pereira, de alcunha Barriga de Areia, e o soldado Anastácio Pereira. Quartos de seus corpos foram pendurados às portas de São Bento, Carmo e do Arsenal da Marinha, emblemas do castigo exemplar aplicado a membros de uma força que deveria garantir a paz, e não quebrá-la. Enfim, como afirmavam as autoridades portuguesas: sujeitar "gente tão intratável" era tarefa difícil. Desafio que se acentuará na segunda metade do século, quando o antagonismo entre reinóis – portugueses que exerciam cargos dirigentes na administração, na Justiça, na Igreja e nos comandos militares – e os nascidos na Colônia atinge grandes proporções. Em fins do século XVIII, autoridades portuguesas observavam, cada vez mais apreensivas, choques entre garimpeiros e oficiais nas regiões das Minas. Várias décadas de fiscalismo abusivo por parte da Metrópole multiplicaram as desavenças entre colonos e autoridades administrativas. Uma luta surda opunha governantes e governados, populações locais e agentes da Metrópole. A situação, como veremos adiante, começava a tornar-se explosiva.

12

FRONTEIRAS COLONIAIS

As fronteiras brasileiras devem muito mais à coragem e ao sofrimento de desbravadores do que a decisões de gabinete. Sabia-se, desde o início da colonização, que as linhas imaginárias do Tratado de Tordesilhas não eram uma fronteira concreta: a ocupação é que a definiria. A aventura começa com Pedro Teixeira, que, entre 1637 e 1639, subiu o Amazonas e atingiu Quito, no Vice-Reino do Peru, pelas águas do Napo e do Aguarico. De lá baixando em direção a Belém, deu início à monumental irradiação que resultou, ao norte, na fundação do povoado de Franciscana, fronteira das duas monarquias ibéricas, novamente independentes em 1640. Nesse fim da Amazônia, ambas as coroas assinalaram, pacificamente, as fronteiras de seus domínios. Tal posse foi observada por multidões de índios silenciosos.

O Sul foi o palco de maiores instabilidades. Plantados ao sul do Paranapanema, volta e meia os jesuítas espanhóis avançavam para o ocidente. Os bandeirantes, por sua vez, afundavam-se nos pampas. Bandeiras de correria, destinadas a escravizar índios, ou de povoamento, voltadas para ocupação efetiva do solo, espalharam homens por várias localidades, como o paulista Francisco Dias Velho, que em 1651 ocupou a ilha de Santa Catarina. A união das duas coroas adensou o tráfico na bacia do rio da Prata, e o governador do Rio de Janeiro, Salvador Correia de Sá, pensou em conquistá-la. Empurrando a penetração, sertanistas e missionários percorriam as águas do rio Tapajós, do Madeira, a bacia do rio Negro e do Solimões. O ideal era atingir, pelo sul ou pelo norte, as minas de Potosí. O envolvimento da Espanha na guerra franco-holandesa, de 1672 a 1678, abriu espaço para que os portugueses se fizessem cada vez mais presentes no Sul. Conta-se até que Antônio Raposo Tavares, em uma de suas expedições contra as missões jesuíticas de Guairá e Itatim, teria rudemente ameaçado os jesuítas, dizendo-lhes: "Havemos de expulsar-vos de uma terra que nos pertence, e não a Castela".

Em 1676, o monarca d. Afonso VI consolida o domínio do Sul "nas terras [...] até a boca do rio da Prata". Nesse ano, cria-se o bispado do Rio de Janeiro, cujo limite meridional era o estuário. A Câmara do Rio solicitou ao monarca que fixasse a fronteira no Prata, fortificando sua margem esquerda, enquanto d. Manuel Lobo, novo governador das vilas meridionais, era orientado a fundar uma colônia para a instalação dos "vassalos portugueses nos ermos domínios". Em 1º de janeiro de 1680 se instala a Nova Colônia de Sacramento a Portugal, no litoral do atual Uruguai. O revide dos espanhóis não tardou. Apoiado pelos índios das Missões, o governo platino expulsou os invasores. Quem não foi preso estava morto. Os portugueses ameaçaram romper com Madri e iniciaram-se conversas diplomáticas. Com a mediação de Roma, Paris e Londres, assinou-se, em maio de 1681, um tratado provisório – Tratado de Lisboa –, graças ao qual libertaram-se os prisioneiros, devolveram-se as terras da colônia de Sacramento e voltou-se à velha discussão de por onde passaria a linha de Tordesilhas.

Na Europa, outros acontecimentos viriam perturbar as questões de fronteiras no Sul. A Guerra de Sucessão espanhola, entre 1701 e 1713, foi um deles. Com a morte de Carlos II, o trono de Madri teve como sucessor o francês duque de Anjou, neto de Luís XIV e futuro Felipe V. Ora, tal mudança naturalmente abriria os mercados coloniais espanhóis às mercadorias francesas. Essas pretensões contrariavam, porém, os planos de Guilherme III de Orange, rei da

Inglaterra, que imediatamente armou uma coalizão com a Holanda, o Império Habsburgo, ou Santo Império Romano-Germânico, e a Savoia. Dependente econômica e politicamente da Grã-Bretanha, Portugal concordou em dar apoio ao candidato de Habsburgo à sucessão de Carlos II, que falecera sem deixar filhos, entrando em conflito com a Espanha.

As consequências? Sacramento foi atacada por forças espanholas em 1704, sendo ocupada depois de cinco meses de apertado cerco. O Tratado de Utrecht (1713-15) pôs fim à guerra e a colônia de Sacramento voltou aos antigos donos. Inconformados com a presença portuguesa e desejosos de lhe impor limites, os castelhanos fundaram, em 1726, a cidade de Montevidéu, a leste de Sacramento. A criação de Montevidéu isolou os domínios do Sul em relação a centros como São Vicente e Rio de Janeiro, fragilizando uma posição que viria a ser ameaçada novamente entre 1735 e 1737. Em janeiro de 1736, os lusos receberam reforços vindos da Bahia, de Pernambuco, mas, sobretudo, do Rio de Janeiro e de São Paulo. Em meio às lutas, uma expedição de socorro comandada pelo brigadeiro Silva Paes fundou, em 1737, a fortaleza de Rio Grande de São Pedro, ponto-chave para a ocupação do atual Rio Grande do Sul. A partir daí, a região tornou-se palco de inúmeros acordos de paz seguidos de contendas entre espanhóis e portugueses, através de suas tropas regulares ou de seus colonos. À sombra dessas tensões se desenvolviam estâncias de gado e campos agrícolas que tanto serviam para o abastecimento local quanto para o dos contendores. O armistício assinado em 1737 restaura a situação anterior. Retira-se a cavalaria constituída por índios enviados das Missões. Nesse ano, mandado pelo general Gomes Freire de Andrade, que administrou metade do Brasil durante trinta anos, o brigadeiro Silva Paes desce com a finalidade de atacar Montevidéu e construir a referida fortaleza de Rio Grande, denominada Jesus, Maria e José. A região torna-se uma base para a conquista do "continente", como era designada a região, em oposição à ilha de Santa Catarina. Levas de açorianos, mas também gente do Rio, Bahia, São Paulo, Minas e de Sacramento, dão início à ocupação das terras.

De acordo com um conhecido historiador, toda essa região evoluí sob o signo da organização armada. Colocou-se uma série de dispositivos militares em marcha. O brigadeiro Silva Paes foi designado governador da recém-criada capitania de Santa Catarina (1739-49). O Rio Grande de São Pedro (atual Rio Grande do Sul), por sua vez, se tornou capitania em 1737. Havia razões para tantos cuidados na implantação das estruturas de poder metropolitanas. Embora a situação fosse de paz na Europa – em 1729, o então futuro rei espanhol, Fernando VI, casara-se com uma princesa portuguesa –, as autoridades anteviam problemas. De fato, eles não demoraram a surgir. O Tratado de Madri (1750) permutara a colônia de Sacramento, à margem do rio da Prata, pelo território das missões jesuíticas de aquém-Uruguai, onde viviam cerca de trinta mil guaranis. Erradicá-los foi tarefa desumana, que exigiu esforços do general Gomes Freire, chefe da comissão portuguesa para os limites meridionais.

Ao descer para o Rio Grande em 1752, Gomes Freire tinha intenção de assegurar para a monarquia portuguesa "mais uma província". De fato, sua presença agilizou obras de defesa e povoamento do continente. Mas só. O problema residia, como bem percebera o futuro Marquês de Pombal, Sebastião José de Carvalho e Melo, e, então, primeiro-ministro de d. José I, no destino a ser dado aos índios e às missões. Ele queixava-se de que, uma vez introduzidos em Sacramento, os espanhóis deixariam os portugueses "às presas com os tapes sobre a entrega e a pacífica conservação das aldeias". Por "tapes" queria dizer jesuítas. O destino da Guerra Guaranítica, da qual foram personagens importantes, veremos logo adiante.

Se dois séculos e meio depois do início da colonização Portugal perdeu a margem esquerda do Prata, ele ganhou toda a bacia amazônica. Na mesma época em que se fundava Sacramento, os governadores do Norte buscavam defender suas terras. Tinha início a chamada Questão do Oiapoque. Empurrando fronteiras, o colonizador francês, após tentar colonizar Rio de Janeiro e Maranhão, tinha sido impelido para o norte. Em 1624, foram criados os primeiros povoados na atual Guiana Francesa. Sua ambição, contudo, era chegar ao Amazonas, passando por Macapá. Animados pela leitura do livro recém-traduzido para o francês do padre Acuña, *Nuevo descubrimiento del gran rio de las Amazonas* (1641), grupos franceses desceram até a fortaleza de Gurupá, na confluência do rio Xingu, para fazer escravos entre os índios domesticados. Tem início, então, uma série de pequenos movimentos. Os portugueses da região previnem a Metrópole dos riscos de invasão, por intermédio do governador Francisco de Sá e Menezes. Em resposta, quatro fortes começam a ser construídos, sendo abastecidos com canhões e munição. Em carta régia, o monarca ordenava que se impedisse a "entrada a esses estrangeiros, e se persistirem os prendam, mas que não procedam contra eles a pena capital". A ideia era manter um sistema de boa vizinhança, evitando agressões deliberadas. Em 1691, vindo da França, onde fora feito marquês e governador de Caiena, De Ferroles avisava ao governador do Maranhão, Antônio de Albuquerque, que seria preciso definir fronteiras. Intimidado, o governante português retrucava que isso era problema a ser resolvido nas cortes. O primeiro preparava-se para atacar, o segundo para se defender. Muitos desses contatos foram atestados pelo padre Aluísio Conrado Pfeil, catequista inaciano, mas, sobretudo, matemático de primeira grandeza que ajudou Albuquerque a municiar-se com cartas e cálculos na contenda geográfica com os franceses. Macapá caiu sob um ataque surpresa em 1697. Em tom categórico, o comandante do grupo invasor, capitão Lamothe Caigron, admoestava os lusos: "Depois de eu vos ter escrito muitas vezes, Senhor, que El-Rei meu amo não permitia que fizésseis edificar fortaleza na banda ocidental deste rio [...] ordenou-me Sua Majestade de expulsar os portugueses o que me tem obrigado vir cá [...] mandei avisar ao sr. Manoel (Pestana, encarregado da defesa) de me entregar a fortaleza, o que ele recusou fazer; portanto cheguei eu mesmo à porta dela para com isso obrigá-lo a não esperar o fogo de meus soldados". Antes, contudo, que Luís XIV conseguisse credenciar diplomaticamente a conquista, Albuquerque, com soldados e índios flecheiros, retomou Macapá. Os franceses foram despachados de volta a Caiena. Um tratado provisório assinado em 1700 postergava a solução, que só foi encontrada com a assinatura do mencionado Tratado de Utrecht, quando se consolidou definitivamente a fronteira do Oiapoque.

E os espanhóis? Estes pareciam ter se desinteressado da Amazônia. A verdade é que os sertanistas que partiam de Belém, ou os bandeirantes vindos de Mato Grosso, não encontravam em seu caminho maiores obstáculos criados por castelhanos. O mesmo se dava na bacia do rio Branco. Foram, contudo, franciscanos e jesuítas os que plantaram missões em Chiquitos, Moxos, Mainas, Putumayo e Orenoco. Suas reduções, extremamente bem organizadas, respondiam ao avanço faminto dos lusos por Mato Grosso, Guaporé, Madeira, Solimões e pelo vale do rio Negro. Dessa presença nasciam naturalmente algumas asperezas. Na bacia do Madeira, por exemplo, Francisco de Melo Palheta – em viagem oficial atingiu, em 1722, as missões jesuíticas espanholas do Moxo – advertiu, então, os inacianos locais de que estavam em terras pertencentes à Coroa portuguesa e que poderiam ser desalojados pelos governantes paraenses. Por outro lado, também eram os próprios religiosos que assinalavam os avanços dos portugueses aos espanhóis. Entre 1731 e 1734, a Audiência de Quito, responsável pela parte castelhana de águas e terras amazônicas, alertou sua metrópole sobre os perigos representados por tais incursões, fartamente documentadas nos relatórios jesuítas. As autoridades espanholas sugeriam medidas imediatas diante da penetração dos homens do Brasil. Apesar do susto, pouco se fez. Embora, na Espanha, o Conselho das Índias tenha determinado a recuperação das terras mato-grossenses e amazônicas, e apesar da gritaria dos jesuítas espanhóis e das advertências emanadas de Quito, nenhuma providência concreta foi tomada. Acuada pela questão platina, a Espanha esquecia o espaço amazônico. O esquecimento era reforçado pelo fato de não ter encontrado aí nem o Eldorado, nem o país da Canela. Eis por que o tinham passado tão negligentemente aos religiosos lusos.

Deste lado não se perdia tempo. Diferentemente da recomendação feita no sentido de evitar lutas com os franceses no cabo do Norte, as autoridades portuguesas propunham-se a expelir os espanhóis do Solimões e avançar as fronteiras do sul, norte e oeste até o Napo. Cartas régias e decisões do Conselho Ultramarino, tomadas entre 1648 até 1739, não escondiam o interesse na ocupação da região. As autoridades demonstravam a maior segurança quanto à soberania sobre o Amazonas. Em 1750, quando os espanhóis acordaram, era tarde. A fronteira fora deslocada. Finda a Guerra de Sucessão, reabriram-se as negociações sobre os limites ultramarinos. Partiu para Madri, como encarregado de negociar as fronteiras, o visconde de Vila Nova de Cerveira, Tomás da Silva Teles. Ia munido de instruções do secretário del-Rei Alexandre de Gusmão, lembrando que "nas terras já povoadas por qualquer das partes, cada uma conservaria o que tivesse ocupado". As negociações conduziram a assinatura do Tratado de Madri a 13 de janeiro. Nele, ambas as partes reconheciam ter violado Tordesilhas, na Ásia e na América, acordando que, doravante, os limites passariam a vigorar sobre o tratado assinado. Determinou-se, também, que, em caso de guerra entre as coroas, na Europa, a paz continuaria reinando na América. Comissões demarcadoras, constituídas por cartógrafos e astrônomos, médicos, engenheiros, desenhistas e militares, deram início à marcação dos limites. Na região entre Castilhos Grande e a foz do Ibicuí eclodiu um sério problema. Os indígenas dos Sete Povos das Missões Orientais do Uruguai fincavam pé. Rebelaram-se contra as ordens que lhes foram dadas, inclusive pelos jesuítas, de se transferir para outros locais dentro dos domínios da Espanha, cedendo a área para os portugueses. O padre Altamiro marcou, duas vezes, prazos para a saída: em 1752 e 1754. Em vão. Armados, aguardaram os comissários. Estes também, em vão, tentaram pacificá-los, optando por uma ação militar, já programada de antemão. O governador das Províncias do rio da Prata, José de Andonaegui, marchou pelo rio Uruguai até São Borja. Gomes Freire fechou o cerco por Santo Ângelo. Iniciadas as operações, uma ordem vinda da Europa anunciou que as forças deveriam agir unidas. Em 1756, as missões de Santo Ângelo, São Borja, São João, São Lourenço, São Luiz Gonzaga, São Miguel e São Nicolau foram arrasadas. Sua destruição foi cantada em prosa e verso no poema antijesuítico *O Uruguai*, de Basílio da Gama. Mas, se os rebeldes haviam sido esmagados com sucesso, o mesmo não se pode dizer das demarcações. Temeroso de uma reação indígena, o comissário português negava-se a receber a posse das Missões; com isso crescia a desconfiança de que Sacramento não seria entregue aos espanhóis. Somaram-se a isso as intrigas do novo governador de Buenos Aires, d. Pedro de Cevallos. Suspenderam-se, em consequência, as demarcações.

Enquanto isso, na Amazônia, desencontravam-se o comissário espanhol d. José de Iturriaga e Francisco Xavier de Mendonça Furtado, irmão do futuro marquês de Pombal e capitão-general do estado do Maranhão. Mas as tropas ou "partidas" encarregadas da demarcação mapeavam a região incentivando a ereção de vilas e uma nova capitania, São José do Rio Negro, criada em 1755. Atendendo ao Tratado de Madri, os jesuítas retiraram-se de sua missão de Santa Rosa, às margens do Guaporé, cedendo espaço para a construção do forte de Nossa Senhora da Conceição sob as ordens do governador Rolim de Moura.

Ambos os episódios, no sul e no norte, serviram para desencadear uma feroz perseguição aos jesuítas, acusados por Espanha e Portugal de insuflar a resistência indígena e dificultar as demarcações. A Companhia pagou um preço altíssimo por tanta resistência. Para começar, os jesuítas foram proibidos de entrar nos Paços dos Reis e de serem confessores da família real; a ordem religiosa teve de se submeter a uma reforma interna e foram, por fim, acusados da tentativa de regicídio contra d. José I, no qual foram também implicados os marqueses de Távora, o duque de Aveiro e outros membros da velha nobreza lusa que se opunham à ascensão de Pombal. Em setembro de 1759, foi decretada sua expulsão de Portugal e dos domínios portugueses. No Brasil, executou-se a ordem no ano seguinte, com mais de seiscentos jesuítas saindo de Pará, Pernambuco, Bahia e Rio de Janeiro. A tensão entre os dois reinos ibéricos aumentou com a morte de d. Fernando VI. Seu sucessor, Carlos III, optou por hostilizar Portugal, alegando insatisfação com os limites fixados. O Tratado do Pardo, de 1761, anulava o de Madri.

Os anos de 1762 a 1777 foram marcados por choques com espanhóis no sul e no oeste. Com enorme superioridade militar, d. Pedro

Cevallos atacou e ocupou a fortaleza platina portuguesa, Sacramento. Enquanto isso, em Fontaineblau, assinava-se o termo que punha fim à Guerra de Sete Anos entre França e Inglaterra (1756-63), e, como de praxe, os países ibéricos alinhados às grandes potências europeias sofriam os desdobramentos de seus acordos diplomáticos. Aí se convencionou que as colônias portuguesas na América "se tornarão a pôr no mesmo pé em que estavam, na conformidade dos tratados precedentes". Na margem direita do Guaporé, hoje regiões mato-grossenses e rondonienses, não faltaram movimentos de tropas. Os espanhóis tentaram obter de volta o forte Santa Rosa. A expulsão dos jesuítas deixou a região abandonada e eles não conseguiram nem tomá-la, nem repovoá-la. Ignorando as determinações europeias, Cevallos seguia conquistando regiões havia mais de século e meio ocupadas por lusos: os fortes de Santa Teresa e São Miguel, hoje em território uruguaio, a povoação de Rio Grande de São Pedro e a vizinha margem esquerda da lagoa dos Patos. Ao saber do tratado de paz assinado na França, Cevallos limitou-se a devolver Sacramento, alegando obedecer às linhas dos obsoletos tratados. De pouco valeram os protestos portugueses nas cortes espanholas. Escaramuças determinaram a recuperação de margens da lagoa dos Patos, mas Rio Grande de São Pedro era o nó da questão. Foi preciso a ação do novo comandante das forças luso-brasileiras, tenente-general João Henrique Boehm, alemão a serviço de Portugal, aliado à Marinha, para efetivar sua recuperação, em 1776.

A Espanha seguiu protestando contra a retomada do Rio Grande. Ignorando as determinações diplomáticas, preparou-se para a maior expedição de guerra jamais enviada à América do Sul. Nomeado primeiro vice-rei do rio da Prata, d. Pedro Cevallos comandaria treze mil homens transportados em 116 navios. A ideia era atacar as costas brasileiras. Sem grande apoio da Metrópole ou da Marinha inglesa, perdeu-se a ilha de Santa Catarina, facilmente abocanhada pelos espanhóis. Por sorte, no caso, ventos contrários, os atacantes não puderam arremeter contra o Rio Grande. Por outro lado, a Nova Colônia do Santíssimo Sacramento, atacada, rendeu-se de forma definitiva em junho de 1777, seguindo ordens do último governador português, Francisco José da Rocha. Os conquistadores não tiveram dúvidas: arrasaram as fortificações e obstruíram o porto. Para finalizar, adentraram o sul de Mato Grosso, ocupando o forte de Nossa Senhora dos Prazeres às margens do rio Iguatemi.

Enquanto isso, na Europa, novos fatos engendravam modificações que afetariam a questão das fronteiras. Com a morte do rei d. José I, subia ao trono, pela primeira vez, uma mulher, d. Maria, cuja primeira iniciativa foi fechar a secretaria de Estado comandada pelo marquês de Pombal. Preocupada com a independência de suas colônias norte-americanas, a Inglaterra procurava pacificar Portugal; a França, por seu lado, interessada em contar com apoio dos futuros Estados Unidos, buscava aliança com a Espanha. Ambas queriam uma solução para as fronteiras coloniais dos reinos ibéricos. O resultado dessas mediações foi a ida a Madri do plenipotenciário d. Francisco Inocêncio de Souza Coutinho, que, com o ministro conde de Florida Blanca, negociou um tratado preliminar de limites dos domínios ultramarinos das duas coroas, firmado em Santo Ildefonso, a 1º de outubro de 1777. Por ele, a Espanha devolvia a ilha de Santa Catarina, ficando com a colônia de Sacramento e a região dos Sete Povos das Missões Orientais do Uruguai. Portugal saía penalizado ao perder Sacramento. A Espanha estendia definitivamente sua autoridade sobre a bacia do Prata. Não faltaram divergências entre comissários de ambos os lados para traçar limites, que só ficaram demarcados em 1801, quando da assinatura do Tratado de Badajoz.

13

MOBILIDADE E DIVERSIFICAÇÃO

Enquanto os conflitos fustigavam as distantes margens, evidenciava-se outra feição da sociedade. A Colônia se diversificara. As formas de ocupação que haviam garantido a presença portuguesa entre os séculos XVI e XVII, ou seja, o latifúndio e a monocultura, passaram a conviver crescentemente com outras atividades econômicas. No século XVIII, a mineração de ouro e diamantes só fez acentuar essa tendência. A necessidade de escravos, primeiro para o açúcar e depois para as minas, criou um grupo de homens poderosos: os negociantes de grosso trato, também chamados de comerciantes por grosso. Dominavam, ali, homens brancos de origem portuguesa que, inicialmente de Lisboa e posteriormente do Rio de Janeiro e da Bahia, negociavam, mediante autorização da Coroa Portuguesa, com as mais diferentes praças, como Inglaterra, Alemanha, Itália e outros reinos europeus; seus agentes comerciavam desde alimentos, bebidas e escravos até mercadorias de luxo, tais como perucas e tecidos finos.

Tais comerciantes exploravam inúmeros negócios. Investiam em secos (ferramentas, tecidos, etc.) e molhados (alimentos, bebidas, etc.), priorizando, contudo, o tráfico de escravos e os empréstimos aos senhores de engenho. Muitos se tornaram correspondentes e banqueiros dos filhos dos senhores de engenho nordestinos que iam estudar na Europa. Suas lojas, espalhadas em diferentes cidades, desovavam produtos tão variados como abotoaduras, pregos, tesourinhas, cordas de viola e tabaco. Seus armarinhos distribuíam fitas, plumas, galas, toalhas e guardanapos. Muitos deles eram de origem judaica. Em Minas Gerais, por exemplo, a presença cristã-nova foi responsável pelos primeiros contratos de mineração, assim como pelos primeiros negócios e vendas de instrumentos. Estrategicamente instalados no coração da Colônia, esses mercadores compravam, vendiam, financiavam, emprestavam a juros, faziam hipotecas e negociavam, entre outros produtos, pedras preciosas e ouro, à vista ou a crédito. Aceitavam, ainda, pagamentos parcelados, sempre feitos em moedas de ouro ou em cédulas. Suas ligações iam do Peru à Europa, e lá, notadamente, Amsterdã. Houve alguns tão poderosos como Francisco Pinheiro, instalado em Salvador, com agências comerciais na Europa, África, Ásia e Américas. Sua rede comercial se estendia do Ceará à colônia de Sacramento, caminho para as colônias espanholas. Um tal poder de fogo só demonstrava que a Colônia não era passiva. As trocas comerciais internas e externas permitiam a relativa autonomia de várias regiões do Brasil.

Um intricado mundo de grandes comerciantes dominava as várias áreas da América portuguesa. Sua imensidão territorial gerou, contudo, o aparecimento de comerciantes volantes, gente acostumada a percorrer grandes distâncias levando seus produtos em uma ou outra direção. Na sua maioria, era gente branca, nascida no Brasil, e que aparece na documentação de época sob a denominação de "americano". Em razão dos produtos que carregavam consigo, podiam também ser chamados viandantes, tratantes, comboieiros ou condutores. Os viandantes, como não precisavam de grande capital, preferiam trabalhar mediante comissão para o colega de grosso trato. Havia também os que eram contratados por terceiros e que percorriam enormes distâncias cobrando dívidas e entregando mercadorias. Ocupavam posição menos prestigiada do que a dos negociantes de grosso trato, de quem dependiam graças a um intricado sistema de débitos e créditos difícil de ser rompido. Entre os tratantes, à frente de negócios de risco, não faltaram os que colocaram a vida em perigo cobrando dívidas. Quantas vezes não eram recebidos a bala por seus devedores ou passavam por perigos como assaltos, tempestades e ataques de animais selvagens? Os comboieiros viviam basicamente de transportar escravos e iam munidos de pesados livros de contabilidade, capazes de dar conta de sua preciosa mercadoria humana. Os tropeiros, como já vimos, traziam muares e cavalos dos currais do Sul ou do Nordeste para os mercados urbanos.

Paralelamente às diversas formas de comércio volante, a urbanização havia, sobretudo, incrementado o mercado fixo. Este se dividia em lojas e vendas. As primeiras, grandes, encontravam-se nos centros urbanos, as segundas, menores, nas periferias. Ambas mercadejavam produtos secos e manufaturados como panos e ferramentas, além de bebidas e alimentos. Os inventários anexos aos testamentos revelam, por exemplo, que numa dessas lojas o comprador encontrava diversos produtos, tais como incenso, marmelada, canela, barris de cachaça, toucinho e sal, panelas, sabão e frascos de vinagre. Seus proprietários financiavam a atividade de comerciantes ainda menores que lhes traziam mercadorias dos portos distantes, além de manter caixeiros, escriturários e guarda-livros, encarregados de cobranças e listas de estoque. À frente desse comércio se destacavam as mulheres: brancas, mulatas ou negras, elas se instalavam nas periferias urbanas e nos caminhos mais frequentados, explorando, além de mercadorias, a venda de bebidas e a prostituição. As mulheres eram também maioria no pequeno comércio, no qual exploravam os escravos de ganho – cativos e cativas que circulavam pelas ruas oferecendo bebidas, alimentos e panos. Na escala mais baixa ficavam as "mulheres de tabuleiro", responsáveis pela venda de pastéis, bolos, doces, mel e os quitutes regionais: em São Paulo, as saúvas tostadas, e, no Rio, o pão de ló. Esse pequeno comércio progrediu imensamente graças à intimidade que com ele possuíam mulheres de origem africana. Acostumadas aos grandes mercados a céu aberto, onde, sobre panos coloridos, as mercadoras negras expunham alimentos e produtos artesanais, dominando, de norte a sul, as ruas das cidades coloniais.

No comércio também vamos encontrar ciganos. Os primeiros a chegar, oficialmente, vieram degredados para o Maranhão, Pernambuco e Rio de Janeiro, no século XVIII. Em 1718, chegou à Bahia um grande grupo constituído por João da Costa Ramos, por alcunha João do Reino, acompanhado de mulher, filhos e parentes. As alcunhas eram corriqueiras, muitas delas degenerando em nome próprio: O Beijo, O Rola, O Catu, O Come-Pólvora, etc., ciganos célebres das Minas. Em Salvador, o grupo se alojava, segundo uma testemunha, em barracas no Campo dos Ciganos, "enorme e inculta praça que se estendia da rua do Cano até a Barreira do Senado". Empregavam-se no trabalho de metais: eram caldeireiros, ferreiros, latoeiros; as mulheres rezavam quebranto e liam a sina. Muitas internaram-se nas matas ou pirateavam nas estradas ermas. No Rio, os calons, como eram chamados, instalaram-se primeiramente no Valongo e na grande área da Cadeia Velha; migraram depois para o campo de Sant'Ana e a rua dos Ciganos, atual da Constituição. Moravam em casas térreas de três portas que gostavam de deixar abertas dia e noite. Seu negócio era a exploração do ouro de Minas, a barganha de cavalos e o tráfico de escravos. O refugo de homens e cavalos era dado a um parente para ser vendido no interior.

A vida urbana também trouxe para a cena outros atores. Os artesãos, por exemplo. Tanoeiros, calafates, alfaiates, carpinteiros, prateiros, ourives e sapateiros espalhavam-se pelas ruas mais importantes, nelas se agrupando por atividade. No século XIX, de um desses grupos capazes de dar vida e colorido às ruas coloniais, Ferdinand Denis deixou um delicioso retrato: "Nas classes artesanais existe uma que desempenha o grande papel: é a dos barbeiros. As barbearias substituem com frequência os cafés. É ali que se relatam as notícias e muitas vezes é ali que elas se fazem". No que arrematava outro francês, Debret: "É certo de aí encontrar numa mesma pessoa um barbeiro hábil, um cabeleireiro exímio, um cirurgião familiarizado com o bisturi e um destro aplicador de sanguessugas. Dono de mil talentos, ele tanto é capaz de consertar a malha escapada de uma meia de seda, como de executar, no violão ou na clarineta, valsas e contradanças francesas em verdade arranjadas a seu jeito". Mulheres, da mesma forma, ofereciam em lojas seus serviços de bordadeiras, costureiras, chapeleiras e fabricantes de flores de penas, escamas ou asas. As responsáveis por tais lojas, segundo um viajante inglês, "eram geralmente mulatas".

No campo também foram registradas mudanças. Aí vamos encontrar tanto grandes senhores de escravos quanto pequenos proprietários, que contavam apenas com a mão de obra familiar ou combinavam diversas formas de trabalho livre com a escravidão. Vários desses pequenos produtores produziam para consumo interno da Colônia. Minas Gerais, por exemplo, enfrentando a crise do ouro de meados do século XVIII, expandiu a produção de milho, feijão, queijos e carnes salgadas de porco que eram drenadas para a capital carioca. São Paulo tampouco se acanhou com o esgotamento das lavras mineiras. O ritmo crescente do aumento de sua população demandou, bem ao contrário, uma agricultura fornecedora de alimentos para novas bocas. No território paulista, a agricultura rústica ganhou impulso. Pequenas roças, abertas em clareiras de mata, produtoras de alimentos básicos para a família e com algum excedente para o mercado interno, conviviam com fazendas açucareiras voltadas para a exportação. Na maior parte das vezes, dispersos e isolados, os grupos de roceiros – denominados "caiçaras" no litoral e "caipiras" no interior – acabavam por se tornar quase uma autarquia, dependendo da vila mais próxima apenas para efetuar trocas: mandioca, feijão, bananas e laranjas por ferro, sal, instrumentos agrícolas, armas e pólvora. De maneira geral, esses roceiros se vestiam com camisas e calças de algodão e ambos os sexos cobriam a cabeça com chapéus de feltro desabado. A alimentação era a mesma, seja na cuia de caipiras ricos, seja na de pobres. Cinco ingredientes básicos compunham o cardápio diário: fubá, mandioca, feijão, toicinho e açúcar, que formavam as quatro refeições servidas tanto a senhores quanto a escravos. Os produtos dependiam da técnica disponível, que se resumia ao machado para abater árvores e preparar lenha, à enxada, à foice e ao rudimentar bastão para a semeadura. As terras eram medidas com braças de cipó, enquanto a caça e a pesca baseavam-se no facão, numa arma de fogo, em anzóis e redes. Às vezes, um ou dois escravos complementavam a mão de obra familiar nessas pequenas propriedades. Um calendário agrícola, herdado dos índios, dava lógica ao ciclo de plantações: os tubérculos eram plantados no primeiro ano da roça, entre agosto e setembro, ao passo que os cereais e as leguminosas, o café e a cana, eram plantados, geralmente, no ano seguinte. Garantia-se, dessa forma, a alimentação do grupo familiar no primeiro ano. Derrubadas e queimadas eram feitas nos meses secos: julho e agosto. A dispersão desses moradores irritava as autoridades "ilustradas e fisiocratas", que a culpavam pela "pobreza" local. O primeiro deles, chegado em 1765, Morgado de Mateus, queixava-se: "Observei as povoações e achei que todas são pequenas, ainda as de maior nome, faltas de gente, e sem nenhum modo de ganhar a vida: os campos incultos, tudo coberto de mata brava, a lavoura por mau método, só se planta em mato virgem, pelo pouco que custa e pela repugnância que têm de se sujeitar ao maior trabalho de cultivarem os campos como nesse Reino. Apenas colhe cada um para seu sustento próprio, muito pouco sobeja para vender ao público. Ninguém trata de aproveitar os efeitos do país, por cuja causa se acha o povo reduzido à mais lastimosa pobreza".

Contudo, pobreza bem maior era registrada em áreas urbanas, onde não havia a alternativa da agricultura de subsistência. Em alguns dos antigos núcleos auríferos de Minas, assombrava o número elevado de mulheres paupérrimas vivendo da prostituição. Houve mesmo pais que, desesperados, recorriam à caridade da Câmara para vestir suas filhas cobertas por andrajos e sem condições de apresentar-se em público. Os pequenos, abandonados ou órfãos, assim como os membros dos grupos menos favorecidos, não tinham a quem apelar, vivendo de esmolas e de expedientes escusos; famílias pobres amontoavam-se em cafuas espalhadas pelas encostas dos morros, cobertas com capim, tendo por chão a terra imunda e esburacada. Em 1788, por exemplo, o bispo de Mariana, Minas Gerais, referia-se aos "pobres impossibilitados [...] famílias de homens pardos, pretos, libertos, nascidos na miséria, criados na indigência e sem a menor subsistência". Os viajantes cansaram-se de descrever a população "deploravelmente raquítica e pobre", cujo olhar doentio resultava da alimentação miserável. Mesmo quando paravam para beber água, à beira de uma rústica choupana, o morador vinha logo lhes estender a mão em peditório. O maior cuidado desses europeus que cruzaram o litoral e o interior do Brasil era o de não ser roubados quando cozinhavam os alimentos que levavam.

Em Salvador, por sua vez, James Prior, chegado em 1813, comparou os miseráveis a "pobres e esquálidos objetos", chocando-se com "as crianças seminuas suplicando caridade". Segundo um especialista, os pobres, que haviam vivido a experiência da escravidão ou que descendiam de gente com raízes na África, constituíam a maioria da população indigente que mendigava pelas ruas da capital baiana. Agrupados nos adros de igrejas, nas ruas onde havia mais transeuntes e que levavam às praças e fontes, nos largos onde se abrigavam às portas das instituições de poder, os pedintes respondiam a verdadeiros rituais. Vestiam-se com decência para não provocar repulsa, repetiam os mesmos refrões – "uma esmola, pelo amor de Deus" –, passavam aos sábados pelas sacristias onde se distribuíam as esmolas da semana; as mulheres, no caso, levavam ao colo seus pequenos. Muitas vezes, obtinham como resposta um "Deus lhe favoreça", sinal de que não iam obter nada, tendo, então, de emendar com um "Amém", seguindo adiante em busca de melhor sorte. Ganhavam também ao acompanhar enterros, pois não eram poucos os fiéis que compensavam seus pecados mandando aos testadores que, uma vez falecidos, fossem transportados ou velados por mendigos. Era prova de "humildade". Legados pios eram normalmente distribuídos entre os mais pobres.

A esses pobres, como observara Vilhena em fins do século XVIII, juntavam-se os vadios, indivíduos, segundo a legislação portuguesa, sem ocupação, sem senhor e sem moradia própria. Itinerância e ociosidade eram comportamentos julgados inadequados à ordem social, mas eram, também, a realidade de milhares de famílias que enchiam os campos e as cidades. Em tempos difíceis, essa gente metamorfoseava-se em andarilhos, mendigos e ladrões. Esses "pés leves", "pés ligeiros" ou "gente sem eira nem beira", como eram conhecidos, possuíam sua lógica própria. Não se deixando explorar ou dominar pelo poder senhorial, distanciando-se da escravidão, reafirmando sua condição de livres, tornavam-se intoleráveis ao sistema. Eles violavam abertamente a premissa tão cara à sociedade patriarcal segundo a qual todo homem tinha de ter seu lugar, sua família e seu senhor. Mesmo a Igreja ajudava a patrulhar o trânsito desses "vagabundos" entre diferentes freguesias, exigindo-lhes a apresentação de papéis que comprovassem que haviam comungado pela Quaresma. Caso contrário, não obtinham licença para esmolar. A preocupação em dar-lhes utilidade era constante na correspondência das autoridades. Em 1770, d. José Luís de Menezes, conde de Valadares e governador de Minas Gerais, escrevia ao Morgado de Mateus: "De mulatos, cabras e mestiços abunda esta capitania fazendo-se muitos deles, pela sua vadiação e ociosidade, dignos de se fazerem sair desta capitania e de se empregarem com coisas úteis".

14

A ÚLTIMA FASE COLONIAL

As últimas décadas do século XVIII foram marcadas por acontecimentos internacionais com reflexos no Brasil. Em 1776, as Treze Colônias romperam o domínio inglês, aprovando a Declaração de Independência dos Estados Unidos da América. A Inglaterra, por sua vez, desde meados do século XVIII envolvida no processo de revolução industrial, após sérios conflitos, acatou a independência e acelerou a luta contra o tráfico de escravos, abolindo-o, pioneiramente, em 1807. A essa derrota do sistema colonial moderno nas Américas seguiu-se, em 1791, a revolta dos escravos de São Domingos, com a consequente proclamação de independência do Haiti. Tal rebelião ecoava os acontecimentos da Revolução Francesa nas colônias americanas; graças a ela a escravidão foi temporariamente extinta nas colônias francesas entre 1794 e 1802. Em breve, o velho regime colonial estaria com seus dias contados. A conjuntura econômica e política agravava a situação do lado de cá do Atlântico, pois tinha início a passagem de um regime de monopólios para o de livre concorrência e do trabalho escravo para o assalariado. Livre-cambismo, igualdade civil, trabalho livre, liberdade e propriedade eram considerados direitos naturais do indivíduo. Para o nascente capital industrial, do qual a Inglaterra era o maior representante, a abertura dos mercados das colônias era urgente, tanto para comprar matérias-primas quanto para vender manufaturados.

Um dos efeitos mais imediatos da importância inglesa no cenário internacional foi a dependência cada vez maior de Portugal em relação a esse seu aliado, o que repercutia na concessão de licenças para que comerciantes ingleses se instalassem em portos brasileiros. Graças a isso, navios estrangeiros ancoravam na costa, de Belém a Paranaguá, no atual Paraná, carregando e descarregando um número bastante variado de mercadorias que iam de alimentos a ferramentas e de tecidos a aço. Partiam levando açúcar, tabaco, anil, madeira, cacau, pimenta, ouro e diamantes. Sangravam, assim, o mercantilismo, indiferentes à indignação que provocavam em Lisboa ou às leis e regras monopolistas que se abatiam sobre os brasileiros. A presença britânica, em detrimento do monopólio luso, o enorme contrabando de ouro e açúcar – o mais importante produto de exportação, mais relevante do que o próprio ouro –, o incremento do comércio interno que, como vimos, aumentara o caráter deficitário das transações metropolitanas com a Colônia, acentuavam as características de uma crise do sistema, crise que foi explorada por três conspirações, todas com efeitos imediatos insignificantes, mas capazes de revelar não só a grande influência dos ideais de liberdade disseminados pela Revolução Francesa, como a ideia de que uma eventual independência da América portuguesa começava a tomar forma.

A primeira delas ocorreu em Minas Gerais, em 1788-89, sob os olhos de um governador recém-chegado de Portugal, Furtado de Mendonça. A Inconfidência Mineira registrou articulações e motivações externas e internas ao mundo colonial. Entre as primeiras, conta-se o encontro de um brasileiro, estudante em Montpellier, com Thomas Jefferson. Sob o pseudônimo de Vendek, o jovem José Joaquim Maia reuniu-se em segredo, na cidade de Nîmes, com o enviado dos Estados Unidos à França, para pedir-lhe apoio para uma insurreição. Embora falando em seu próprio nome, Jefferson respondeu-lhe que uma revolução vitoriosa não "seria desinteressante para os Estados Unidos" e, sem maiores promessas, apenas notificou as intenções de Vendeck ao Congresso: "Os brasileiros tencionam instigar uma sublevação e consideram a revolução norte-americana como um precedente para a sua; se houver uma revolução bem-sucedida, será formado um governo republicano". Se tal contato não teve maiores desdobramentos, ele revela que um número razoável de estudantes brasileiros na Europa aproximara-se das chamadas ideias iluministas. Um deles era Domingos Vidal Barbosa, proprietário de terras em Juiz de Fora, grande admirador do abade Raynal, um popularizador do ideário das Luzes. Outro estudante era José Álvares Maciel, formado em Coimbra, filho do capitão-mor de Vila Rica, suspeito de ser membro da maçonaria, sociedade secreta cujos ideais libertários inspirariam a Revolução Francesa e, em menor escala, a Inconfidência. De volta ao Brasil, Barbosa e Maciel encontraram ambiente propício às novas ideias entre sacerdotes, militares, intelectuais e moradores de Minas. A capitania, que fora durante muito tempo uma das fontes da riqueza colonial, possuía uma elite constituída por homens instruídos. Para ficar num exemplo, no ano de 1786, 12 dos 27 brasileiros matriculados em Coimbra eram mineiros. Não se tratava de uma ocorrência isolada: dos 24 envolvidos na Inconfidência Mineira, oito lá haviam estudado. Tal gente se somava aos leitores locais, possuidores de bibliotecas bem fornidas de livros proibidos e perseguidos pelo governo português por seu conteúdo libertário. O cônego Luís Vieira era leitor de Voltaire e Condillac; entre os futuros inconfidentes, como Tiradentes, circulava um exemplar da obra *Recueil des lois constitutives des États-Unis de l'Amérique*, publicada em Filadélfia, em 1778, contendo leis e artigos da Confederação.

Fatores regionais e internos, sobretudo econômicos, vieram rapidamente somar-se aos externos. O declínio da extração aurífera provocava violenta reação da população, permanentemente obrigada ao pagamento anual do imposto de cem arrobas de ouro (1.500 quilos) à Real Fazenda. Diante da resistência dos mineiros, foi aprovada em 1750 a temida derrama, isto é, a cobrança forçada e geral das arrobas deficitárias. Informa um historiador que em 1789, ano da conspiração, o total em atraso era de 528 arrobas de ouro (quase oito toneladas!) e, para cobrá-las, o secretário de Estado

Martinho de Melo e Castro havia enviado enérgicas instruções. A essa causa, junte-se o péssimo governo que tinha tido Minas, sob a batuta de Luís da Cunha e Menezes, o Fanfarrão Minésio, contra o qual Tomás Antônio Gonzaga, ouvidor e poeta envolvido na conspiração, escreveu as *Cartas chilenas*. O novo governador, Luís Antônio Furtado de Mendonça, visconde de Barbacena, tornara-se malvisto não só pela expectativa da derrama que estava encarregado de lançar, como por preferir o isolamento na Fazenda da Cachoeira do Campo.

Reunidos em pequenos encontros secretos, os conjurados mais discutiam a teoria do que a prática. Falou-se sem dúvida em independência, mas havia controvérsias sobre a forma de governo a adotar; Álvares Maciel parecia republicano, enquanto o cônego Vieira era monarquista. A abolição da escravidão também gerava dúvidas: uns eram a favor e outros contra. O programa mais revelava os impulsos imediatos e, sobretudo, regionais que tinham levado esse grupo a se afastar da Coroa portuguesa. Os regulamentos da exploração diamantífera seriam abolidos. A exploração de jazidas de ferro e salitre, assim como a instalação de manufaturas, seria estimulada. Erguer-se-ia uma fábrica de pólvora e uma universidade, esta em Vila Rica, assim como se procederia transferência da capital para São João del-Rei. Todas as mulheres que tivessem certo número de filhos receberiam um prêmio do Estado. Não haveria exército permanente, mas todos os cidadãos deveriam possuir armas e, quando necessário, integrariam a milícia nacional. Cada cidade teria seu próprio parlamento subordinado ao parlamento supremo da capital. E, o mais importante: todos os devedores do Tesouro real seriam perdoados. As críticas ácidas à Metrópole podiam indicar um esboço de "nacionalismo econômico", como já disseram historiadores. O alferes Joaquim José da Silva Xavier, por sua habilidade de dentista alcunhado Tiradentes, dizia que o Brasil era tão pobre, apesar de possuir tantas riquezas, porque "a Europa como uma esponja lhe estava chupando toda a substância, e os Exmos. Generais, de três em três anos, traziam uma quadrilha... que depois de comerem a honra, a fazenda e os ofícios que deviam ser dos habitantes, se iam rindo deles para Portugal".

A Inconfidência Mineira teve três delatores: o português Joaquim Silvério dos Reis, que com sua denúncia obteve o perdão de importantes dívidas à Fazenda Real; o também português Basílio de Brito Malheiros do Lago e Inácio Correia Pamplona, nascido nos Açores. Quando denunciada, a conjura ainda engatinhava. Estava longe de se tornar uma rebelião incendiária. Prenderam-se os envolvidos e tiveram início os inquéritos ou as devassas. Alguns conjurados apressaram-se a escrever ao governador, revelando tudo o que sabiam, com o objetivo de se isentar de suas culpas. Depois da comutação de várias penas de morte em degredo perpétuo ou temporário, somente Tiradentes foi executado, em 1792. Silva Xavier, que, ao longo das acareações negara, a princípio, sua participação, passou depois a se inculpar assumindo uma responsabilidade superior a sua posição social e de saber. Para a defesa dos acusados, foi nomeado o advogado da Santa Casa de Misericórdia, José de Oliveira Fagundes, que habilmente procurou diminuir o crime dos réus alegando que a conspiração "não havia passado de conversas e loucas cogitações, sem que houvesse ato próximo nem remoto começo de execução".

A 18 de abril de 1792, reuniu-se a alçada para a leitura das sentenças. Foram condenados à morte, pela forca, Tiradentes, o tenente-coronel Freire de Andrade, José Álvares Maciel, Alvarenga Peixoto, Abreu Vieira, Francisco Antônio de Oliveira Lopes, Luís Vaz de Toledo Piza, os dois Resende Costa, Amaral Gurgel e Vidal Barbosa – onze ao todo. Ao degredo perpétuo na África foram sentenciados sete réus, inclusive Gonzaga e o coronel Aires Gomes. Quanto aos eclesiásticos, sabe-se que na primeira sentença três foram condenados à morte: os padres Carlos Corrêa de Toledo e Melo, José da Silva e Oliveira Rolim e José Lopes de Oliveira; e dois a degredo perpétuo: o cônego Vieira da Silva e o padre Manuel Rodrigues da Costa. Todavia, remetidos a Lisboa, permaneceram vários anos enclausurados.

Desde 1790, a rainha d. Maria havia decidido comutar a pena de morte dos chefes da conjura em degredo perpétuo, com exceção dos que apresentassem agravantes. Estava neste caso, por sua própria vontade, o alferes Silva Xavier. Eis por que, assistido espiritualmente pelos franciscanos do Rio de Janeiro, Tiradentes preparou-se para a morte. Sua execução ocorreu no antigo largo do terreiro da Polé a 21 de abril de 1792. A caminho dela, parou na igreja da Lampadosa, frequentada por "pretos minas", para suas últimas orações. Foi enforcado e seu corpo esquartejado, sendo suas partes exibidas nos locais onde havia feito pregação revolucionária. Nos meses seguintes, foram enviados para as possessões portuguesas na África sete condenados, dos quais apenas dois regressaram ao Brasil: José de Resende Costa Filho e o padre Manuel Rodrigues da Costa, posteriormente eleitos deputados às Cortes de Lisboa.

Mas não era só em Minas que se liam os livros proibidos de Raynal e Mably ou se discutiam as ideias de igualdade e liberdade. A capital da América portuguesa também tinha seu fórum sobre o assunto. Era a Sociedade Literária do Rio de Janeiro, fundada em 1786 por Luís de Vasconcellos e Souza, vice-rei da época, com o intuito de discutir "a filosofia em todos os seus aspectos". Se antes da Inconfidência alguns de seus membros, baseados na confiança mútua, ousavam debruçar-se sobre assuntos como "a igualdade dos homens", a partir de 1791, com a revolta de São Domingos, os mesmos temas passaram a inspirar profundo mal-estar: "O que sucedeu lá [na América Francesa] demonstrou o que pode acontecer-nos e Deus permita que eu nunca veja", anotava em tom temeroso Manuel José de Novais de Almeida. O fato é que, dois anos depois da execução de Tiradentes, os membros da Sociedade Literária, por ordem do segundo conde de Resende, foram presos e submetidos a longos e exaustivos interrogatórios. Sua liberdade foi outorgada por d. Rodrigo de Souza Coutinho, futuro conde de Linhares e neto de brasileira.

Na Bahia, por sua vez, os mesmos ideais eram discutidos numa loja maçônica, os Cavaleiros da Luz, sediada nos arrabaldes da Barra. O fato de ter num francês, Antoine René Larcher, seu fundador, e de o porto de Salvador receber constantemente a visita de navios que descarregavam, em segredo, gazetas e livros provenientes do Velho Continente, acentuava entre os maçons o interesse pelos ideais da Revolução Francesa. Tal clima, favorável às ideias libertárias, assim como a notícia da participação dos *sans-culottes* – nome que se dava, durante a Revolução Francesa, aos republicanos oriundos das camadas populares – na derrubada da monarquia, acabou por inspirar, em Salvador, outra conjuração: a dos Alfaiates. Distintamente do que houve em Minas, na Bahia levantaram-se representantes dos grupos mais humildes: artífices, soldados, mestres-escolas, assalariados, em grande maioria mulatos, gente exasperada contra a dominação portuguesa e a riqueza dos brasileiros. Seu ideal era a construção de uma sociedade igualitária e democrática em que as diferenças de raça não estorvassem as oportunidades de emprego nem de mobilidade social. Tal como na França, reproduziu-se aqui, também, um profundo sentimento anticlerical. Os discípulos dos chamados "francesismos" não respeitavam os dias de festa religiosa que exigiam jejum de carne, apedrejavam os nichos de imagens sacras nas esquinas das ruas, onde era hábito rezar o terço, atacavam publicamente os dogmas da Igreja, afirmando que não havia Juízo Final, Inferno ou Céu. Conta um observador contemporâneo aos fatos que eles não hesitavam em dizer, ainda, "que as mulheres casadas não eram obrigadas à fidelidade conjugal", ou que "Cristo Sr. Nosso não estava real e perfeitamente no sacramento da Eucaristia, sim num pedaço de pão".

Governava então a Bahia d. Fernando José de Portugal e Castro, futuro vice-rei, ministro, conde e marquês de Aguiar, quando na manhã de 12 de agosto de 1798 começaram a aparecer pela cidade, em lugares públicos e igrejas, pasquins manuscritos tornando pública a sedição. Eram os *Avisos ao povo bahianense*. Dirigidos ao "povo republicano da Bahia" em nome do Supremo Tribunal da Democracia Baiana, o papel – como se chamava esse tipo de pasquim – clamava pelo fim do "detestável jugo metropolitano de Portugal". "Todos os cidadãos e, em especial, os mulatos e negros" eram informados de que "não haverá diferenças, haverá liberdade, igualdade e fraternidade". Quanto à escravidão, os sediciosos baianos, diferentemente dos mineiros, não tinham dúvidas: "Todos os negros e castanhos serão libertados para que não exista escravidão de tipo nenhum". "Democrático, livre e independente" deveria ser o governo, enquanto os membros do clero que pregavam contra a liberdade eram ameaçados. Concluía, exclamando que "a época feliz da nossa liberdade está prestes a chegar; será o tempo em que serão irmãos, o tempo em que todos serão iguais". Um desses papéis, em forma de carta ao prior dos carmelitas descalços da Bahia, proclamava-o "futuro geral em chefe da Igreja baianense". Outro, dirigido ao próprio governador, informava-o de que, num plebiscito do dia 19, fora ele invocado como "presidente do Supremo Tribunal da Democracia Baianense".

Também nessa ocasião, a conspiração, que contaria com seiscentos adeptos, foi denunciada e esmagada antes de propriamente começar. Como não estivesse disfarçada a letra desses escritos, os mesmos foram confrontados com requerimentos existentes na Secretaria do Governo da capitania, apurando-se parecerem de autoria de certo Domingos da Silva Lisboa, português, alferes de milícias. Como, entretanto, depois de sua prisão continuassem a aparecer outros pasquins, prendeu-se como seu autor o soldado Luís Gonzaga das Virgens. Completando esses indícios, um capitão de milícias, um soldado e um ferrador fizeram denúncias ao governador, comunicando-lhe que reuniões suspeitas vinham sendo realizadas no campo do Dique do Desterro, próximo ao convento do mesmo nome. Delas participavam soldados, alfaiates, pardos forros, escravos, etc. As reuniões começaram a ser vigiadas e não foi difícil identificar os principais frequentadores. Dois soldados e dois alfaiates se achavam gravemente comprometidos. Eram eles: o citado Luís das Virgens, autor dos pasquins, ex-desertor das milícias, pardo de 36 anos; Lucas Dantas do Amorim Torres, que se justificou por querer dar baixa do serviço militar, sem conseguir; João de Deus do Nascimento, alfaiate, pardo de 28 anos, partidário das ideias francesas de "igualdade e abundância" para todos, e Manuel Faustino dos Santos, alcunhado o Lira, pardo de 23 anos de idade. Além deles, envolveram-se mais 31 sediciosos, destacando-se o cirurgião formado em Coimbra Cipriano José Barata de Almeida, posteriormente um dos mais ativos jornalistas políticos do Primeiro Reinado. Seguiam-no, na hierarquia social, dois tenentes, um cirurgião prático, também pardo, Sá Couto, o professor de gramática latina do Rio de Contas Francisco Moniz Barreto e o militar Hermógenes Francisco de Aguilar Pantoja, possuidor de notas sobre as "ideias francesas". A maior parte dos acusados era, contudo, composta de gente humilde, inclusive escravos.

As ideias francesas eram vagamente conhecidas por gente de parca instrução. Associavam-nas à garantia de liberdade e igualdade, o que os atraía, pois eram oprimidos por uma conjuntura econômica nefasta que elevava os preços e abaixava salários, alimentando o mal-estar popular. Durante os inquéritos, apurou-se que os conjurados projetavam realizar o saque da cidade para distribuir bens entre todos; se o governador não aderisse ao movimento, seria morto; as portas dos mosteiros e prisões seriam abertas liberando quem quisesse deixar suas celas. A originalidade do movimento consistia na defesa da abolição dos preconceitos de cor e da abertura comercial do porto de Salvador para navios de todas as nacionalidades. Em dezembro de 1798, o príncipe regente d. João determinou que os acusados fossem sentenciados pelo Tribunal da Relação da Bahia. O advogado José Barbosa de Oliveira defendeu-os brilhantemente, alegando que os réus não estavam à altura do crime que lhes era imputado. A sentença foi dada a 7 de novembro de 1799 e, no dia seguinte, foram "exemplarmente" enforcados e esquartejados os soldados Luís Gonzaga das Virgens e Lucas Dantas e os alfaiates João de Deus e Manuel Faustino. Sete outros réus, entre eles cinco pardos, inclusive Sá Couto, foram degredados para a África. José Raimundo Barata de Almeida foi degredado por três anos para a ilha de Fernando de Noronha. Seu irmão Cipriano Barata e o tenente Hermógenes, absolvidos. Os escravos envolvidos na revolta receberam açoites e seus senhores foram obrigados a vendê-los para fora da capitania. Os representantes da elite branca, pouco à vontade num movimento radical, receberam penas leves. A mão da Justiça colonial batia pesadamente, mais uma vez, sobre as camadas populares que ousavam se levantar contra o regime.

15

A CASA DE BRAGANÇA NO BRASIL

Até o período em que se deu a Independência, vivia-se um cenário com algumas características invariáveis: o Brasil continuava a ser um país agrário, com produção monocultora voltada para a exportação e apoiada no braço escravo. Enquanto isso, a Europa do início do século XIX se transformara no teatro das guerras napoleônicas. Em 1807, o rei de Espanha, de joelhos, pedia apoio ao imperador francês; o rei da Prússia tinha fugido da capital ocupada pelos soldados franceses; o *Stathouder* holandês estava refugiado em Londres; o rei das duas Sicílias, exilado em Nápoles; a Escandinávia buscava um herdeiro entre os membros da tropa de elite de Napoleão. A fragilidade portuguesa, em contraste com a robustez militar do inimigo, deixava entrever a invasão. O projeto de transferir a Corte para o Brasil tomou forma quando as tropas napoleônicas, vindas de território espanhol, avançaram sobre a capital. Embora o embarque tenha sido atropelado, a decisão de atravessar o Atlântico não foi imposta pelo pânico. Havia muito se estudava essa possibilidade. Às vésperas da partida, a esquadra portuguesa estava pronta, aparelhada com o tesouro e a biblioteca real. Apesar da ação conspiratória de alguns grupos que desejavam aderir à França, d. João foi avisado com antecedência da chegada de Junot, o general francês. Segundo vários cronistas da época, instalou-se certa confusão, com muitos fidalgos fazendo-se transportar às pressas para os navios, onde não havia mais lugar. O povo de Lisboa manifestava com lágrimas, dor e desolação seu sentimento diante da partida do príncipe. Mas, ao aportar na Bahia, não era um refugiado que chegava, e sim o chefe de um Estado nacional em funções que resolveu migrar para cá.

De acordo com vários viajantes estrangeiros que aqui estiveram, na primeira metade do século XIX a paisagem urbana brasileira era então bem modesta. Com exceção da capital, Rio de Janeiro, e de alguns centros – onde a agricultura exportadora e o ouro tinham deixado marcas, caso de Salvador, São Luís e Ouro Preto –, a maior parte das vilas e cidades não passava de pequenos burgos isolados com casario baixo e discreto, como São Paulo, Curitiba e Porto Alegre. Mesmo na futura Corte, o Rio de Janeiro, as mudanças eram mais de forma do que de fundo. As notícias divulgadas pela *Gazeta do Rio de Janeiro* (1808-22), órgão da imprensa da época, eram tediosas. Até a inauguração do Real Teatro de São João, palco onde se exibiam companhias estrangeiras e artistas, como a "graciosa Baratinha" ou as "madames Sabini e Toussaint", as atividades culturais cariocas não eram suficientes para quebrar a monotonia cotidiana. Além dos saraus familiares e do popular entrudo – uma espécie de Carnaval –, o evento social mais importante continuava a ser a missa dominical. A capital era cortada por ruas estreitíssimas, lembrando a mouraria lisboeta, e as vivendas não tinham vislumbre de arquitetura decorativa. Os conventos eram numerosos, mas apenas habitáveis. A talha dourada das igrejas, inferior às da Bahia, provocava entre os devotos um estímulo às obras de embelezamento. Bairros como Botafogo ou Catete eram considerados arrabaldes, encerrando casas de campo que procuravam abrigo sob a frondosa vegetação. O Passeio Público representava a melhor área de lazer da população. Pelas ruas, sentados sobre barris, os aguadeiros esperavam sua vez diante dos chafarizes que traziam "a linfa mais cristalina" do Alto da Tijuca. Seus gritos se misturavam ao ruído de escravos, mendigos e ciganos. Nas noites de luar, era à beira d'água que famílias se reuniam, entoando modinhas e lundus ao som de violão.

Foi nesse Rio de Janeiro que desembarcaram, a 8 de março de 1808, o futuro monarca e a família real, trazendo em sua bagagem a prataria de uso privado e uma formosa biblioteca para encher horas mortas. O desembarque traduziu-se em imensa festa popular. Os habitantes da capital, atendendo às ordens do conde dos Arcos, receberam o príncipe regente com demonstrações de entusiasmo. As ruas estavam atapetadas de areia da praia e ervas aromáticas, colchas de Goa tremulavam nas varandas e os sinos repicavam. Sob um pálio escarlate se acomodavam o juiz de fora e os vereadores da Câmara. À medida que a Corte descia dos navios, era recebida com uma chuva de flores e plantas odoríferas. Na frente da igreja do Rosário, sacerdotes paramentados com capas de seda incensavam os recém-chegados, enquanto o ar era sacudido por fanfarras, foguetes e o matraquear da artilharia. A chegada da Corte foi retratada num folheto publicado pela Imprensa Régia em 1810 (*Relação das festas...*) em que, sob a forma de uma carta, um narrador conta que a cidade celebrou com nove dias de luminárias a chegada de Sua Alteza Real: em pequenos vasos com óleo de baleia e pavios acesos figuravam o retrato do rei enfeitados com rosas, a África de joelhos oferecendo suas riquezas, a América oferecendo seu coração e os ditos: "América feliz tens em teu seio, do novo império o fundador sublime [...] O povo era tanto nestes nove dias de luminárias que cercava o palácio em grande multidão [...] uns iam sentar-se a bordo do cais, a contemplar o prateado dos mares, outros se entretinham a ouvir a música [...] que vinha de um coreto decentemente ornamentado [...] os louvores do grande e incomparável príncipe". Desde a chegada de d. João, seu aniversário, no dia 13 de maio, passou a ser celebrado com festividades públicas. Em 1808, registrou-se que consistiram em uma grande parada, com audiência e beija-mão à Corte, aos membros dos tribunais e às pessoas mais condecoradas naquele ano. Em 1809, o programa de festejos manteve-se inalterado, tendo sido apenas enriquecido com a inauguração de uma fonte no Campo de Santana, cerimônia que teve "o numeroso concurso do povo". Dez anos depois de estabelecida a família real entre nós, inovou-se a mesma festa com a introdução de um "teatro de Corte".

Na vida da família real misturavam-se representantes da elite urbana constituída por alguns comerciantes de grosso trato como Brás Carneiro Leão, futuro barão de São Salvador de Campos. Coube à inglesa Maria Graham, em sua segunda viagem ao Brasil, em 1823, alguns registros sobre o cotidiano urbano. Os salões de Brás Carneiro Leão, por exemplo, eram decorados ao gosto francês, revestidos de papéis de parede e molduras douradas, além de móveis de origem inglesa e francesa. A neta do anfitrião, como boa filha da elite, falava bem francês e fazia progressos em inglês. Localmente, porém, o exemplo era raro, queixava-se, em 1813, John Luccock, afirmando que a maioria das mulheres costumava desnudar sua falta de educação e instrução. Saber ler – comentava, amargo –, só o livro de reza, uma vez que pais e maridos temiam o mau uso da escrita para comunicar-se com amantes. Debret, por seu turno, confirmava o despreparo intelectual das mulheres de elite. Até 1815, e malgrado a chegada da família real, a educação se restringia a recitar preces de cor e calcular de memória, sem saber escrever nem fazer as operações. A "ignorância", segundo ele, era incentivada por pais e maridos receosos da temida correspondência amorosa. Mesmo os mais ricos não tinham maiores divertimentos. "A vida que se leva aqui é muito monótona; poucas são as distrações e quase não há reuniões", resmungava em 1819 o prussiano Theodor von Leithold, de passagem pelo Rio de Janeiro. Resumiam-se essas reuniões nas conversas nas lojas, antes da ceia e depois de retiradas das portas as mercadorias empoeiradas, ou aos jogos de gamão ou *whist*. O teatro, um velho, sujo e mal ventilado casarão de Manoel Luiz Ferreira ao pé do Paço, tinha uma orquestra deficiente e levava espetáculos de gosto duvidoso. Ao seu lado, relata-nos Leithold, funcionava um café que garantia aos mais aficionados jogos clandestinos. Apesar do meio social insípido, a população fluminense era alegre, expansiva, excitável e ruidosa. Submetia-se, sem maiores resistências, à vida custosa e pouco confortável. Os aluguéis eram altíssimos e comia-se mal. A carne de vaca era de má qualidade, a boa manteiga era importada e o leite intragável. Só as frutas e os legumes eram abundantes. Além disso, o café era quase tão caro quanto em Lisboa. "Não há cantinho do universo onde se seja pior alimentado e pior alojado por preços tão excessivos", queixava-se o inglês John Mawe, que, a pedido do conde de Linhares, se dispusera a administrar a Real Fazenda de Santa Cruz.

Pois foi nesse "cantinho" que se instalou d. João. Primeiramente no Paço da cidade, cujo conforto deixava a desejar para a numerosa família real, seus criados e cortesãos. Depois, graças à generosidade do negociante Elias Antônio Lopes, passou a morar em sua Quinta da Boa Vista, em São Cristóvão. Os coches colocados à sua disposição para o transporte na cidade eram pobres, sem adornos, "ridículos". Para a rainha-mãe fora reservada a única carruagem vinda de Lisboa; era puxada por duas mulas ordinárias e dirigida por um lacaio de vestimenta velha e desbotada. Ia sempre acompanhada de uma dama e precedida de doze soldados mal montados e fardados de forma ainda pior. O transporte do príncipe regente era ainda mais pobre; consistia em uma carruagem antiga, com as competentes cortinas de couro. A princesa, sua esposa, não tinha carruagem; quando não ia com o esposo, contentava-se em sair a cavalo. Todos os demais indivíduos da família real, em número de dez, resignavam-se a andar a pé. Num gesto sutil de alguém incomodado com o seu entorno, um ano depois de sua chegada, d. João mandou, por decreto municipal, substituir por janelas de vidraça os antigos muxarabiês árabes e as gelosias de madeira, que, "além de serem incômodas, prejudiciais à saúde pública, interceptando a livre circulação do ar", enfeavam a cidade. As compensações estéticas encontravam-se na capela da igreja do Carmo ou no Paço, em que o soberano, um apaixonado por música, abandonava-se às composições do pardo José Maurício ou aos acordes de Marcos Portugal. O espaço foi rapidamente transformado em sala de ópera, passando a denominar-se Capela Real. Como atividade pública e social complementar havia ainda as tertúlias – uma espécie de reunião literária – com os padres carmelitas da Lapa (entre os quais frei Pedro de Santa Maria, matemático, frei Custódio Alves Serrão, naturalista, e frei Leandro do Sacramento, botânico) ou no convento franciscano de Santo Antônio, abrigo de uma plêiade de homens cultos, como frei José Mariano da Conceição Veloso ou Mont'Alverne.

O Paço de São Cristóvão distava hora e meia da cidade. Aí instalaram-se o rei, seu filho, d. Pedro, e a infanta Maria Teresa, viúva de d. Pedro Carlos de Espanha, com um filho, menino de 8 anos, e o futuro d. Miguel, de 6 anos e vítima, segundo o prussiano Leithold, de uma voraz verminose solitária. A rainha, por seu lado, residia com as duas outras filhas, dona Micaela Maria, de 18 anos, e dona Josefa, de 15, no Paço da cidade. Com ela, vivia também a tia do regente, viúva do príncipe d. José. O edifício tinha aprazível situação, gozando de vista sobre a cidade e o porto; de ambos os lados estendiam-se altas montanhas e vales povoados de chácaras e tinha um só andar com catorze janelas de frente. Em 1819, foram construídas alas laterais para aumentar-lhe a superfície. Antes de chegar ao Paço, atravessava-se um extenso terraço; uma escadaria circular, com balaústres de ferro pintados de verde e ornamentados com ouro, dava acesso à porta do palácio e, através dessa, à galeria que ocupava toda a extensão da fachada. De um lado dessa modesta galeria abriam-se as ditas janelas, de outro, enfileiravam-se, na parede, pinturas a óleo representando cenas religiosas. O rei costumava sair a passeio num carro aberto e saudava os passantes com a maior amabilidade. Atrás dele seguia uma espécie de guarda de corpo uniformizada e com espadas desembainhadas. Andava pouco, pois sofria de gota. Acompanhado do pequeno infante espanhol, só se aventurava a fazer exercício quando seu estado de saúde permitia. Vivia sob dieta severa e quase não bebia vinho. Era de extrema gentileza com visitantes. Com Leithold conversou em francês, mostrando-se interessado por sua trajetória e opinião sobre o Brasil. O beija-mão, cerimônia igualmente de rigor na Espanha, tinha lugar todas as noites às oito horas, em São Cristóvão e, nas grandes cerimônias, no chamado Paço da cidade. Se não se sentisse bem, adormecesse ou se sobreviesse uma tempestade, o que lhe produzia forte impressão, o rei encerrava-se em seus aposentos e não recebia ninguém. A brilhante assembleia reunida na galeria de São Cristóvão, onde não havia nem bancos nem cadeiras, era então despedida sem nenhum acanhamento e muitas vezes depois de longa espera, conta-nos, atônito, Leithold.

Os membros da família real devem ainda ter participado de vários bailes e banquetes, muitos deles oferecidos por membros da nobreza ou diplomatas estrangeiros servindo no Brasil. No aniversário do príncipe regente da Inglaterra, por exemplo, "fez aqui o ministro daquela corte, mr. Strangford, uma função esplendíssima, ou seja, um baile e a ceia servidos pelos ingleses", menciona o português Luís dos Santos Marrocos em sua correspondência. O visconde de Vila Nova da Rainha, por sua vez, recebeu em seu palácio em Botafogo a princesa d. Carlota com suas filhas e criadas, ao som de excelente orquestra vocal, dança e refrescos. Qualquer baile, e principalmente aqueles a que assistiam membros da família real, obedecia a um ritual claramente definido pela etiqueta da época. Tocava-se a "sinfonia de abertura" e determinadas pessoas abriam o baile. Seguiam-se minuetos, valsas e outras contradanças pela ordem estabelecida pelos mestres-salas. Cabia-lhes convidar cada senhora para cada uma dessas danças, dando-lhes os pares, que eram sempre diferentes. Evitavam-se danças de longa duração por conta de fadigas. O baile era geralmente acompanhado de um banquete, no qual homens e mulheres comiam em separado.

Os momentos de júbilo, assim como os de tristeza, vividos em público pelos Bragança, foram vivamente registrados pela pena do cônego Luís Gonçalves dos Santos, professor de gramática latina do seminário da Lapa, mais conhecido pela alcunha de padre Perereca. Bodas, aniversários e enterros, luminárias, foguetórios e pompas fúnebres por ele descritas constituíam-se claramente num pacto social entre o rei e seus súditos. O culto ao rei e seus ritos seculares eram a expressão do simbolismo dos laços entre a monarquia portuguesa e seu povo no além-mar. Nessas circunstâncias de festas públicas, o rei orava, regozijava-se, ria e chorava, irmanado com seus súditos e funcionando como um instrumento de propaganda em causa própria. As solenidades da Corte, tais como o enlace da princesa Maria Teresa, o casamento do príncipe real, os desfiles alegóricos no Campo de Santana, a aclamação em 1818, verdadeiros restos da liturgia absolutista, traziam para a praça pública, em várias cenas teatralizadas, a ideia de que rei e reino eram uma coisa só. Em público, a personalidade do monarca configurava-se o lugar de encontro da estrutura de poder e das pressões conjunturais que esta sofria. Seus gestos em relação ao povo, sua simpatia e afabilidade para com a Corte, sua devoção religiosa perpetuavam seu poder pessoal.

A relação do regente com essa Corte feita de magistrados, funcionários, monges, visitantes estrangeiros e grandes proprietários de terra, alguns brasileiros, outros lusos, constituía-se num campo de relações clientelistas. A manipulação das tensões entre aqueles nascidos na América portuguesa, que deviam favores, ou a sua ascensão, ao rei, tais como os comerciantes de grosso trato do porto do Rio de Janeiro, cujas casas Sua Majestade frequentava, e aqueles que se orgulhavam de títulos de nobreza e que com a família real haviam transposto o Atlântico permitia ao monarca governar centralizando decisões. Sua preocupação era dupla: não deixar a Corte portuguesa chegar a um grau de decadência ameaçador, pois seu desaparecimento comprometeria sua própria existência e a significação de sua função. Era, contudo, preciso dominar a velha aristocracia emigrada, destituída, no Brasil, de cargos administrativos ou militares. D. João consolidou, então, um sistema fundado na desigualdade e codificado pela hierarquia, fazendo as diferenças parecerem "naturais", chanceladas que estavam por sua presença física na Colônia. Entre um grupo e outro, o monarca manobrava. A economia de amizades e as trocas clientelares eram uma das marcas da monarquia portuguesa. Dar, receber e restituir eram atos que comandavam as relações sociais entre o monarca e seus súditos, provocando um contínuo reforço nos laços que os uniam em crescente espiral de poder; espiral subordinada a uma estratégia de ganhos simbólicos que se estruturava sob os atos de gratidão e serviços.

Um especialista no período não se furta em dizer que não conheceu despacho, reservado ou confidencial, de embaixador, ministro ou encarregado de negócios estrangeiros para seu governo que não se refira com respeito e elogios a d. João. "É curioso verificar que nenhum mesmo tenta fazê-lo, de leve que seja, ridículo", afirma o autor. "Com justiça, nada se encontrava de burlesco neste personagem." A lista de adjetivos que faz do personagem é longa: atencioso, benevolente, curioso, bem informado, bonacheirão, desconfiado, sensível a ponto de chorar fácil e frequentemente, como fez na morte da mãe, na partida das filhas para a Espanha ou ao abraçar o enfermo marquês de Aguiar. E, finalmente, sagaz por cercar-se de gente competente. Os adjetivos, contudo, não esclarecem seu comportamento cotidiano e doméstico. Mas, como seria, para o rei português, viver o que se entendia, na época, por "privacidade", ou seja, o trato de si e de sua família?

Durante sua permanência no Brasil, d. João incentivou o aumento das escolas régias – equivalentes, hoje, ao ensino médio –, apoiando também o ensino de primeiras letras e as cadeiras de artes e ofícios. O príncipe regente criou, ainda, nosso primeiro estabelecimento de ensino superior, a Escola de Cirurgia, na Bahia, em 1808. No Rio, ampliava-se a Academia Militar, enquanto na Bahia e no Maranhão solidificavam-se escolas de artilharia e fortificação. Bibliotecas e tipografias começaram a funcionar, sendo a Imprensa Régia, na capital, responsável pela impressão de livros, folhetos e periódicos, nela publicados entre 1808 e 1821. Com o rei vieram, igualmente, diversos artistas portugueses de valor, entre os quais Joachim Cândido Guilhobel e Henrique José da Silva, aos quais se juntaram os brasileiros José Leandro de Carvalho e Francisco Pedro do Amaral. Em 1816, chegou a Missão Artística Francesa, chefiada por Joachim Lebreton, secretário do Instituto de Belas-Artes da França, pouco depois falecido. Eram seus componentes Nicolas-Antoine Taunay e Jean Baptiste Debret, ambos pintores; Auguste-Marie Taunay, escultor; Grandjean de Montigny, arquiteto que muito influenciou a construção civil na cidade; Charles Simon Pradier, gravador como Zepherin Ferrez; e Marc Ferrez, ornamentista. O pintor Arnauld Julien Pallière, vindo para cá também nessa época, foi o responsável pelo palco urbanístico da Vila Real da Praia Grande, atual Niterói. Em 13 de junho de 1808, com a denominação de Jardim de Aclimação, é inaugurado o Jardim Botânico, com espécimes transplantados da Índia, das ilhas Maurícias e da Guiana Francesa: eram muscadeiras, canforeiras, cravos-da-índia, mangueiras, abacateiros, além de especiarias finas e outros produtos exóticos. Para plantar e colher as folhas do chá, vieram também chineses.

Em 1815, foi criado o Reino Unido de Portugal, Brasil e Algarves, legalizando o fim da condição colonial. O Brasil, contudo, continuava mal unificado internamente. A Corte carioca mantinha um controle rígido sobre as demais capitanias, submetendo-as a encargos fiscais e monopólios. Os colonos não se entendiam com as mudanças sugeridas pelo governo do Rio de Janeiro e acumulavam-se as críticas aos novos dominadores. O mal-estar se agravou com a queda nos preços do açúcar e do algodão depois do fim das guerras napoleônicas e com o aumento de impostos para custear a dispendiosa intervenção militar que valeu a incorporação do Uruguai ao Brasil, como Província Cisplatina. Antigos antagonismos explodirão no processo de independência, nosso próximo assunto.

16

INDEPENDÊNCIA & INDEPENDÊNCIAS

Além de alterar o cotidiano carioca, a transferência da Corte portuguesa teve outros efeitos bem mais profundos sobre a Colônia. O preço pago pelo apoio inglês, não só na proteção aos navios que trouxeram a família real, como também no combate às tropas francesas estacionadas em Portugal, era alto. Ele implicou tratados comerciais, nos quais d. João previa a abertura dos portos "às potências que se conserva[ssem] em paz e harmonia com a minha real coroa", e ainda em tarifas alfandegárias menores para negociantes britânicos. Se isso era desastroso para a economia portuguesa, o mesmo não pode ser dito em relação ao Brasil. Na prática, a nova medida significava a desativação do "exclusivo comercial", mecanismo através do qual a Metrópole impunha os preços – quase sempre inferiores aos do mercado internacional – aos produtos coloniais. É por essas razões que se costuma afirmar que nossa independência teria ocorrido nesse momento, em 1808, e que 1822 teria representado apenas sua consolidação.

Vejamos o que ocorreu entre essas duas datas.

Vale a pena lembrar que, do ponto de vista político, a vinda da Corte teve um efeito ambíguo. Não se tratava de uma simples visita da rainha, "d. Maria, a louca", e de d. João, príncipe regente, com seus demais familiares e lacaios. Longe disso, a transmigração implicou a transferência de inúmeros funcionários régios, boa parte deles pertencente à nata da administração e da aristocracia portuguesas. Uma vez instalada, a nova Corte deu origem a uma situação inusitada: o Império colonial português passa a ter duas sedes, uma em Lisboa e outra no Rio de Janeiro. Enquanto a ameaça napoleônica pairou sobre o mundo europeu, houve justificativa para tal situação. A partir de 1815, porém, ela deixou de existir. Essa data marca a derrota definitiva de Napoleão e, ao mesmo tempo, o progressivo restabelecimento dos sistemas monárquicos europeus.

Na América, a implantação da Corte tropical coincidiu com a difusão da produção cafeeira em larga escala. Para os servidores do regente não era difícil conseguir a confirmação de sesmarias, transformadas rapidamente em imensas fazendas de café. Isso para não mencionarmos a compra de terra ou então o acesso a ela via casamentos e sociedades com a elite local. Dessa maneira, a Corte que acompanhou a família real foi criando raízes no território brasileiro e formando um poderoso grupo contrário ao retorno de d. João VI. A tensa relação entre essa elite e a que permaneceu em Portugal culminou em 1820, quando tem início a Revolução do Porto. Tratava-se de um movimento liberal, voltado para a convocação de uma Assembleia Constituinte, mas que exigia o retorno imediato do rei. Um ano após sua eclosão, d. João e uma parcela significativa de sua Corte retornavam. No entanto, a dualidade de poder não havia sido extinta: como regente brasileiro ficou d. Pedro e, com ele, segmentos importantes do antigo grupo que havia fugido de Portugal. O alvo da pressão volta-se agora para o regente: em 21 de setembro de 1821, um decreto determina seu retorno imediato, na intenção de evitar o risco do retorno do Rio de Janeiro à condição de sede do Império após a morte de d. João VI. Mas d. Pedro resiste a essas pressões e, a 9 de janeiro de 1822, torna pública sua decisão de permanecer no Brasil. Nesse mesmo mês, a metrópole portuguesa nivela o Rio de Janeiro à condição das demais províncias, gesto a que o regente responde com a expulsão das tropas lusitanas do Rio. As duas cortes, dessa forma, disputam o poder, até que, em 7 de setembro, d. Pedro rompe definitivamente com a antiga pátria-mãe, sagrando-se imperador a 12 de outubro do mesmo ano.

Vista sob esse ângulo, a independência do Brasil pode ser definida como um movimento bastante elitista, quase uma disputa entre aristocratas portugueses. Uma imagem que não deixa de ser interessante, embora incompleta. Para compreendermos a especificidade de nosso processo de independência, é necessário lembrarmos que ele conviveu com outros projetos alternativos, pois, havia muito, uma parte da elite colonial aspirava à ruptura com Portugal. Tais propostas de independência, contudo, tinham uma forte marca regional, como fica claro na denominação de duas delas: a Inconfidência Mineira e a Revolução Pernambucana (ocorrida em 1817).

Entre 1820 e 1822, as elites regionais tiveram dúvidas em relação a qual projeto político deveriam seguir. Paradoxalmente, mais do que a "independência" liderada por d. Pedro, o movimento português de 1820 parecia atender ao anseio de autonomia regional. De caráter liberal e constitucional, a Revolução do Porto contou com representantes coloniais, eleitos nas diversas províncias. Essas, por sua vez, passaram a ser beneficiadas pelo direito de eleger suas respectivas juntas governativas. A medida agradava em muito às elites regionais, pois, a partir de então, elas passavam a ter controle sobre o sistema político e as rendas internas das ex-capitanias.

A partir de 1821, a tendência, portanto, era de que a maior parte das classes dominantes coloniais apoiasse o governo português, deixando de obedecer às ordens emitidas pelo Rio de Janeiro. Isso, de fato, ocorreu, mas contou com um importante contraponto: o movimento constitucionalista brasileiro. O sucesso inicial da independência se deve à adesão de várias províncias à convocação da Assembleia Constituinte e Legislativa do Brasil, sugestão acatada pelo regente em 3 de junho de 1822.

A posição de d. Pedro, no entanto, era ambígua. O apoio que dava ao movimento constitucionalista era marcado por ressalvas do tipo: "A Constituição deve ser digna do meu poder", e assim por diante. Não é de estranhar, portanto, que, após o 7 de Setembro, as elites regionais ficassem divididas. Apoiar as cortes portuguesas significava submeter-se a um governo liberal, ao passo que acatar ao imperador implicava o risco de retorno ao absolutismo. Além disso, havia divisões nas tropas estacionadas nas diversas províncias, umas fiéis à Corte portuguesa e outras à carioca. Por isso, a independência foi seguida por uma série de guerras. No Norte e Nordeste, o processo de ruptura com Portugal esteve longe de ser tranquilo. Entre março e maio de 1823, Belém registra levantes pró--Lisboa. O mesmo ocorre no Maranhão, Piauí e Ceará, onde os conflitos armados estendem-se de outubro de 1822 a janeiro de 1823. Na Bahia, as lutas desdobram-se por quase um ano. Tais embates não pararam por aí. Na verdade, tiveram desdobramentos bem mais sérios em outras regiões, e punham em xeque a dominação das duas cortes.

A reengenharia política da independência implicava esvaziar a influência das Cortes legislativas portuguesas, criando uma similar nacional. A medida deu certo e foi auxiliada por algumas iniciativas recolonizadoras dos constituintes portugueses. A elas deve em grande parte ser atribuído o sucesso do Grito do Ipiranga, gesto que, se não contasse com o inestimável apoio das elites do Rio de Janeiro, Minas Gerais e São Paulo, passaria para a história como mais um berro inconsequente do autoritário d. Pedro. A independência, porém, pregou uma peça nessas elites. Um ano após ser convocada, a Assembleia Constituinte foi dissolvida e, em seu lugar, o imperador designou um pequeno grupo para redigir uma Constituição "digna dele", ou seja, que lhe garantisse poderes semelhantes aos dos reis absolutistas. Um exemplo disso foi a criação do Poder Moderador, por meio do qual o monarca reservava para si, entre outras prerrogativas, o direito de nomear senadores, convocar e dissolver assembleias legislativas, sancionar decretos, suspender resoluções dos conselhos provinciais, nomear livremente ministros de Estado, indicar presidentes de província e suspender magistrados.

Não é de estranhar, portanto, que, lá pelos idos de 1824, parte das elites provinciais encarasse a independência como um retrocesso em relação às conquistas da Revolução do Porto. Tal descontentamento, porém, não significava a luta pela "restauração", até porque Portugal, por aquela época, também dava uma guinada rumo ao absolutismo. Em vez de voltar a obedecer a Lisboa ou continuar obedecendo ao Rio de Janeiro, a palavra de ordem agora era de independência local e proclamação da República. E é isso que ocorrerá, em Pernambuco, no ano de 1824, quando então é deflagrada a Confederação do Equador, um movimento republicano e de cunho separatista, ou federalista, que contou com a adesão de fazendeiros, homens simples e também de numerosos padres. A rápida difusão da revolta e a violenta repressão que se seguiu dimensionam o grau de descontentamento reinante. Nada mais do que seis províncias apoiam a rebelião contra o despotismo carioca; três delas, Paraíba, Ceará e Rio Grande do Norte, chegam a fornecer tropas para combater ao lado dos pernambucanos. A repressão, por sua vez, foi violentíssima, deixando como saldo centenas de mortos e dezessete condenados à forca, inclusive clérigos, como Frei Caneca.

Nos anos seguintes, o imperador recua e convoca a primeira Assembleia Legislativa, empossando-a em 1826. O federalismo, almejado pelas elites regionais, continuou, porém, a ser um sonho distante. Para complicar ainda mais o quadro político, d. Pedro, entre 1825 e 1828, enfrenta outro movimento separatista, envolvendo a Província Cisplatina. Essa rebelião, uma vez vitoriosa, dá origem ao Uruguai. A guerra torra grande quantidade de recursos públicos, sendo inclusive uma das causas da falência do Banco do Brasil em 1829. A crise financeira instala-se com o aumento vertiginoso da emissão de moedas para cobrir os gastos públicos, resultando uma inflação igualmente vertiginosa. No Rio de Janeiro, por exemplo, o preço de alimentos básicos da população pobre e dos escravos, como a farinha de mandioca e o charque, dobram em um espaço de poucos anos. O imperador torna-se cada vez mais impopular. Paralelamente a isso, o Exército, ampliado às pressas em razão das lutas contra as tropas portuguesas e grupos separatistas, foge ao controle das autoridades. Compostas em grande parte de mercenários estrangeiros, oriundos das guerras napoleônicas, e homens pobres, muitos deles pardos e negros livres, as forças armadas aliam-se às demais camadas populares nos ataques a comerciantes portugueses. Estes eram odiados por ser considerados responsáveis pela elevação dos preços dos alimentos no meio urbano.

No início da década de 1830, o clima é de guerra civil. Rio de Janeiro, Ceará, Bahia, Pernambuco e Alagoas são palco de levantes armados em que fazendeiros, tropas, pequenos proprietários, índios e escravos se ombreiam, ora contra a centralização do poder, ora como expressão de revolta diante da pobreza e da escravidão. É nesse contexto que d. Pedro I, a 7 de abril de 1831, renuncia ao trono brasileiro. Junto ao medo de ser deposto, havia outro motivo para o gesto: em 1826, com a morte de d. João VI, o imperador tornou-se o virtual sucessor da Coroa portuguesa. Ciente do risco que a ameaça de restauração representava, como munição para movimentos separatistas, d. Pedro renuncia ao trono lusitano em nome da filha, sob o título de d. Maria II. Tal gesto, porém, não é acatado por seu irmão, d. Miguel, lançando Portugal em uma guerra de sucessão dinástica até 1834, na qual, entre os combatentes, estava d. Pedro I – aliás, d. Pedro IV para os portugueses.

Em 1831, a segunda renúncia do imperador buscava apaziguar os ânimos no Brasil. Tal efeito não é difícil de ser compreendido: como herdeiro do trono ficou uma criança – o futuro d. Pedro II –, que nem ao menos havia completado os 5 anos de idade. Na prática, portanto, a abdicação significava a transferência do poder para as elites regionais, tendo em vista que o cargo máximo do governo – inicialmente na forma de regência trina (ou seja, composto de três regentes) e, depois, na forma da escolha de um único regente, como foi Diogo Feijó (1835-37) e Araújo Lima (1837-40) – passou a ser definido via eleição. A descentralização, porém, ao contrário do imaginado, acentuou ainda mais as tendências separatistas. Como vimos, até o imperador, que desfrutava de uma certa legitimidade decorrente do fato de descender de uma casa reinante europeia e de ter comandado o vitorioso processo de independência, viu seu poder contestado. O que dizer então de um regente? Os grupos dominantes derrotados nas eleições mostravam seu descontentamento por meio das armas. Por volta de 1835, tais levantes assumiram um perfil claramente separatista. No Pará, uma revolta política lança a província em uma violenta guerra civil, que se estende por cinco anos. A independência local chega a ser decretada, mas os rebeldes, autointitulados cabanos, são violentamente esmagados, deixando como saldo cerca de trinta mil mortos, ou seja, cerca de 20% da população provincial. No extremo sul do país, a Farroupilha tem melhor sorte. A independência do Rio Grande do Sul é alcançada e, durante os anos 1835-45, a então denominada República do Piratini mantém-se separada do Brasil.

Em várias outras províncias, os movimentos separatistas ou federalistas se sucedem, assumindo designações que lembravam o mês de sua ocorrência – Abrilada, Novembrada – ou o nome de seus líderes, como no caso da Sabinada. Vez por outra, porém, tais movimentos fugiam ao controle da elite, tornando-se levantes populares. As chances de esses grupos alimentarem seus projetos de independência eram grandes, pois, nos embates com as tropas oficiais, os fazendeiros armavam os cativos e homens pobres. Além disso, os movimentos separatistas criavam divisões no interior das elites, como era o caso dos liberais exaltados se contrapondo aos grupos que procuravam se alinhar ao governo regencial. Ora, a divisão entre os senhores dava maior eficácia aos movimentos de contestação escravistas, arriscando todo o sistema a sucumbir em razão da luta de classes. Essa possibilidade foi registrada em 1835, quando da descoberta de planos de um levante de escravos muçulmanos em Salvador. Detalhe da Revolta dos Malês: os cativos pretendiam matar todos os brancos e decretar uma monarquia islâmica na Bahia. O Maranhão também apresentou um movimento rebelde com características populares. Iniciada em 1838, entre as elites, essa revolta escapou ao controle delas, passando a ser liderada por um escravo fugido e por um fazedor de balaios (cestos produzidos com talas de palmeiras ou de cipó). A então denominada Balaiada chegou a reunir um exército de onze mil revoltosos, espalhando terror entre as elites maranhenses e de províncias vizinhas. Nesse contexto de risco de os pobres e escravos assumirem o controle do poder, reproduzindo em grande escala o ocorrido no Haiti em fins do século XVIII, é que se articula entre 1837-40 o retorno dos mecanismos centralizadores do Primeiro Império. O regresso conservador abrirá caminho para a repressão eficaz aos movimentos separatistas e aos levantes de escravos, assim como articulará um projeto nacional que manterá intacto o território brasileiro herdado do período colonial. Contudo, não foram poucos os obstáculos enfrentados por esse projeto. Desde a época da independência, vários testemunhos registraram a ausência de uma identidade nacional brasileira e o desafio de construí-la. Pressentindo as resistências regionais à centralização, o viajante francês Saint-Hilaire constatou, em 1820, no Rio Grande do Sul: "Nesta capitania até os cães latem de um modo diferente".

17

O BRASIL COMO NAÇÃO

Em meados do século XIX, a capital do Império viu surgir uma nova moda cultural: a de procurar vestígios de antigas civilizações que teriam existido no interior do Brasil antes da chegada de Cabral. Tais incursões, promovidas pelo prestigiado Instituto Histórico e Geográfico Brasileiro, ou, mais sucintamente, IHGB, não eram organizadas por lunáticos, mas sim por renomados intelectuais da época que contavam, inclusive, com o apoio do governo imperial. A primeira delas, realizada em 1839, teve dimensões modestas, destinando-se a buscar vestígios arqueológicos nas imediações do Rio de Janeiro, onde se acreditava existir – na Pedra da Gávea, sintomaticamente denominada Esfinge – escritas rupestres de autoria de antigos fenícios.

Embora essas suspeitas não tenham se confirmado, a esperança de novas e espetaculares descobertas não desapareceram. Tanto foi assim que, em 1840, iniciaram-se os preparativos de uma arrojada incursão ao sertão baiano com o objetivo de confirmar informações, que circulavam desde o século XVIII, a respeito das ruínas de uma cidade antiga nas remotas matas do Cincorá. Como seria de esperar, essa expedição, apesar de ter durado vários anos, não obteve sucesso.

Nem tudo, porém, era fracasso. Alguns empreendimentos científicos, embora não vinculados diretamente ao IHGB, resultaram em descobertas surpreendentes. Isso ocorreu, por exemplo, em Lagoa Santa, Minas Gerais, onde o cientista dinamarquês Peter Lund identificou, na década de 1840, fósseis humanos pré-históricos, confirmando as expectativas sobre um antiquíssimo povoamento do território brasileiro.

Animados com essas descobertas, os membros do IHGB reiniciaram as explorações arqueológicas, identificando, em várias partes do território brasileiro, sambaquis – uma espécie de depósito de lixo pré-histórico. Alguns desses depósitos alcançavam dimensões gigantescas e, no entender da época, bem que podiam esconder no seu interior construções monumentais. Foi isso pelo menos o que imaginou o erudito Francisco Freire Allemão, que, também na década de 1840, tendo por base informações de um grande sambaqui, escreveu uma monografia a respeito de uma suposta "pirâmide" localizada no Campo Ourique, no Maranhão.

Paralelamente a essa arqueologia fantástica, desenvolveu-se na capital do Império uma linguística igualmente fantástica, na qual aquele que é considerado o fundador da historiografia brasileira, Francisco Adolfo de Varnhagen, procurou demonstrar, por meio da comparação de vocábulos indígenas com os de antigas civilizações, a origem euroasiática dos povos tupis-guaranis. Com base nesse conjunto de indícios, especulou-se a respeito da origem dos índios do Brasil, quase sempre afirmando que eram "povos decaídos", ou seja, descendentes de altas civilizações mediterrâneas, como a dos egípcios ou fenícios, que haviam regredido ao estado de selvageria. O imperador d. Pedro II não se furtou ao debate, escrevendo, na década de 1850, aos diretores do IHGB para que procurassem responder o mais rapidamente possível: quais são os vestígios que podem provar a existência de uma civilização anterior aos portugueses?

E, mais ainda, em um rompante de etnólogo amador, o imperador sugeriu uma nova questão, interrogando: existiram ou não as amazonas no Brasil?

Aos olhos do leitor atual, esses insólitos empreendimentos científicos podem parecer piada. Na época, porém, o tema era levado a sério. Para compreendermos a razão disso, devemos ter em mente que as buscas arqueológicas oitocentistas eram uma espécie de ponta de *iceberg* de outra questão fundamental da época: a identidade nacional brasileira.

E essa será a questão de que trataremos a seguir.

Conforme mencionamos em páginas anteriores, logo após 1822 surgiram movimentos que questionavam o projeto político imperial carioca e reivindicavam o federalismo ou até a independência de suas respectivas regiões. A luta contra esses movimentos demandou extraordinários recursos humanos e financeiros. Sua evolução também esteve longe de ser linear. Em 1831, a abdicação de d. Pedro I ao trono significou uma vitória das forças descentralizadoras, havendo o que se convencionou chamar de "experiência republicana", tendo em vista a eleição direta de regentes, uma espécie de presidente da época, como foi o caso de Diogo Feijó.

No entanto, a abdicação não diminuiu o ímpeto separatista. Ao contrário, o período que se estende até 1848 foi caracterizado pelo avanço desse segmento. A elite imperial não só ordenou o massacre dos rebeldes das províncias, como também procurou criar instituições que viabilizassem o projeto monárquico. Os intelectuais vinculados a esse projeto investiram, por sua vez, no combate aos movimentos separatistas, mostrando que os brasileiros constituíam uma nacionalidade com características próprias. Em outras palavras, para ser viável, o Império deveria não só se impor por meio da força, como também por intermédio de boas instituições e de uma identidade coletiva que justificasse a razão de ser da nação que estava se formando.

Para felicidade desses intelectuais, a última questão também era enfrentada por boa parte dos países europeus, em processo de unificação, facultando-lhes assim um conjunto bastante rico de discussões a respeito da construção da identidade nacional. A instituição que centralizou tais debates foi o já referido Instituto Histórico e Geográfico Brasileiro, fundado em 1838. O IHGB reuniu historiadores, romancistas, poetas, administradores públicos e políticos em torno da investigação a respeito do caráter nacional brasileiro. Em certo sentido, a estrutura dessa instituição, pelo menos enquanto projeto, reproduzia o modelo centralizador imperial. Assim, enquanto na Corte localizava-se a sede, nas províncias deveria haver os respectivos institutos regionais. Estes, por sua vez, enviariam documentos e relatos regionais para a capital, onde se trataria de escrever a "história do Brasil".

Nas discussões que se seguiram imediatamente à fundação do IHGB, a versão do que seria o elemento central da história nacional, ironicamente, foi definida por um estrangeiro. Segundo o esquema proposto por Karl von Martius, naturalista alemão, a história do Brasil resultaria da fusão de três raças: branca, negra e índia. Com certeza, nos dias de hoje tal definição não é levada a sério, pois sabemos que a história não é um subproduto das raças. Além disso, do ponto de vista cultural, os três grupos mencionados não formaram unidades homogêneas, nem muito menos mantiveram relações igualitárias no Novo Mundo, como a noção de fusão sugere. Na época, porém, a tese de Martius estava em dia com os mais avançados debates científicos que, por intermédio da análise das diferentes misturas entre anglo-saxões, francos, normandos, celtas e romanos, tentavam explicar as diferentes nacionalidades europeias. Talvez a extraordinária repercussão da interpretação adotada pelo IHGB resulte desse pretenso rigor, que encantou não só a historiadores, mas também a romancistas e poetas.

A "teoria" das três raças se fundindo e formando a nacionalidade apresentava ainda dois atrativos suplementares. Em primeiro lugar, mostrava que os brasileiros eram diferentes dos portugueses, sendo legítimas, portanto, as aspirações de 1822. Em segundo lugar, tal interpretação procurava esvaziar a legitimidade dos movimentos separatistas, unificando, em uma única categoria nacional, o conjunto de habitantes dispersos pelas várias regiões do Império, contribuindo assim para a formação de uma identidade brasileira diferenciada daquela do antigo colonizador.

Mas o sentimento de ser "diferente" em relação aos antigos metropolitanos era abordado pelos intelectuais de maneira contraditória. É bom ter sempre em mente que, tal qual o imperador, boa parte da elite monárquica descendia de portugueses. Como se não bastasse isso, romper totalmente com o passado significava romper com os laços europeus, laços que, segundo o ponto de vista de muitos, coloriam o passado brasileiro com tintas de civilização.

No texto elaborado por Martius, que durante décadas serviu de guia a respeito de "como se deve escrever a história do Brasil", o tema do contato das três raças é explorado de maneira exemplar. Nele, a contribuição portuguesa para a formação da nacionalidade brasileira é associada a instituições políticas, econômicas e religiosas; em outras palavras, às formas de vida civilizadas. Já a contribuição dos negros é apresentada de maneira contraditória, havendo sucintas alusões aos conhecimentos dos africanos em relação à natureza e, ao mesmo tempo, a seus preconceitos e superstições.

Segundo tal interpretação, o que faria do Brasil uma sociedade positivamente diferente da portuguesa não seria propriamente a presença africana – esta, conforme veremos, combatida por meio de leis favoráveis à extinção do tráfico internacional de escravos –, mas sim a indígena. Em relação a este segmento, a posição de Martius foi a de não mencionar uma contribuição, mas sim indicar que eles eram "ruínas de povos", ou seja, descendiam de uma antiga civilização que teria migrado para o Novo Mundo e entrado em decadência, regredindo ao estado de selvageria. Ora, essa sutil nuança em relação aos outros dois povos formadores da nacionalidade brasileira tinha importantes implicações. Se refletirmos um pouco, perceberemos que Martius transferiu para o futuro a definição do que seria a contribuição indígena; dependendo dos rumos tomados pelos estudos arqueológicos e linguísticos, mencionados no início do presente capítulo, essa contribuição poderia ser considerada tão importante quanto a dos portugueses.

Cabe lembrar ainda que, por essa época, os principais centros econômicos do Império contavam com uma população indígena residual. Tal situação abria margem para a análise desse grupo enquanto elemento já incorporado à sociedade brasileira. Haveria, assim, na química simbólica da nacionalidade brasileira, um misterioso ingrediente que, quando estudado com o devido cuidado, poderia revelar um passado monumental, rival até ao europeu.

Para os intelectuais vinculados a esse debate, a descoberta de vestígios de uma ou de várias complexas sociedades no território brasileiro era uma questão de tempo. Tal crença, por sua vez, resolvia, por assim dizer, um dilema que a muitos assustava: se os portugueses eram a única fonte de comportamento civilizado da nossa índole nacional, quais seriam, ao longo do tempo, os resultados do rompimento com a Metrópole? Haveria um retrocesso? Assumir uma identidade não branca, no mínimo, abalaria a autoestima dos súditos da nova nação. Afinal, quais seriam as razões para os brasileiros se orgulharem de ser brasileiros?!

Ora, é justamente nesse ponto que a apropriação de uma tradição indígena, baseada na existência de uma fantasiosa e ancestral "alta cultura", desempenhou um papel central na "química" da nacionalidade. Aos índios podia ser atribuído o que, supostamente, faltava ao negro, permitindo-lhes rivalizar com os brancos. Da ótica do pequeno grupo de intelectuais que, na época, refletiu a respeito da identidade nacional brasileira, os primeiros habitantes do Brasil passaram a ser vistos como portadores de valores que até os portugueses da Época Moderna, marcados pela ânsia do lucro e do acúmulo de bens materiais, haviam perdido. Para os autores que adotaram esse tipo de concepção, o mundo indígena teria conservado a nobreza, a generosidade e a bravura do mundo antigo, valores que não existiam mais nas sociedades contemporâneas. A tradição indígena – ou a invenção dessa tradição – fornecia, por assim dizer, os ingredientes que faltavam para fazer do brasileiro um ser diferente do português, mas nem por isso inferior.

Boa parte da literatura brasileira do século XIX, como as clássicas obras produzidas por Gonçalves Dias e José de Alencar, estende raízes nesse intricado debate. A cada "ossinho" encontrado em cavernas, a cada desenho rupestre identificado, a cada novo rumor de cidades perdidas nas selvas, cresciam as expectativas a respeito das descobertas de altas civilizações indígenas que teriam existido no território brasileiro. Essas expectativas, por sua vez, devido às características da vida intelectual no Império, conquistaram um público bem mais amplo do que o restrito grupo de sócios do IHGB. Por essa época, havia no Brasil muito pouca especialização da atividade intelectual. Um indivíduo podia, ao mesmo tempo, ser magistrado, jornalista, romancista, poeta, historiador, arqueólogo, naturalista, transitando, assim, em diversas áreas de conhecimento.

Para compreendermos as consequências dessa situação, é necessário sublinhar que, nas primeiras décadas do século XIX, observamos no Brasil o florescimento do romantismo. Em linhas gerais, os românticos caracterizavam-se pelo ecletismo filosófico, propondo criar um meio-termo entre ciência e religião; estranha combinação que, pelo menos entre alguns autores da época, desdobrava-se em uma aproximação da ciência com a literatura e a poesia. O romantismo também fazia oposição à ideia de que as sociedades tinham a mesma origem, evoluindo da mesma maneira, ou ainda que a história humana fosse guiada por algum objetivo, como aquele relativo à busca do progresso ou da liberdade. Ao contrário das teorias evolucionistas do século XVIII, os românticos não classificavam as nações como atrasadas, mas sim como diferentes entre si.

Ao considerar a nacionalidade como algo a ser descoberto, o romantismo em muito contribuía para a superação intelectual da experiência colonial. Daí, inclusive, a busca pelo passado indígena. Justamente por não se saber ao certo a origem dos índios, as descobertas arqueológicas que estavam para ser feitas poderiam sugerir novas formas de entender e de valorizar a identidade nacional brasileira. Cabia aos intelectuais aprofundar os estudos e criar meios pedagógicos de sua divulgação. Misturando arqueologia com poesia, linguística com romance de folhetim, pintura com ópera, foram elaboradas, representadas, divulgadas e debatidas explicações de como o Brasil se tornou brasileiro. O leitor, caso queira confirmar isso, deve folhear os antigos números da *Revista do IHGB*, visitar museus que conservam quadros de Victor Meireles, ouvir um CD de Carlos Gomes ou então correr à estante e abrir, em uma página qualquer, algum romance de José de Alencar.

18

1850: MUTAÇÕES

A década de 1840 não foi somente a de busca de cidades perdidas... Os dirigentes do Império tinham consciência de que, sem instituições sólidas, não seria possível construir uma nação. Em outras palavras: não bastava convencer as elites regionais de que elas eram brasileiras, era também necessário acenar com vantagens, mostrar, por exemplo, que a monarquia era um antídoto contra a guerra civil vivida no período regencial, ou então que ela era capaz de tratar da questão escravista, garantindo a transição lenta do sistema, proporcionando formas de trabalho alternativas aos fazendeiros. Daí a obsessão da época em torno da questão da ordem, preocupação que se desdobrará, por um lado, em um arranjo político conservador e, por outro, em uma transformação radical da sociedade, decorrente da vinda em massa de imigrantes europeus.

Vejamos como se desenvolveu essa combinação de conservadorismo político com mudança social.

Desde 1835 havia poderosos defensores da antecipação da ascensão de d. Pedro ao trono, prevista para 1843, quando então o futuro monarca completaria 18 anos. O denominado Golpe da Maioridade, que ocorreu em 1840, representou a vitória desse grupo e sagrou o jovem imperador – que nem mesmo havia completado 15 anos de idade – como representante da nação. O retorno de um membro da casa de Bragança ao trono foi acompanhado por uma série de medidas legais que combatiam os chefes e caudilhos locais, revigorando os dispositivos da Constituição de 1824 através do Poder Moderador, abolindo inovações regenciais, tais como a eleição de presidentes de província, que passaram a ser indicados pelo monarca, e subordinando a autoridade policial ao Ministério da Justiça. O sistema político que emergiu das lutas dos primeiros vinte anos da independência apresentava, por isso mesmo, um forte sabor centralizador: o imperador reinava, governava e administrava.

Todavia, ao mesmo tempo que isso ocorria, os dirigentes do Império, escaldados pelas duras lutas contra as revoltas regionais, procuraram conquistar os fazendeiros, legitimando, por meio da mediação do Estado, a dominação que exerciam localmente. Para tanto, trataram de consolidar os partidos políticos liberal e conservador, com o objetivo de mostrar aos proprietários que na monarquia não haveria monopólio de poder nas mãos de um único grupo. Com o intuito de viabilizar essa política de cooptação, o reinado de d. Pedro II também distribuiu prodigamente títulos de nobreza. Assim, enquanto d. Pedro I concedeu de dois a cinco títulos de barão por ano, seu sucessor elevou essa média para dezoito títulos. É possível dizer, portanto, que, durante o Segundo Império (1840-89), a cada dois meses tínhamos três novos barões; muitos deles mulatos endinheirados pelo café, que causavam escândalo entre viajantes europeus racistas, como o conde de Gobineau, e eram alvo do deboche popular. Risos à parte, essa sutil forma de conquistar os "mandões" locais serviu como uma maneira de compensá-los simbolicamente pela perda de parte do domínio que, sem interferência de poderes públicos, antigamente exerciam.

Contudo, a transição para um sistema político centralizado não ocorreu sem conflitos. Em 1842, oligarquias regionais, como as de Minas e São Paulo, lideraram a Revolução Liberal, pegando em armas contra o governo do Rio de Janeiro. Na combativa província de Pernambuco, durante a Revolução Praieira de 1848, os rebeldes contaram com a adesão popular, havendo até a defesa da reforma agrária, o que em muito assustou os grupos conservadores, que, talvez pela primeira vez, fazem menção à "ameaça socialista" que pairava sobre o Brasil, conforme se lê nas devassas feitas contra os insurgentes.

Ao cabo de uma década, as instituições e articulações políticas dos dirigentes do Império foram suficientemente eficazes a ponto de sufocar os revoltosos e convencer as elites locais da importância e viabilidade do projeto centralizador. Nesse sentido, 1850 representa um marco do que se planejara desde o Golpe da Maioridade. Pode-se mesmo afirmar que esse ano consolida 1822: finalmente cessam os projetos de independência "alternativa" liderados pelas elites provinciais, e a monarquia firma-se como o sistema político que garantia a manutenção da unidade territorial herdada do período colonial. Uma nova etapa da história brasileira vem à luz. A manutenção da ordem adquire, a partir de agora, uma conotação mais ampla, não exclusivamente repressiva, mas que também valoriza um projeto civilizador da sociedade por meio da supressão da escravidão.

A ideia, aliás, não era nova. Na malograda Constituinte de 1823, José Bonifácio a defendera, propondo a adoção de leis que gradualmente emancipassem o que então denominou "inimigos domésticos", considerando tais medidas a única maneira de garantir a formação de uma nação civilizada. Essa proposta, contudo, não vingou. De fato, não é difícil compreender as razões desse fracasso: entre 1820 e 1840, o café expandiu-se vertiginosamente pelo interior do Rio de Janeiro, levando à necessidade cada vez maior de mão de obra, com a consequente importação em larga escala de africanos, até que, em 1850, o gabinete conservador, liderado por Eusébio de Queirós, sancionasse uma lei extinguindo o tráfico internacional de escravos. Em certo sentido, tratava-se de um paradoxo: conservadores implementaram mudanças que nem mesmo os liberais radicais tiveram coragem de propor por ocasião das revoltas do período regencial. Uma maneira de explicar essa ousadia é atribuí-la às pressões inglesas.

A revolução industrial valorizou a formação de mercados de consumo. Além disso, nos fins do século XVIII surgiram críticas filosóficas ao sistema escravista. Segundo tal ponto de vista, a igualdade humana é um produto natural que a civilização corrompeu, dando origem ao despotismo ou, pior ainda, à escravidão. Uma abundante literatura, sob essa inspiração, veio à luz pela pena de humanistas e publicistas europeus. Se, em termos de conselhos práticos, os intelectuais sugeriam reformas aos administradores coloniais, do ponto de vista do discurso filosófico, faziam da crítica à escravidão uma maneira de condenar o absolutismo europeu, conforme panfletos, poemas, peças de teatro e romances da época da Revolução Francesa muito bem ilustram. A rebelião escrava, nessa literatura, tornou-se sinônimo de luta contra o poder que não conhece limites, aquele que oprime impunemente e que é desumano por natureza. Em *Les chaînes de l'esclavage* [As cadeias da escravidão], de 1774, por exemplo, Jean-Paul Marat emprega a metáfora da "escravidão" para produzir um violentíssimo livro contra o governo monárquico da época.

É nesse contexto intelectual que nasce o movimento abolicionista. De certa maneira, um sinal de enraizamento dos valores humanitários na sociedade europeia e também uma expressão da luta política contra as diversas formas de opressão existentes. A confluência entre a "opinião pública" abolicionista – gente que muitas vezes nunca havia visto um escravo de perto, mas nele projetava suas amarguras e sofrimentos – e os interesses econômicos da nascente revolução industrial fez surgir um poderoso movimento antiescravista em escala mundial.

A Inglaterra é, certamente, o melhor exemplo disso. Em 1807, foi abolido o tráfico de escravos em todos os territórios ingleses. Nos anos seguintes, graças à pressão diplomática sobre Portugal, são firmados tratados em 1810, 1815 e 1817, que previam, para breve, o fim do tráfico no Brasil. Após a independência, mudam apenas os negociadores. Entre 1826 e 1830 são assinados novos acordos, que transformam o tráfico em pirataria, atividade ilegal em qualquer ponto do oceano Atlântico. No ano de 1845, por decisão unilateral inglesa, é aprovado o *Aberdeen Act*, que permitia o ataque por parte de navios ingleses aos navios de traficantes também em portos brasileiros.

Embora se deva reconhecer a importância dessas medidas, é difícil atribuir exclusivamente a elas a razão do fim do tráfico de escravos. Aliás, cabe perguntar: se a pressão inglesa era assim tão avassaladora, por que o tráfico não foi abolido em 1810 ou em 1830?! Na verdade, o que surpreende é a capacidade das elites brasileiras de resistir ao imperialismo inglês. Talvez elas tenham finalmente cedido, extinguindo o tráfico em 1850, por temerem outro tipo de ameaça: aquela proveniente da sociedade escravista, consubstanciada nas rebeliões da senzala; temor intensificado a partir de 1835, em razão da Revolta dos Malês, em Salvador, quando então foram descobertos planos, escritos em árabe, que, entre outras coisas, previam a morte de todos os brancos imediatamente após os escravos conquistarem o poder.

Para quem vivia no Brasil dessa época, tal possibilidade estava longe de ser absurda. Se analisarmos os dados referentes à colonização da América portuguesa, veremos que havia um forte desequilíbrio entre a população livre e a cativa. Assim, por exemplo, as estimativas relativas ao período de 1500 e 1822 sugerem que, no máximo, um milhão de portugueses vieram para o Brasil, ao passo que o número referente aos africanos é da ordem de três milhões. O período imediatamente posterior à independência não corrigiu esse desequilíbrio, acentuando-o em uma escala nunca vista durante a época colonial: entre 1821 e 1830 chegavam anualmente 43 mil africanos a portos brasileiros, ao passo que a entrada de portugueses foi inferior a mil por ano. Nas duas décadas seguintes, o número destes últimos imigrantes dobrou, mas continuou ainda bastante inferior às médias de desembarques anuais de africanos. Foram registradas até 1850 as chegadas de cerca de 33 a 37 mil escravos negros por ano. Além disso, um em cada três portugueses retornava a Portugal alguns anos depois de, como se dizia na época, "fazer o Brasil". A historiografia oficial sempre procurou esconder ou camuflar o predomínio de africanos como "povoadores forçados" do território brasileiro, mas os líderes do Império nunca deixaram de perceber e escrever amargas notas a respeito do predomínio de negros no conjunto da população, alertando por isso mesmo para o constante risco de rebelião escrava.

Talvez a expressão que melhor sintetize essas preocupações seja medo da africanização, ou seja, medo da importação de escravos, que, segundo as visões preconceituosas da época, além de ser um risco para a segurança pública, afastava o Brasil das "rotas da civilização". Uma vez mais, essa questão é mais bem compreendida se lembrarmos os debates europeus. Dessa maneira, cabe sublinhar que, na época em que nasceu o movimento abolicionista europeu, também surgiram as primeiras teorias racistas com base na biologia.

A raça passou a ser uma condição herdada. Algo bem diferente do que ocorria no início da expansão ultramarina europeia, quando então o termo dizia respeito à religião que o indivíduo professava. O século XVIII altera radicalmente essa tradição. Mais ainda, questiona a interpretação bíblica de que todos os homens descenderiam de Adão e Eva. Postula-se, por exemplo, a origem independente dos africanos, considerados então como uma espécie humana inferior. Assim, a Europa que chora em relação aos sofrimentos dos escravos, é aquela que, como a França, sanciona leis, a partir de 1763, proibindo a entrada de negros e casamentos inter-raciais em seu território, ou a que, como a Inglaterra, funda colônias africanas, a primeira delas em Serra Leoa (1786-87), com o objetivo de deportar negros livres que moravam em Londres ou em outras importantes cidades portuárias britânicas, como Liverpool e Bristol.

No Brasil, o medo da africanização era, dessa forma, um "produto" a mais importado da civilizada Europa. Só que, no contexto da sociedade imperial, esse preconceito contava com um importante contraponto: a necessidade de trabalhadores para a agricultura. No intuito de conseguir apoio dos fazendeiros, a política adotada pelos reformistas foi estimular a vinda de imigrantes europeus, destinados a fazer com que a sociedade brasileira não necessitasse mais de seus "inimigos domésticos". Uma outra vertente caminhou no sentido de reformar a escravidão, procurando de certo modo "europeizar" os trabalhadores da senzala. Não por acaso, na transição da primeira para a segunda metade do século XIX, proliferaram, entre os grandes fazendeiros, manuais esclarecendo o tratamento a ser dado aos escravos. Um exemplo: o *Manual do agricultor brasileiro*, de autoria de Carlos Augusto Taunay, pioneiro da cafeicultura em seu sítio na Tijuca, Rio de Janeiro. Embora considerasse a escravidão "uma violação do direito natural", o autor julgava que era preciso defendê-la por ser importante para a economia do Império. Taunay propunha um modelo paternalista de gestão dos escravos: uniformização do tratamento, alimentos e roupas suficientes, melhoria do estado sanitário das senzalas, adequação do trabalho às habilidades dos cativos e rigorosa disciplina. Já o fazendeiro do Vale do Paraíba, grande produtor cafeeiro, Francisco Peixoto de Lacerda Werneck escreveu, em 1847, uma memória dedicada ao filho, explicando-lhe usos e costumes para que pudesse assumir "a vida laboriosa" de agricultor. O escravo, explicava, não era um inimigo. Mas um aliado. Daí o gestor não poder ser "frouxo" nem "severo", mas "justo".

O ano de 1850 foi, nesses debates, um marco divisor de águas. Embora, após a extinção oficial do tráfico, tenham sido registrados alguns desembarques clandestinos de africanos, estes foram em pequeno número e, dez anos após a promulgação da referida lei, o Brasil havia definitivamente deixado de ser um país importador de escravos. Cresce, então, o tráfico interno, deslocando milhares de cativos das regiões açucareiras em crise para as fazendas de café do Sudeste. Registra-se, também, a progressiva chegada de proletários da Europa, vindos nos antigos navios negreiros, reaproveitados pelas companhias de colonização.

Paralelamente à vinda de europeus, assistiremos a uma migração de costumes. De 1840 a 1889, em todos os aspectos do cotidiano brasileiro procurou-se imprimir a marca europeia. No café da manhã, por exemplo, o pão "francês" substitui a mandioca cozida, enquanto no almoço a cerveja começa a ser registrada e, na sobremesa, os sorvetes (gelo, importado dos Estados Unidos, ralado e misturado a essência de frutas) disputam, palmo a palmo, com os centenários doces, cujas receitas foram transmitidas de geração a geração nas fazendas açucareiras coloniais. As formas de tratamento também não ficam imunes a essas mudanças: expressões tradicionais, portuguesas ou resultados da influência africana, como dona, sinhá ou iaiá, dão lugar a denominações afrancesadas, como *mademoiselle* ou, mais popularmente, *ma-*

dame. No vestuário, apesar do clima tropical, adota-se a lã e o veludo como padrão, em roupas sobrepostas, como no caso das saias compostas de três camadas de panos. As cores vivas, comuns a essas roupas e aos objetos de uso diário colonial, também tendem a ser substituídas pela sisuda e puritana cor preta – quase luto fechado, conforme sublinha Gilberto Freyre. Na moda, a influência do famoso costureiro parisiense Paul Poiret vai desfolhar os grandes vestidos rodados, elegendo a imagem da mulher-sílfide, longilínea e magra, em oposição às curvilíneas do final do Império. Na vida literária, a influência também foi grande: em livrarias como a Garnier, a Laemmert ou a Briguiet, os intelectuais da época compravam traduções de Balzac, Maupassant, Rimbaud, Verlaine, Baudelaire, Victor Hugo, Jean Lorrain e Huysmans. Na Biblioteca Nacional, os volumes mais consultados eram Alexandre Dumas, Verlaine e Victor Hugo. Mais tarde, no jornalismo, o cronista João do Rio toma emprestado de Zola expressões, como *bas-fond*, para caracterizar a vida dos trabalhadores pobres. Hábitos e leituras abriam caminho para o romantismo francês – que vai atingir sua expressão mais forte por volta de 1840 – na voz de poetas, escritores e dramaturgos. Se, na época, a literatura deixava de ser um reflexo das letras portuguesas, fazendo-se lugar para os assuntos nacionais, continuava-se a ler e a admirar Victor Hugo, Lamartine e Musset. Razão pela qual certa *mademoiselle* Edet, certamente uma *secrétaire*, anunciava que o Cabinet de Lecture instalado na rua do Ouvidor, n.º 118, Rio de Janeiro, recebera um rico sortimento de "romances novos dos melhores autores": entre os conhecidos, certo Charles Paul de Kock, então afamado escritor de dramas românticos, alguns com títulos picantes para a época, *A mulher, o marido e o amante*, por exemplo.

Em 1844 eram dez as livrarias e doze as tipografias cariocas, encarregadas de atualizar o gosto literário afrancesado. Dez anos mais tarde, o casal imperial dava exemplo aos membros da Corte. A imperatriz Teresa Cristina recebia de Paris caixotes de livros enviados pela duquesa de Berry. E para o imperador, d. Pedro II, vinham os exemplares da *Revue des Deux Mondes*. Mas não era só por meio da literatura que a França se fazia presente. O teatro e a confeitaria foram outras duas modas que "pegaram". O diretor da Sociedade

Dramática Francesa, que se apresentava ativamente no palco do Théatre Français, avisava aos leitores dos jornais que os ingressos para a "*soirée qui aura lieu demain Dimanche 10 mai, 1845, seront distribués aujourd'hui*" [evento que acontecerá amanhã, domingo, 10 de maio, serão distribuídos hoje]. Ao final da peça, os espectadores corriam à *Déroche* para tomar sorvetes, *cognacs* ou uma *coupe de champagne*. Na década de 1850, o *vaudeville*, gênero de comédias ligeiras, desembarcou entre nós, e o público teve a oportunidade de aplaudir as peças de Octave Feuillet, uma delas com um título muito atual: *La crise*!

A arquitetura também registra mutações. Nas cidades, os antigos sobrados e casas-grandes dão lugar a chalés ou a construções de inspiração neoclássica, enquanto nos jardins substituem-se as antigas espécies nativas por exuberantes roseiras, ao fundo acompanhadas não mais por canários-da-terra, mas sim por seus rivais belgas... Nem o submundo da prostituição escapou a esse afã de ser europeu, sendo ao final do século XIX organizado um "tráfico" de "polacas", russas, austríacas, francesas e italianas; "mulheres de má nota" no dizer da época, que, independentemente da nacionalidade, eram cobiçadas por serem brancas.

Espíritos mais lúcidos não se deixaram levar pela moda de "ser europeu", ou pelo menos se posicionaram diante dela. Machado de Assis escreve, com grandes pitadas de ironia, um pequeno guia de como se comportar nos bondes, ridicularizando o refinamento artificial da época: "Os encatarroados" – afirma o escritor – "podem entrar nos bondes com a condição de não tossirem mais de três vezes dentro de uma hora, e no caso de pigarro quatro". Às vésperas da proclamação da República, Olavo Bilac torna-se um defensor do aristocrático e europeu *duelo*, em substituição ao bem brasileiro emprego de capoeiras e capangas por quem quisesse "lavar a honra".

As mutações de 1850 tiveram, porém, repercussões não previstas por seus idealizadores. A imigração europeia e a importação de modas que a acompanhou tenderam a se concentrar em áreas economicamente mais desenvolvidas. O resultado disso foi o aumento das diferenças culturais entre o Norte e o Sul do país, assim como entre cidade e campo, entre litoral e sertão. Era como se a história tivesse sofrido uma "aceleração" em algumas regiões, enquanto noutras continuasse a reproduzir o modelo de vida herdado do período colonial. O surgimento dessa diferença, por sua vez, alimentará uma nova faceta da europeização: aquela relativa à crença na ciência como um meio de reformar a sociedade, postura que encontrou no Exército os seus mais ardorosos defensores e que fez nascer uma nova onda de críticas ao governo monárquico.

19

O IMPÉRIO AMEAÇADO

"De repente, do fundo da escarpa que a estrada contornava, irrompeu um corpo de infantaria paraguaia, que se lançou sobre a nossa linha de atiradores, atravessou-a dirigindo-se para o 1º batalhão dela distante uns cem passos... Estava o terreno coalhado de moribundos e feridos inimigos. Vários dos nossos soldados, ébrios da pólvora e do fogo, queriam acabá-los. Horrorizados, debalde esforçavam-se os nossos oficiais em lhes arrancar as vítimas às mãos, exprobrando-lhes a indignidade de semelhante chacina... Via-se, aliás, como inevitável consequência dessas cenas deploráveis, o saque desenfreado a que se entregavam os mascates e os acompanhadores do Exército também, reclamando as mulheres o seu quinhão. Eram os corpos despidos e revistados; despojos sanguinolentos passavam, de mão em mão, como mercadorias, muita vez com violência disputadas."

Eis como Alfredo d'Escragnolle Taunay, em *A retirada da Laguna* (1871), descrevia as cenas selvagens registradas durante a Guerra do Paraguai. Entre 1864 e 1870 esse conflito vitimou milhares de paraguaios, brasileiros, argentinos e uruguaios, sendo por isso considerado o conflito sul-americano mais sanguinolento – e também o de mais longa duração – ocorrido durante o século XIX.

Em relação ao Brasil, a guerra teve repercussões que foram muito além dos sofrimentos nos campos de batalha, revelando as contradições da sociedade escravista e transformando o Exército em um importante agente político. Não sem razão, Joaquim Nabuco se referiu a essa guerra como o momento de apogeu e de início do declínio do Império; afirmação que, para ser compreendida, deve ter em conta as causas remotas e imediatas da então denominada Guerra da Tríplice Aliança.

Como todos os fenômenos sociais, a Guerra do Paraguai teve raízes complexas e, por vezes, não há consenso entre os historiadores sobre seus reais motivos. De modo geral, podemos afirmar que no debate a respeito de sua origem predominam dois pontos de vista: um que enfatiza os motivos internos dos países envolvidos e outro que sublinha as raízes externas da guerra, particularmente como consequência dos interesses ingleses na região.

Desde o período colonial, a região Sul era alvo de intermináveis conflitos de fronteira. Uma vez independentes, os países que surgiram na bacia do Prata mantiveram as antigas rivalidades. O Brasil, como seria de esperar, não estava fora dessas disputas. Durante o século XIX, uma questão central para o Império era impedir o aparecimento de uma potência hegemônica na região. Por um lado, temia-se que se criasse um poderoso foco de irradiação republicana, tendo em vista que os países aí surgidos na luta contra a dominação espanhola adotaram essa forma de governo. Por outro, tal posição tinha por objetivo garantir a livre circulação de embarcações nos rios Paraná, Paraguai e São Lourenço, pois, sem essa "estrada fluvial", o acesso a Mato Grosso tornava-se bem mais dispendioso e arriscado, em razão de os outros caminhos para essa província depararem com duas barreiras difíceis de transpor: cachoeiras e índios bravios.

Na fase de reino unido e, posteriormente, na condição de monarquia independente, o governo brasileiro temperou diplomacia com intervenção militar na bacia do Prata. Entre 1821 e 1828, por exemplo, valeu-se da força das armas, quando então incorporou a Província Cisplatina, futura República do Uruguai, ao território brasileiro. O mesmo ocorreu em 1851, quando, por meio da aliança com a província de Entre-Rios e o Uruguai, forças militares imperiais combateram o projeto expansionista de Buenos Aires. Noutros períodos, como ocorreu em 1844 e 1858, a elite política imperial reconheceu a independência do Paraguai e conseguiu, via acordos diplomáticos, de "amizade, comércio e navegação", o livre acesso ao caminho fluvial acima mencionado. Todavia, tanto a primeira quanto a segunda solução tinham resultados de curta duração, pois a região do Prata viveu, de forma mais dramática do que o Brasil no período regencial, constantes disputas entre caudilhos locais.

O episódio que deflagrou a Guerra do Paraguai resultou de uma dessas escaramuças. Em 1863 teve início um conflito no Uruguai entre as duas facções dominantes locais, denominadas blancos e colorados. Alegando a proteção dos interesses brasileiros – calculava-se que 10% da população uruguaia era composta de gaúchos que dominavam, por sua vez, cerca de 30% das terras agricultáveis –, o governo imperial, aliado ao argentino, apoiou os colorados. Por meio de uma série de ultimatos, o Paraguai reagiu a essa intervenção, advertindo que a independência uruguaia era fundamental para o equilíbrio de poder na região. Contudo, essas ameaças de nada valeram. A intervenção brasileira prosseguiu, havendo, em outubro de 1864, atuação tanto do Exército quanto da Marinha imperiais em terras uruguaias. O governo paraguaio decidiu então agir, interceptando o navio mercante *Marquês de Olinda* e, em seguida, ocupando territórios brasileiros e argentinos. Era dado início à guerra.

De maneira geral, esses são os argumentos daqueles que defendem os motivos regionais ou "internos" da Guerra do Paraguai. Em outras palavras, tal conflito não era de natureza muito diferente das constantes lutas registradas desde os tempos coloniais. A novidade da Guerra da Tríplice Aliança dizia respeito à magnitude do conflito, à sua longa duração e, consequentemente, aos elevados sacrifícios humanos nela registrados.

A outra corrente enfatiza as causas "externas", ou, mais precisamente, a influência do imperialismo inglês. De acordo com esse ponto de vista, a Inglaterra tinha interesse em combater o Paraguai, por ser essa uma sociedade fechada às importações britânicas e pouco vinculada ao mercado de exportação de matérias-primas. Além disso, o Paraguai oferecia um modelo caudilhesco de organização política em vez do liberal imposto pela Grã-Bretanha. A guerra teria, dessa maneira, sido promovida com o objetivo de combater uma forma alternativa de conceber a organização política e econômica na América Latina. Vários historiadores sublinharam a fragilidade desse tipo de interpretação, tanto pelo fato de o Paraguai, durante a primeira metade do século XIX, ter mantido relações comerciais regulares com a Inglaterra quanto pela crítica à suposta alternativa econômica e social que aquele país representaria.

Para compreendermos melhor essa crítica é necessário lembrar um pouco do passado colonial. Embora fosse conhecido desde o século XVI, o território que deu origem ao Paraguai despertou pouco interesse entre os espanhóis, que concentraram seus esforços na colonização de áreas produtoras de prata, como as que deram origem aos atuais Peru e Bolívia. Devido a essa localização "periférica", o governo metropolitano não se opôs ao estabelecimento de missões jesuíticas na região paraguaia. Os jesuítas puderam, assim, reunir sob seu comando milhares de índios guaranis, livrando essa população do extermínio, que intimava os povos das áreas vizinhas. No século XVIII, porém, tais comunidades, autossuficientes economicamente e autônomas politicamente, passaram a ser vistas com desconfiança pelo governo metropolitano. Para os absolutistas espanhóis, elas se configuravam como um "Estado dentro do Estado". Situação inaceitável que deu origem a violentos conflitos entre o governo metropolitano e os jesuítas, resultando na expulsão destes últimos em meados do século XVIII; após serem confiscados, os territórios que correspondiam às antigas missões foram entregues a burocratas, embrião da futura classe dominante paraguaia.

Como pode ser observado, a experiência jesuítica marcou profundamente a história do Paraguai. Assim, é possível afirmar, por exemplo, que, nessa região, o sistema escravista foi residual, não havendo nem *plantations* nem exploração de minas. Por outro lado, devido a motivos de natureza religiosa, a população e a cultura indígenas sobreviveram, havendo inclusive a adoção do guarani como língua nacional. Os ditadores locais – a começar por José Gaspar

Rodriguez de Francia, "El Supremo", que governou o país entre 1813 e 1840 – eram, dessa forma, produtos de uma experiência singular de colonização, em que o desejo de autonomia e a presença de traços culturais e laços comunitários pré-coloniais haviam sobrevivido. Isso, porém, não significava que tais governantes estivessem vinculados a um projeto de desenvolvimento nacional alternativo ou de socialismo *avant la lettre*. É bem mais provável que eles procurassem reproduzir o passado colonial, gerindo o Paraguai como uma grande estância, uma grande missão laica, paternalista e comunitária. É também certo que, ao longo da primeira metade do século XIX, foram tomadas algumas medidas inovadoras, como o incentivo à metalurgia e à importação de técnicos ingleses. No entanto, isso vinculava-se à necessidade de formar um exército local, tendo em vista as tendências expansionistas de Buenos Aires e do Brasil.

Apesar desses esforços "modernizantes", não há indicações de empenho dos dirigentes paraguaios em romper com o mundo tradicional herdado da época colonial. Talvez a afirmação contrária seja mais próxima da realidade. Nesse sentido, a reação de Francisco Solano López, em 1864, dois anos após ter sucedido ao pai no poder, é bastante esclarecedora: os ataques à parte da Argentina, assim como ao sul de Mato Grosso e ao Rio Grande do Sul, de certa maneira, devolviam aos paraguaios a área de domínio das missões jesuíticas antes da expulsão da Companhia de Jesus no século XVIII.

Portanto, a não ser do ponto de vista de retorno ao passado, é pouco provável que o Paraguai representasse um modelo alternativo para os demais países da América Latina. O que não significava que as decisões do governo local agradassem aos ingleses. Conforme vários autores sublinham, a Inglaterra sempre esteve pronta a combater tendências expansionistas na bacia do Prata, importante porta de entrada de suas mercadorias. Além disso, o Brasil era, no mundo, o terceiro maior mercado importador de produtos ingleses e tradicional cliente de empréstimos internacionais. Tornara-se fundamental para a Inglaterra manter boas relações com o governo imperial – relações, aliás, arranhadas frequentemente em razão da condenação inglesa ao tráfico de escravos –, e a guerra deu essa oportunidade.

A guerra teve início em um momento espinhoso da política imperial. Acreditava-se num embate curto, quase cirúrgico, liderado por um "rei guerreiro": o jovem d. Pedro II, cuja barba começaria, então, a embranquecer. Enormes gastos foram mobilizados para o confronto: 614 mil contos de réis, onze vezes o orçamento governamental para o ano de 1864; abria-se um *deficit* que persistiu até 1889. Em torno do rio Paraguai, quatro nações limítrofes, por razões internas específicas, iriam se enfrentar. A historiografia atual não reconhece mais a tese de que a influência inglesa queria apenas garantir interesses e alianças em área estratégica. Mas entende que a guerra acabou por consolidar os Estados nacionais. A Argentina unificou-se e o poder foi centralizado em Buenos Aires. No Brasil, a guerra ajudou a derrubar a escravidão e a monarquia. Quanto ao Uruguai e ao Paraguai, esses países se firmariam apenas como satélites das potências regionais.

Talvez o mais provável é que a confluência entre interesses regionais e os do Império britânico tenha contribuído para o surgimento da Guerra do Paraguai. O que de fato surpreendeu a todos foi a capacidade do Paraguai em suportar quase seis anos de ataques sucessivos. Em grande parte, isso foi possível graças ao envolvimento da quase totalidade de sua população civil, dando origem, como afirmamos, ao mais sangrento capítulo da história sul-americana.

Justamente por ter atingido essa magnitude, a Guerra da Tríplice Aliança teve repercussões igualmente não previstas. No lado brasileiro, a mais importante delas diz respeito à quebra da forma tradicional de defender a fronteira meridional. Normalmente, nas suas incursões na bacia do Prata, o governo imperial dispensava o uso das forças armadas regulares, deixando essa tarefa para as denominadas troupilhas gaúchas, comandadas por proprietários rurais e seus subordinados; bandos que atuavam desde os tempos coloniais e tinham como recompensa o gado e as terras que conquistavam do inimigo.

Por dependerem dessa forma tradicional de defesa, os dirigentes do Império não estavam preparados para enfrentar um conflito longo, como foi o da campanha do Paraguai. Na época em que a guerra foi deflagrada, o Exército brasileiro encontrava-se pouco organizado, e razões para isso não faltavam. No período posterior à independência, os oficiais – a maioria deles de origem portuguesa – eram vistos como suspeitos de participar de complôs com o objetivo de restaurar o Brasil à condição de colônia portuguesa; os soldados, por sua vez, em grande parte mercenários estrangeiros ou gente oriunda das camadas populares, eram encarados como ativos participantes de levantes urbanos, inclusive o que levou d. Pedro I a renunciar ao trono. Com a finalidade de neutralizar essa dupla ameaça, foi criada, nos anos 1830, a Guarda Nacional, uma milícia formada por "cidadãos em armas". Em outras palavras, o governo transferiu para os civis a responsabilidade de manutenção da ordem, dando origem ao "fazendeiro coronel", ainda presente no imaginário político brasileiro.

A Guarda Nacional fazia, dessa maneira, dos senhores de escravos, auxiliados por seus capangas, os principais elementos das forças armadas, o que permitiu ao Império implementar uma política de desmobilização e esvaziamento do Exército regular. Ora, a Guerra do Paraguai, prevista inicialmente para durar seis meses, mas que perdurou por quase seis anos, exigiu a rápida reconstituição de forças armadas regulares. Ao perceber a gravidade da situação, o governo imperial teve de improvisar um Exército, recorrendo à convocação de prisioneiros, escravos, libertos, índios e até mulheres e crianças.

Compreender as razões desse irregular processo de recrutamento é fundamental, pois em grande parte a animosidade entre o Exército e o Império teve origem na forma improvisada de organizar as forças armadas que lutaram na campanha paraguaia. A primeira medida nesse sentido foi a criação, em 7 de janeiro de 1865, do Corpo de Voluntários da Pátria. Segundo a lei que deu origem a essa forma de recrutamento, o Exército podia admitir em suas fileiras todos aqueles que se apresentassem voluntariamente. O governo acenava com algumas vantagens para quem assim procedesse, oferecendo o dobro do soldo normalmente pago aos praças, indenização para as famílias dos mortos e gratificações e terras aos sobreviventes.

Tais medidas tiveram grande repercussão. Entre os 123 mil combatentes brasileiros na Guerra do Paraguai, 54 mil serviram em batalhões de voluntários da pátria. O grande problema dessa forma de recrutamento era a ausência de prévia formação militar. Entre os voluntários havia de tudo. Muitos dos que se alistaram voluntariamente eram jovens influenciados pelo nacionalismo aristocrático de escritores românticos. Outros, porém, haviam sido coagidos pelas autoridades regionais a se alistar, dando origem a queixas a respeito dos "voluntários do pau e da corda". Os próprios mandatários imperiais aprovaram legislação complementar à anteriormente mencionada, destinada a facilitar o recrutamento coagido. A lei de 8 de julho de 1865 foi um desses casos. Com ela criou-se uma espécie de vale-tudo do alistamento: "O governo" – afirma o texto legal – "é autorizado a preencher por merecimento, durante a guerra, todas as vagas nos Corpos da Armada e classes anexas, dispensando as regras estabelecidas na legislação...".

A nova norma de recrutamento era uma determinação feita para abolir qualquer forma de lei. A situação que então se inaugura é a do recrutamento forçado a todo custo. Graças a essa determinação, foi possível que, entre 1864 e 1866, o Exército passasse de 18 mil para 38 mil homens em armas, reunindo no ano seguinte 57 mil soldados. Os testemunhos e documentos referentes a esse recrutamento mostram que ele teve por base as mais diferentes formas e expedientes: prisões eram esvaziadas, assim como crianças e vadios eram caçados pelas ruas das principais cidades brasileiras.

No Rio de Janeiro, por exemplo, as autoridades locais colocaram, no ano de 1864, 116 meninos menores de 16 anos à disposição da armada; um ano mais tarde, essa cifra foi de 269 recrutas. Pelo menos metade desse contingente havia sido recolhida nas ruas da capital brasileira, dando origem a centenas de ofícios nos quais as famílias solicitavam às autoridades a devolução do filho recrutado à força. Nem os meninos escravos, "propriedades" alheias, conseguiam escapar a esse furor. Eis o que registra um ofício da época, enviado ao Arsenal da Marinha carioca: "Umbelina Silveira de Jesus queixou-se de ter sido preso seu escravo Antônio, de 13 anos, na rua atrás do Convento do Carmo [...] O escravo encontrava-se nos corpos de Aprendizes de Marinheiros, na Fortaleza de Boa Viagem e, sem a permissão de sua senhora, fora arrebanhado à força".

Havia ainda duas outras origens dos voluntários da pátria. Uma delas dizia respeito aos escravos que assentavam praça usando nomes falsos, legitimando um projeto de fuga e garantindo casa e comida nas fileiras do Exército. A outra decorria de uma antiga prática que consistia em pagar certa quantia, ou apresentar um escravo substituto, eximindo-se assim das fileiras do Exército. Em 14 de outubro de 1865, esse tipo de procedimento foi registrado no *Diário da Bahia*: "Atenção. Quem precisa de uma pessoa para marchar para o Sul em seu lugar, e quiser libertar um escravo robusto, de vinte anos, que deseja incorporar-se ao Exército, declare por este jornal seu nome e morada onde possa ser procurado, e por preço cômodo achará quem lhe substitua nos contingentes destinados à guerra".

Não é preciso muita imaginação para perceber que esses recrutas saídos direto das senzalas para o campo de batalha acabavam tendo um desempenho medíocre no *front*. É provável que a maioria deles não tivesse a mínima ideia de por que estava lutando, e muitos, por temerem a reescravização, desertavam na primeira oportunidade, como ocorreu durante a Retirada da Laguna, célebre batalha de 1867 em que se registrou a morte de trinta soldados, ao passo que cerca de duzentos praças "desapareceram" durante o conflito.

Não sem razão, as tropas brasileiras, em boa parte formadas por escravos, menores abandonados e criminosos, eram descritas como um bando de famintos, aventureiros e aproveitadores. Alfredo d'Escragnolle Taunay também indica a presença de mulheres nos campos de batalha, "carregando crianças de peito ou pouco mais velhas"; mulheres que traziam no rosto os estigmas do sofrimento e da extrema miséria e atendiam por nomes que as remetiam a grupos sociais de origem humilde, como o caso das Ana Preta, Ana Mamuda ou Joana Rita dos Impossíveis. Assim, enquanto os homens entregavam-se ao roubo, jogatina e comércio, suas companheiras se dedicavam ao saque, apoderando-se de mantos e ponchos de paraguaios mortos, ou sobreviviam graças à prostituição. Havia ainda casos-limite, como o de uma certa Maria Curupaiti, que, aos 13 anos, disfarçada de homem, foi aceita como voluntário da pátria, falecendo em combate.

Assim, a atuação do Exército brasileiro ficava comprometida por práticas que lembravam as irregulares forças armadas do Antigo Regime. A falta de organização também se refletia no abastecimento: os soldados acabavam tendo de se alimentar quase exclusivamente de frutas silvestres, colhidas no campo paraguaio, como o bacuri, o murici e o fruto da vagem de jatobá. Os oficiais, por sua vez, comiam carne de gado caçado no local. Rapidamente, porém, essas duas fontes de alimentos escassearam, dando origem a um quadro de fome crônica. Uma vez mais, Taunay pinta com cores fortes a penúria da guerra, afirmando que, em torno dos raros animais conseguidos, formava-se "um círculo... cada qual mais ansioso esperando o jato de sangue; uns para o receberem num vaso e o levarem, outros para o beberem ali mesmo". As vísceras e o couro do animal eram despedaçados e devorados mal-assados ou semicozidos, dando origem a sérios problemas de intoxicação alimentar, com efeitos devastadores entre os combatentes.

Mal alimentados, com vestimentas não preparadas para o clima local, os soldados adoeciam facilmente de beribéri, malária, varíola, cólera-morbo e pneumonia. Os estudiosos do tema chegaram até a avaliar que a fome e as doenças mataram dez vezes mais soldados brasileiros do que os conflitos abertos contra os paraguaios. Por isso, ao longo dos anos da guerra, foi se consolidando entre os oficiais a opinião de que o principal inimigo do Exército eram os políticos do Império, que haviam abandonado a instituição, substituindo-a em grande parte pela Guarda Nacional. Tal situação ficou ainda mais agravada após o término da guerra, quando então ressurgiu a tendência favorável à desmobilização e ao esvaziamento do Exército. Contra essa política, os militares se uniram e, em razão dos sacrifícios e sofrimentos vividos nos campos de batalha, construíram uma identidade positiva e até heroica da instituição a que serviam. É nesse contexto que surgiu o que se costuma denominar "oposição militar" ao Império, elemento central, como veremos, no processo de declínio e colapso do governo monárquico inaugurado em 1822.

20

SURGE UM NOVO PODER

Uma expressão bastante conhecida a respeito da proclamação da República é aquela proferida por Aristides Lobo, dizendo que o povo assistiu à queda da monarquia "bestializado, atônito, sem conhecer o que significava". Tal impressão foi registrada fora do país. Em 16 de dezembro de 1889, o jornal *The New York Times* divulgou a ocorrência, sublinhando: "*The people, as a rule, were rather constrained, and looked and acted in a dazed, apathetic way*". Em outras palavras, o povo, atordoado ou indiferente, assistiu à revolta dos militares. De fato, a mudança da forma de governo, ocorrida em 1889, foi uma surpresa, um evento até certo ponto misterioso para os que dele não participaram diretamente, ou seja, para os que não pertenciam ao seleto grupo de conspiradores.

Embora o Partido Republicano existisse desde 1870, sua difusão era bastante restrita e, em vez de ser um movimento revolucionário, sua opção política era a da defesa de reformas que garantissem uma lenta passagem da forma de governo monárquica para a republicana. Pelo menos no que diz respeito a seu repentino aparecimento, o novo regime deveu mais ao descontentamento nos quartéis do que à propaganda republicana. Não por acaso, após a proclamação da República, foram necessários dez anos para que surgissem arranjos institucionais que garantissem certa estabilidade ao novo sistema político.

A animosidade dos militares em relação à monarquia tinha raízes profundas. A Guerra do Paraguai acirrou ainda mais os ânimos, contribuindo para tornar pública a situação de abandono em que se encontrava o Exército brasileiro. O número de soldados alistados no ano do início do conflito é prova disso. Enquanto o Brasil, o mais rico e povoado participante da Tríplice Aliança, contava com míseros 18 mil praças, o Paraguai possuía uma força armada de 80 mil homens.

Tal precariedade, na percepção da maioria dos militares, era planejada pelos dirigentes do Império. Sempre que possível, esses políticos procuravam reduzir os gastos do Ministério da Guerra, restringindo soldos e promoções. Além disso, era uma prática corrente transferir as tropas da Corte ou das capitais provinciais para as zonas de fronteiras, o que era sentido como uma forma de degredo.

Vários historiadores já sublinharam que essa política de enfraquecimento do Exército não era simplesmente resultado de uma conspiração de civis. Segundo essa visão, o sistema escravista impunha pesadas limitações à formação de forças armadas modernas. A primeira razão disso consistia no fato de que, para ser realmente eficiente, o Exército dependia do desarmamento parcial ou total da sociedade. Ora, enquanto existiu escravidão no Brasil, desarmar a sociedade era literalmente impossível. Sem meios de autodefesa, os senhores ficariam à mercê da violência dos cativos. A existência desses últimos, por sua vez, também inviabilizava a formação de um Exército moderno pelo fato de não poderem ser considerados soldados confiáveis, pois não só desertavam na primeira oportunidade, como também podiam – e a tentação não devia ser pequena – voltar as armas contra os próprios oficiais. A escravidão tinha ainda outra implicação negativa: boa parte da população de homens livres, passível de ser recrutada, encontrava-se imobilizada nas funções de capitães do mato e feitores, na vigilância e repressão aos escravos.

Em razão disso, foram sendo criadas condições favoráveis para que o Exército se tornasse não só um crítico da monarquia como também da sociedade que sustentava essa forma de governo. Em outras palavras, a situação era favorável para que os militares passassem a se considerar elementos externos à sociedade e prontos para reformá-la.

Ora, tendo em vista que existia no Império um quadro propício a quarteladas, cabe perguntar: por que a República demorou tanto a ser proclamada? Quanto a isso, a resposta é relativamente simples: além de fraco, o Exército brasileiro demorou muito tempo para apresentar coesão interna em torno da oposição à monarquia. É sempre bom lembrar que um segmento importante dos oficiais era cooptado pelo sistema político monárquico. O melhor exemplo disso é o de Duque de Caxias. Herói da Guerra do Paraguai e comandante-chefe das forças imperiais, Caxias também foi um hábil negociador junto às elites que lideraram os movimentos regionais da época regencial, assim como ocupou cargo no Conselho de Estado, sendo por mais de uma vez deputado, senador, ministro e governador de província.

Outros importantes militares, como o general Osório e o visconde de Pelotas, tiveram trajetórias semelhantes, também se destacando como heróis militares e leais servidores de d. Pedro II no Ministério da Guerra e no Senado, sendo, por esse motivo, agraciados com títulos de nobreza. Presentes nos partidos Liberal e Conservador, tais militares desempenhavam um papel ambíguo: eles impediam tanto o desmantelamento completo do Exército quanto inibiam levantes das tropas contra a monarquia.

Contudo, ao longo da segunda metade do século XIX, os militares aristocratas foram se tornando cada vez mais raros, gerando uma situação delicada, que poderia ter consequências explosivas no relacionamento entre Exército e monarquia. Os motivos disso estavam relacionados às mudanças ocorridas nas forças armadas. A mais importante delas dizia respeito à extinção do sistema tradicional de recrutamento.

De acordo com as formas de seleção do Exército, herdadas do período colonial, os jovens bem relacionados ou oriundos de classes elevadas podiam ocupar altos postos sem preparação prévia ou tempo de serviço. Os pobres, ao contrário, permaneciam na condição de praças até dar baixa ou morrer. A reforma implementada em 1850 rompeu com essa tradição, estabelecendo critérios de promoção baseados na antiguidade e no desempenho nas zonas de combate. Em certo sentido, essa mudança significou um dos primeiros passos rumo à profissionalização do Exército brasileiro.

A partir da nova lei, todos os que quisessem ocupar altas patentes deveriam começar em postos inferiores, sendo aos poucos promovidos. Tal exigência afastava os filhos das elites agrárias da carreira militar. Não é preciso muita imaginação para perceber a razão disso: as patentes baixas eram remuneradas com ínfimos soldos e vistas como indignas, destinadas àqueles que se ocupavam de tarefas manuais. A grande presença de negros e pardos nesses postos também afastava os jovens da elite, pois, paralelamente ao convívio com os egressos da senzala, eles deveriam enfrentar os oficiais que mantinham com as tropas uma relação não muito distante da de feitor–escravo, na qual o chicote era empregado como forma de punição, mesmo em caso de pequenas infrações. Os "bem-nascidos", dadas essas circunstâncias, passaram assim a evitar a carreira militar. Daí, nas décadas que antecederam a queda da monarquia, a progressiva diminuição do número de oficiais de origem aristocrática ou que tinham bom trânsito nesse meio.

A profissionalização do Exército também estimulou a ascensão de jovens de origem humilde. Outras reformas acentuaram essa tendência. Uma delas foi a criação de um curso preparatório para a Escola Central, que em 1858 sucedeu à Academia Real Militar, de 1810. A Escola Central era exigente no seu sistema de seleção, solicitando que seus candidatos fossem versados em matemática, história, geografia, gramática portuguesa, francês e latim. Com a criação do curso preparatório público, jovens de poucos recursos podiam ingressar nos cursos de engenharia da Escola Central. Criaram-se ainda outras vantagens. Os alunos recebiam uma pequena contribuição financeira e os que se destacavam intelectualmente ganhavam o suficiente para se sustentar independentemente da família. A Academia também criou uma nova forma de promoção, além daquelas por tempo de serviço ou por atuação em zonas de combate, que decorria do grau de instrução dos cadetes.

Tal situação deu origem a uma elite que tinha por base o mérito. Outro efeito interessante das reformas foi a preocupação cada vez maior com o ensino científico. De fato, isso não era inteiramente novo, principalmente quando lembramos o papel desempenhado, desde o período colonial, por engenheiros militares na construção de fortificações, estudos de balística e planejamento do espaço urbano. A novidade da segunda metade do século XIX foi a progressiva aplicação militar da ciência e a certeza, cada vez maior, de que seria um meio de transformação do mundo. Quanto a isso, uma vez mais cabe lembrar a importância da campanha do Paraguai. Em meio ao quadro calamitoso da guerra, destacou-se a eficiência dos engenheiros militares no uso de balões tripulados para identificação das tropas inimigas, na confecção de excelentes mapas e na rápida construção de trincheiras, pontes e estradas. O resultado prático dessa aplicação somou-se a um número cada vez maior de professores e alunos defensores da extensão, ao Brasil, dos avanços técnicos e científicos dos países europeus. Chegou-se até a propor a implantação de indústrias como uma forma de aprimorar a sociedade.

Entre esses militares, a ciência tinha ainda outra aplicação: servia de contraponto à formação literária dos bacharéis, que compunham a maior parte das fileiras dos políticos do Império. Contudo, a nova geração de oficiais não substituiu de uma hora para outra o grupo formado nas tradições aristocráticas. Além disso, paralelamente à liderança dos "científicos", como era o caso de Benjamin Constant, continuaram a existir aqueles, denominados "tarimbeiros" (uma alusão à tarimba, cama desconfortável em que dormem os soldados), que não tinham uma origem aristocrática, mas que apoiavam a monarquia, ou pelo menos assim o fizeram na maior parte do tempo.

No interior do Exército havia, assim, diferentes grupos, uns mais, outros menos fiéis a d. Pedro II. A mudança registrada no período posterior à Guerra do Paraguai foi a do progressivo desaparecimento do grupo aristocrático, como no caso de Osório e Caxias, que faleceram, respectivamente, em 1878 e 1880. A ausência dessas lideranças deixava a instituição militar sem quem pudesse defendê-la perante o imperador, e, ao mesmo tempo, viabilizava a aproximação entre tarimbeiros e científicos.

Para esses dois grupos, as décadas de 1870 e 1880 foram de grandes angústias e decepções. Dada a grande importância desempenhada pelos voluntários da pátria, muitos dirigentes do Império começaram a pregar contra a manutenção de uma força militar profissional numerosa. O risco de implementação de uma nova política de "enfraquecimento" voltou a pairar no ar. Assim, a denominada questão militar, ou melhor, questões militares, que antecederam a queda da monarquia, foram fruto não só de expectativas frustradas em relação aos salários e promoções ou da humilhação de oficiais obrigados a capturar escravos e a participar de violentas campanhas eleitorais, como também de uma atitude defensiva das forças armadas. O fortalecimento da Guarda Nacional na Corte, a transferência de comandos militares para províncias distantes, o drástico corte nos gastos do Ministério da Guerra, indicavam os riscos a que a instituição estava submetida.

A efervescência do movimento abolicionista, com seus "clubes" promovendo reuniões e manifestações, forneceu um modelo de organização que ia além dos quartéis e academias isoladas; a partir de 1887, nos clubes militares foi se formando um poderoso movimento de oposição à monarquia, que, conforme veremos a seguir, também estava sendo abandonada pelas elites agrárias.

21

EMANCIPACIONISTAS, ABOLICIONISTAS E ESCRAVISTAS

Uma questão que sempre intrigou os historiadores foi saber os principais motivos que levaram à libertação dos escravos em 1888. A Lei Áurea teria sido obra de cativos revoltados, resultado do radicalismo abolicionista ou, ao contrário, decorreu de uma política reformista implementada pelos dirigentes do Império?

O resultado de várias pesquisas permite, hoje, uma visão matizada a respeito do tema, que leva em conta tanto a rebeldia dos escravos quanto a ação reformista da elite. Para compreendermos com mais clareza essa questão, devemos atentar para a existência de três grupos que na época a debateram: os emancipacionistas, partidários da extinção lenta e gradual da escravidão; os abolicionistas, que propunham a libertação imediata dos escravizados; e, por fim, como seria de esperar, os escravistas, defensores do sistema ou, pelo menos, da indenização dos proprietários caso a abolição fosse sancionada.

Os conflitos entre essas três correntes definiram o ritmo da extinção da escravatura. A primeira delas tinha uma longa tradição. Conforme vários folhetos e livros da época da abolição registraram, a experiência metropolitana era um exemplo bem-sucedido de política emancipacionista. Em Portugal, os escravos constituíam pequena parcela da população, nunca chegando a ser a principal força de trabalho da economia. Mesmo assim, a escravidão portuguesa não foi abolida de uma só vez, mas sim por intermédio de leis que gradualmente a extinguiram. A primeira delas, sancionada em 1761, declarou livres todos os negros e mulatos oriundos da América, África e Ásia que desembarcassem em portos do reino. Em 1773, outra lei decretou, sob determinadas circunstâncias, a "liberdade do ventre", ou seja, a liberdade das crianças escravas.

Quando foi sancionada a primeira lei emancipacionista, existiam em Portugal milhares de cativos domésticos; cinquenta anos mais tarde quase não havia mais traços dessa forma de exploração do trabalho. A legislação portuguesa impediu a reposição dos escravos. Com o passar do tempo, o sistema acabou extinguindo-se por si mesmo, quer devido ao falecimento dos escravos existentes, quer pela libertação de seus filhos ao nascer. A experiência portuguesa não passou despercebida entre as elites brasileiras. Tratava-se de um exemplo bastante atraente, pois dispensava a abolição formal, medida que, para muitos, consistia em um confisco da propriedade alheia.

Não por acaso, José Bonifácio, em 1823, propôs, conforme mencionamos anteriormente, o fim gradual da escravidão. Embora tenha sido derrotado nessa ocasião, as ideias do Patriarca da Independência tiveram reflexos em 1850, nos debates que levaram ao final do tráfico internacional de escravos, e na Lei do Ventre Livre, sancionada em 1871.

Os emancipacionistas tinham, portanto, uma posição moderada. Eles podiam ser identificados nas fileiras dos conservadores, embora fossem mais numerosos entre os liberais. Entre os seus partidários estava nada menos do que o imperador, que, na *Fala do Trono* de 1867, libertou os cativos que pertenciam ao Estado e defendeu a emancipação progressiva dos demais escravos brasileiros. A bandeira que os unia era que o sistema escravista inviabilizava a constituição de uma nação civilizada, mas, por outro lado, que a abolição não podia ser pretexto para a desorganização da agricultura, base econômica de sustentação do Império. Daí o gradualismo dos membros desse grupo, que previa a extinção lenta e pacífica do sistema escravista até, no máximo, os últimos dias do século XIX, quando os escravos representariam menos de 1% da população brasileira.

Vejamos agora a corrente abolicionista. Conforme mencionamos em outro capítulo, na Europa, particularmente na Inglaterra, o abolicionismo existia desde 1780. No caso brasileiro, esse movimento surge somente em 1870. A queda do preço dos escravos, em fins do século XVIII e início do XIX – devido ao fim do tráfico norte-americano e a movimentos revolucionários, como o do Haiti –, contribuiu para esse atraso. Tal situação permitiu que, de norte a sul, no campo e nas cidades brasileiras, mais e mais pessoas, até libertos, ascendessem à condição senhorial. Apesar de desumana, a escravidão, na época da independência, tornou-se, por assim dizer, uma instituição "popular". No meio rural, ela era tanto a base das *plantations* quanto a solução para os problemas dos pequenos proprietários, cujos filhos iam ocupar áreas da fronteira agrícola, inviabilizando a mão de obra familiar. Na cidade, a escravidão miúda também garantia a sobrevivência de muitos, havendo aqueles que economizavam durante a vida toda para, na velhice, adquirir um ou dois escravos e viver de seu "ganho" ou aluguel.

Ora, a partir da década de 1830, o processo de popularização do escravismo começou a ser revertido. A conjunção entre a pressão inglesa e a expansão do café no Vale do Paraíba fluminense levou a um aumento vertiginoso no preço dos escravos. O fim do tráfico internacional em 1850 intensificou ainda mais essa tendência. Os pequenos proprietários, tanto os do campo quanto os da cidade, não conseguiram mais repor a escravaria. O mesmo ocorreu nas áreas em crise, como no caso do Nordeste açucareiro. Mais ainda: em razão da subida dos preços dos escravos, a tentação de vendê-los aumentou. O resultado disso foi o surgimento do tráfico interno, através do qual o sistema escravista se concentrou nas regiões Centro-Sul dominadas pela economia cafeeira ou vinculadas ao abastecimento desses territórios, como foi o caso de Minas Gerais.

Observa-se assim, na segunda metade do século XIX, a multiplicação de regiões e de grupos sociais sem interesse direto no escravismo. Para vários historiadores, o abolicionismo tornou-se possível justamente nesse momento, sendo particularmente mais ativo e organizado nas cidades que estavam deixando de ser escravistas. O movimento, em certo sentido, traduziria o ressentimento das populações urbanas contra o governo imperial, dominado por interesses agrários.

Graças ao abolicionismo, a mobilização popular tornou-se um elemento de transformação consciente da realidade. A revolta agora não era circunstancial, contra o aumento dos preços de alimentos ou contra alguma medida que prejudicava os interesses populares, mas sim efetiva, pois tinha por objetivo alterar a estrutura da sociedade. Os abolicionistas também inovaram na forma de organização. Em vez de reuniões secretas, como ocorria na maçonaria, que tanto envolveu os políticos do Império, eles formavam clubes abertos a quem quisesse participar, lançavam jornais, assim como organizavam palestras em teatros e comícios nas ruas. Representavam, por assim dizer, uma nova forma de fazer política, uma forma que fugia às rédeas dos oligarcas e poderosos rurais. Foi por esse movimento que surgiram modernas lideranças negras, como André Rebouças e José do Patrocínio, cuja atuação teve repercussão nacional. Não por acaso, os abolicionistas também foram os primeiros a defender a distribuição de terras entre os ex-escravos e a criação de escola pública para os filhos dos futuros libertos.

O surgimento desse movimento representou ainda outra mudança importante: pela primeira vez, o escravismo não opunha somente escravos a livres, mas também encontrava divisões no interior da própria população livre. Se no período colonial a rebeldia escrava ocorria na forma de fugas e insurreições, após o surgimento do movimento abolicionista observam-se novas alternativas legais de luta, baseadas em alianças entre cativos e homens livres. Advogados abolicionistas passam a recorrer a leis para proteger a vida de escravos, a integridade de suas famílias ou para punir senhores cruéis. Ao mesmo tempo, redes de apoio junto às camadas populares, como a dos caifases paulistas, surgem para acudir cativos fujões, garantir seu transporte e boa acolhida nas cidades.

Os escravos, como seria de esperar, tiveram participação ativa no movimento abolicionista. De certa maneira, as transformações ocorridas no período contribuíram para isso. Nas décadas que antecederam 1888, o tráfico interno desenraizou milhares de cativos que havia várias gerações moravam na mesma região, em áreas rurais decadentes, onde o ritmo de trabalho era relaxado, ou no meio urbano, onde a possibilidade de autonomia de movimentação ou de libertação era frequente. A ida desses escravos para as *plantations* era uma experiência traumática. Não foram poucos os que preferiram o suicídio ao trabalho exaustivo nas fazendas cafeeiras. Outros, em maior número, fugiam; como se tratava de escravos nascidos no Brasil, eles falavam português, o que facilitava contatos com os aliados abolicionistas e, para desgosto dos proprietários, dificultava distingui-los dos demais homens livres negros.

Já os grupos escravistas predominavam entre os membros da elite agrária. Em 1885, Rui Barbosa define-os como "uma espécie de travessões opostos a todo movimento. Não admitem progresso, a não ser para trás [...] o que não for a imobilidade é a ruína da pátria". Isso, porém, estava longe de significar que não houvesse gente letrada e refinada nesse meio. José de Alencar, só para citar um exemplo, foi um árduo defensor do escravismo, denunciando os abolicionistas como "emissários da revolução, apóstolos da anarquia", ou então rejeitando a superioridade do "trabalho livre", alegando que os operários europeus viviam em condições piores do que os cativos brasileiros. Portanto, era possível ser poeta e escravista ao mesmo tempo. Aliás, ser proprietário de escravos não era um sintoma de sadismo ou de inclinação à crueldade; o sistema era defendido por razões bem mais objetivas, como a questão da falta de controle sobre a mão de obra livre. O problema, de fato, era sério. Nas reuniões e congressos promovidos pelos Clubes da Lavoura – uma espécie de antítese das associações abolicionistas –, os fazendeiros alegavam que os trabalhadores livres eram inconstantes, mudavam-se frequentemente ou simplesmente abandonavam suas ocupações e desapareciam. Tais queixas não eram descabidas. Na época da abolição, a maior parte do território brasileiro ainda não havia sido ocupada. Para os homens livres era atraente trabalhar por algum tempo nas fazendas, reunir recursos mínimos e depois ir para áreas não ocupadas.

Dependendo da região, entretanto, a tendência escravista podia ser menos intensa. No Nordeste, por exemplo, devido ao fato de as terras férteis estarem quase todas sob o domínio dos latifúndios, havia poucas opções para os homens livres e pobres se transformarem em camponeses. Além disso, as secas prolongadas nas regiões semiáridas levavam muitas famílias sertanejas a procurar trabalho nas fazendas ou, ao menos, a se sujeitarem ao serviço temporário nelas. Nessas áreas, foi possível uma precoce transição para o trabalho livre. Não por acaso, a província de Ceará decretou a abolição em 1884, e Joaquim Nabuco, principal líder abolicionista brasileiro, tinha sua origem na elite açucareira pernambucana.

No Centro-Sul a situação era bem diferente. Nessa região havia abundância de terra fértil não ocupada, terra "de ninguém", disponível para quem quisesse se tornar um roceiro ou sitiante. Por isso, boa parte dos fazendeiros de São Paulo, Rio de Janeiro e Minas Gerais permaneceu fiel ao escravismo, alegando instabilidade e número insuficiente de trabalhadores livres nacionais. A corrente emancipacionista, por meio da Lei de Terra, de 1850, tentou converter esses grupos, determinando que "as terras devolutas só poderiam ser adquiridas por meio da compra", o que obrigaria os homens livres a trabalhar até dispor de recursos para se estabelecer como pequenos proprietários. Contudo, a vastidão do território e os elevados custos de demarcação aliados à precariedade da burocracia imperial fizeram com que essa medida nunca fosse efetivada. Embora promulgada, a Lei de Terra não impediu que os homens livres continuassem a fugir do trabalho nas fazendas para se tornar posseiros, roceiros, caiçaras, ou seja, pequenos camponeses nas terras não ocupadas pela lavoura de exportação.

A situação era tal que muitos emancipacionistas voltavam a ser escravistas. Um exemplo dessa trajetória foi o caso do senador Vergueiro, um eminente político do Império que introduziu, na década de 1840, trabalhadores europeus em suas fazendas de café. O sistema de trabalho adotado foi o de "parceria", na qual o proprietário se comprometia a pagar o transporte do imigrante da Europa até a fazenda e fornecia casa, instrumentos e terra para o plantio de alimentos. Em troca, os imigrantes cuidavam de um número não especificado de pés de café e pagavam a dívida contraída com os rendimentos da venda de alimentos e da parte que lhes cabia dos lucros conseguidos com a lavoura de exportação. A experiência, em princípio, deu certo, sendo partilhada por outros proprietários paulistas. De fato, para os trabalhadores livres, a possibilidade de desenvolver uma lavoura autônoma era algo atraente, pois permitia que eles comercializassem produtos agrícolas, gerando renda imediata. No entanto, as dívidas acumuladas durante a viagem ou na compra de ferramentas eram motivo de vários conflitos. Do lado dos fazendeiros, as queixas diziam respeito ao fato de os imigrantes descuidarem dos pés de café, preferindo cuidar das próprias roças, cuja comercialização era mais difícil de ser fiscalizada. Entre os trabalhadores, as reclamações incidiam no fato de que as dívidas os reduziam à condição de semiescravos. Como resultado disso, registrou-se, na década de 1860, o abandono da maioria das experiências de trabalho livre na lavoura cafeeira paulista.

A corrente emancipacionista lutou para que as experiências com trabalhadores europeus fossem reativadas, defendendo, por esse motivo, a "imigração subsidiada". Em 1884, tal medida foi finalmente colocada em prática. O governo, principalmente o da província de São Paulo, passou a pagar a passagem de imigrantes europeus. Isso permitiu que as regiões brasileiras mais prósperas, no caso o Centro-Sul cafeeiro, fossem inundadas de italianos, portugueses e espanhóis que fugiam da pobreza em uma Europa em fase de intenso crescimento populacional. Os proprietários rurais, por sua vez, escaldados com as desastrosas experiências da parceria, adotaram uma nova forma de trabalho. No então denominado colonato, a extensão da lavoura de alimentos dos colonos ficou condicionada ao número de pés de café cuidados. Além de não arcar mais com as dívidas da viagem, os colonos passaram a contar com incentivos extras, tais como salários por ocasião da capina e da colheita. A combinação entre controle na concessão de terras para roças e pagamento por tarefas obteve grande sucesso, sendo aplicada não só na lavoura cafeeira, como também em outras atividades agrícolas de exportação que empregavam o trabalhador livre.

Paralelamente ao incentivo à imigração, os emancipacionistas também procuraram criar meios para promover a permanência dos ex-escravos nas fazendas. Algumas cláusulas da Lei do Ventre Livre e da Lei dos Sexagenários atestam isso. A primeira libertava os filhos de escravas nascidos após 1871. No entanto, um de seus artigos indicava que os proprietários podiam dispor dos serviços do menor até a idade de 21 anos completos. Em 1885, a Lei dos Sexagenários reproduziu fórmula semelhante, determinando: "São libertos os escravos de 60 anos de idade[...] ficando, porém, obrigados, a título de indenização pela sua alforria, a prestar serviços a seus ex-senhores pelo espaço de três anos".

No início dos anos 1880, a estratégia emancipacionista parecia estar dando certo. A questão agora era esperar até que o número de escravos existentes na sociedade caísse a ponto de ser possível a libertação deles com as respectivas indenizações a seus proprietários. Para muitos partidários dessa tendência, 1899 era esse ano. No entanto, o radicalismo da ação abolicionista – não só por meio das fugas e de manifestações públicas, mas também graças a uma vasta literatura sensível à causa que teve entre seus adeptos escritores do nível de Castro Alves e Bernardo Guimarães – criou condições para o 13 de Maio de 1888.

O impacto da abolição foi devastador na relação entre o governo imperial e uma legião de proprietários rurais, pois, na época em que foi sancionada, a indenização era impossível: os 700 mil escravos existentes (sendo quase 500 mil deles localizados em São Paulo, Rio de Janeiro e Minas Gerais) valiam, no mínimo, 210 milhões de contos de réis, enquanto o orçamento geral do Império era de 165 milhões de contos de réis. A Lei Áurea rompeu, dessa forma, com o gradualismo dos emancipacionistas, sendo resultado das lutas de escravos e de homens livres engajados no movimento abolicionista. Para os escravistas, a abolição representou uma traição, um confisco da propriedade privada. A reação desse grupo não tardou a acontecer. Um ano após o 13 de Maio, à oposição dos militares somou-se a de numerosos ex-senhores de escravos. A monarquia estava com seus dias contados...

22

NASCE A REPÚBLICA

Em novembro de 1889, as relações entre o Exército e o governo imperial estavam deterioradas. Falava-se muito a respeito da progressiva substituição dos batalhões da Corte pela Guarda Nacional e até que escravos fiéis à princesa Isabel atacariam quartéis onde houvesse militares simpáticos à causa republicana. No dia 14, novo boato: circula a notícia da detenção, por insubordinação, de Deodoro da Fonseca e Benjamin Constant, então principais lideranças do Exército. Na manhã seguinte, os acontecimentos se precipitaram. Deodoro, apesar de estar se recuperando de uma doença, toma a iniciativa, decretando a prisão do visconde do Ouro Preto, chefe do Gabinete e presidente do Conselho de Estado; a agitação do Exército toma conta das ruas e é proclamado o fim da monarquia; dois dias mais tarde, a família real embarca para a Europa, rumo ao exílio.

O povo assiste a tudo isso "bestializado". A quartelada de 15 de novembro foi uma surpresa; o movimento republicano, contudo, não era uma novidade. Durante o período colonial, várias revoltas, a começar pela Inconfidência Mineira, levantaram essa bandeira. Nas regências, outro surto republicano varreu as províncias e só a muito custo acabou sendo debelado. Em fins do Império, o dado realmente novo não foi o republicanismo, mas sim o fato de esse movimento envolver agora a nata da elite econômica – os fazendeiros de café paulistas –, e também o de ser politicamente moderado e socialmente conservador.

Embora o 15 de Novembro tenha dado origem a alguns grupos radicais, denominados jacobinos, eles constituíam uma pequena minoria e praticamente se restringiram à cidade do Rio de Janeiro. Em contrapartida, republicanos famosos, como Quintino Bocaiúva e Saldanha Marinho, notabilizaram-se pela política conciliatória, defendendo, sempre que podiam, a ideia de que a nova forma de governo viria por meio de reformas constitucionais, e não pela força das armas, posição, aliás, acatada pelo Manifesto Republicano de 1870, texto que emitia críticas brandas à monarquia, havendo inclusive passagens que reproduziam argumentos havia muito compartilhados até por membros do Partido Conservador.

Por esse motivo, costuma-se afirmar nos livros de história que a proclamação da República pegou a quase todos de surpresa. No entanto, as condições para a implantação do novo governo eram propícias. Tanto é verdade que, após o golpe, a defesa do antigo regime foi pequena: ocorreu apenas um pequeno levante em São Luís, Maranhão. A maior parte dos monarquistas se restringiu a escrever artigos e livros detratando o governo militar. Um partido defendendo a causa só foi criado seis anos após o golpe. E uma tentativa de trazer a família imperial de volta – uma restauração –, na figura de um dos filhos das princesas Isabel ou Leopoldina, teve fraquíssima repercussão. Só ocorreu em 1902, tendo como palco Ribeirãozinho, pacata cidade do interior paulista. Portanto, entre os grupos dominantes, raros foram aqueles que defenderam d. Pedro II; em contrapartida, desde o início da década de 1870 havia uma enorme quantidade dos que sistematicamente o criticavam.

Os militares, como vimos, tinham razões para estar descontentes: a política de enfraquecimento e de desmobilização das forças armadas significou para eles que de nada havia valido o sangue derramado na Guerra do Paraguai. A fragilidade do regime alimentava-se ainda em outras fontes. A Lei do Ventre Livre descontentou a massa dos fazendeiros escravistas. A abolição sem indenização, cabe repetir, ampliou esse descontentamento, abalando para sempre a confiança que a elite tinha no Império. Entre as elites regionais – principalmente aquelas do Centro-Sul, endinheiradas pelo café –, as queixas também se estendiam ao papel desempenhado pelo Poder Moderador, aos elevados impostos e à representação política desproporcional das províncias.

Vejamos, com mais vagar, a razão de tanta reclamação.

Durante o Segundo Reinado, o governo imperial, a todo momento, interferiu na vida política, impedindo a perpetuação de uma mesma facção no poder. A prerrogativa, facultada pelo Poder Moderador, de interromper as legislaturas e convocar novas eleições possibilitava isso, mas, por outro lado, tal mecanismo tinha um preço elevado: indispunha d. Pedro com os partidos. Não sem razão, a monarquia passou progressivamente a ser vista como um obstáculo ao pleno domínio das oligarquias regionais. No Centro-Sul, essa queixa aliava-se a outra igualmente importante: apesar da superioridade populacional e econômica, a região mais rica do país possuía uma representação inferior à do Norte e do Nordeste, daí inclusive a aprovação de leis emancipacionistas que tanto contrariavam os interesses dos fazendeiros da lavoura cafeeira. A distribuição desigual de recursos fiscais era outra consequência desse desequilíbrio político. Os anos 1880, época em que o Império subsidiou, a juros 50% mais baixos do que os cobrados pelo mercado, a criação dos engenhos centrais baianos e pernambucanos – empreendimentos quase do mesmo porte das usinas de nossa época –, foi também o período em que, para cada mil-réis de impostos pagos pelos paulistas ao governo central, apenas 150 réis voltavam como benefícios. A monarquia, dessa forma, foi se distanciando dos segmentos mais importantes das elites regionais, que passaram a defender cada vez mais a descentralização e o federalismo, aliás, principais bandeiras do movimento republicano nascido em 1870.

Como se não bastassem todas essas frentes oposicionistas, a inabilidade política dos monarquistas estendeu-se a outros campos, comprometendo até uma instituição que tinha tudo para ser sua aliada: a Igreja. No sentido de neutralizar a participação política dos padres – muito ativos nos movimentos separatistas posteriores à independência –, d. Pedro II promoveu bispos que se alinhavam à chamada corrente ultramontana. Tal segmento reunia correntes eclesiásticas que primavam pelo conservadorismo, pelo afastamento do clero das atividades partidárias e por uma defesa intransigente dos pontos de vista da Santa Sé – dizia-se que eles eram "mais papistas do que o papa".

Uma vez no poder, a nova elite eclesiástica implementou reformas semelhantes àquelas ocorridas no Exército. Em outras palavras, até meados do século XIX, padres que quisessem conseguir uma boa colocação, em paróquias que tivessem prestígio e fossem localizadas em cidades importantes, deveriam contar com o apoio das famílias dominantes, ou seja, deviam ser indicados pelos mandões da terra. Os bispos ultramontanos alteraram essa situação, transformando a ocupação de cargos públicos pelos padres em uma prerrogativa exclusivamente diocesana, mudança que levou a uma "profissionalização" do clero, selecionado, agora, segundo a formação moral, conhecimento e fidelidade à Igreja. De fato, não há como negar que essas reformas implicaram um retraimento da participação política do baixo clero. Em compensação, geraram uma legião de padres sisudos, conservadores até a medula e muito zelosos quanto a questões religiosas. Ora, entre as diretrizes ultramontanas constava a intolerância a outros cultos, inclusive à maçonaria, animosidade que, neste caso, era ainda mais acentuada devido ao fato de os maçons, no Brasil, serem partidários do liberalismo e defensores do casamento civil e da liberdade religiosa.

Embora subordinado ao imperador pelo sistema de padroado, o clero brasileiro da segunda metade do século XIX passou a pregar abertamente contra os maçons, ameaçando inclusive ministros e políticos importantes, ligados à maçonaria, de excomunhão. Na década de 1870, os ânimos se acirraram, tendo ocorrido, sob acusação de insubordinação, prisões e condenações de bispos a quatro anos de trabalhos forçados, como foi o caso de d. frei Vital Maria e d. Macedo Costa. Apesar de não serem simpáticos à causa republicana, que também defendia o casamento civil, os membros da alta cúpula da Igreja tornaram-se críticos ferozes do governo de d. Pedro II. Por meio de sermões, do sacramento da confissão e, principalmente, da imprensa religiosa, padres e bispos irmanaram-se para expressar essas recriminações, enfraquecendo ainda mais o poder imperial.

Devido ao afastamento das elites civis, militares e eclesiásticas, o fim da monarquia nos anos 1880, se não era almejado, era pelo menos previsto. Paradoxalmente, esse tipo de regime, tido como elitista, tornou-se cada vez mais afastado das classes dominantes brasileiras, tendo como seus principais defensores os segmentos da camada popular. A abolição era a razão dessa repentina popularidade. Entre raros republicanos de origem humilde e negros, como no caso de José do Patrocínio, a medida chegou a levar a uma reconversão política. No meio da escravaria, o impacto foi ainda maior. Aos olhos de muitos libertos, o gesto paternal – ou melhor, maternal – da princesa Isabel teve fortíssimo efeito. Alguns meses após o 13 de Maio, vários deles engrossaram as fileiras da Guarda Negra, com o objetivo de defender o regime, provocando desordens em comícios de republicanos ou atacando-os fisicamente. Na Corte, a organização pró-monarquia chegou a contar com 1.500 filiados, conquistando também adeptos na Bahia, em São Paulo, Rio Grande do Sul, Pernambuco e Minas Gerais, onde consta ter havido paralisações de ex-escravos devido ao fato de antigos senhores, agora transformados em patrões, terem se filiado ao Partido Republicano. A *Gazeta de Notícias*, em sua edição de 7 de julho de 1888, registrou uma dessas ocorrências: "Informam-nos, diz o Pharol, de Juiz de Fora, de anteontem, que na vila da Sapucaia os libertos pela lei de 13 de maio, sabendo que seus ex-senhores fazendeiros estão organizando um clube republicano, têm solenemente declarado não aceitarem trabalho em suas fazendas por preço algum".

Aliás, não faltavam motivos para os libertos do 13 de Maio desconfiarem da agremiação política nascida em 1870. Líderes importantes do movimento republicano, como Assis Brasil, citando o exemplo dos primeiros cem anos dos Estados Unidos independentes, viam compatibilidade entre republicanismo e escravidão. A posição oficial do partido não era muito diferente. A facção paulista, por exemplo, defendia que a escravidão não deveria acabar por decreto ou motivada por considerações éticas, mas sim pela lenta difusão do trabalho livre, que tornaria antieconômica a compra de cativos.

Apesar de popular, a Guarda Negra, em razão da perseguição policial, desarticulou-se rapidamente, não sendo capaz de esboçar resistência à proclamação da República. Na realidade, o próprio governo monárquico inviabilizou que esse apoio alcançasse consistência. Durante o Império, o sistema eleitoral era restrito aos homens livres que tivessem um determinado nível de renda. Ora, como o reajuste do que seria esse limite mínimo demorava para ser feito – ocorreu apenas em 1824 e 1846 –, a inflação, ao longo do tempo, acabava facultando o aumento progressivo do número de votantes. No início da década da abolição, cerca de 10% da população brasileira participava do sistema político. À primeira vista, esse índice pode parecer baixo, mas não era: em São Paulo, núcleo central do republicanismo, aproximadamente metade dos homens adultos – incluindo aí ex-escravos e analfabetos – era apta a votar.

Em 1881, porém, uma reforma eleitoral acoplou à renda mínima a exigência de o eleitor ser alfabetizado – critério, aliás, reafirmado pelo governo republicano nos seus primeiros cem anos de existência. O resultado imediato de tal mudança foi uma dramática diminuição do número de eleitores. Na época da proclamação da República, apenas 1% da população participava do sistema político, restrição elitista que inviabilizou, posteriormente, a via eleitoral como um possível recurso para a restauração do regime monárquico.

Por isso mesmo, é possível afirmar que, no processo de consolidação da nova ordem criada em 15 de novembro de 1889, bem mais importante do que a reação dos monarquistas e dos libertos foram os conflitos que ocorreram no interior do movimento republicano. A começar pela divergência de perspectivas entre civis e militares. Enquanto os primeiros defendiam federalismo ou autonomia provincial, os últimos se mantiveram apegados à noção de regime centralizado, mais ainda, de ditadura republicana. Para compreendermos em que consistiria essa forma de governo, é necessário lembrar que os anos 1870, além do advento do republicanismo, foi acompanhado por uma renovação nos horizontes intelectuais brasileiros.

Conforme expressão de um intelectual da época, no "bando das novas ideias" que chegaram ao Brasil predominavam agora aquelas afinadas ao pensamento científico ou, pelo menos, com o que então se acreditava ser a ciência. O positivismo foi uma dessas correntes. Seus partidários previam o advento da "era positiva", em que a sociedade – a começar pela política – funcionaria e seria regulada e controlada de maneira científica. O problema todo, porém, era que Auguste Comte, filósofo francês idealizador do positivismo, não via com bons olhos a democracia, o individualismo e o liberalismo, encarando-os como invenções metafísicas. Segundo esse autor, a sociedade moderna deveria ser gerida de maneira autoritária, por um conjunto de sábios voltados ao bem comum, daí inclusive o conhecido trecho de uma máxima positivista: "A ordem por base e o progresso por fim" – lema curiosamente incorporado à bandeira nacional republicana. Não por acaso, esse tipo de filosofia antidemocrática – resultado de extravagante mescla de admiração pelos avanços científicos do século XIX com fórmulas políticas inspiradas no absolutismo do Antigo Regime – conquistou adeptos entre militares brasileiros.

Assim, enquanto as formulações políticas de Deodoro da Fonseca restringiam-se aos ataques moralistas aos bacharéis, que humilhavam ou ameaçavam a sobrevivência do Exército, um grupo de militares positivistas – minoritário e vinculado a Benjamim Constant – introduziu no debate político brasileiro a ideia da ditadura republicana. Tal perspectiva política fez sucesso, sendo também partilhada por aqueles que não seguiam os ensinamentos comtianos. Em 1891, cerca de um ano após sua eleição como primeiro presidente constitucional, o marechal Deodoro deu mostra disso, desrespeitando a Constituição e fechando o Congresso. Uma conspiração militar o forçou então a renunciar. Mas o vice-presidente, Floriano Peixoto, assumiu o poder acentuando ainda mais as tendências ditatoriais do regime. Além de não convocar novas eleições presidenciais conforme previa a Constituição, o Marechal de Ferro contrariou os interesses de diversos segmentos oligárquicos, nomeando interventores militares para os governos estaduais.

A reação não demorou a ocorrer. Devido ao fato de a Marinha ter mantido fortes tradições aristocráticas, esse segmento acabou por espelhar, no início da República, os descontentamentos de parte da elite civil. A Revolta da Armada, de 1893-94, foi expressão disso. Embora um de seus líderes, o almirante Saldanha da Gama, fosse monarquista assumido, tal movimento, longe de ser uma conspiração antirrepublicana, expressou muito mais o descontentamento diante dos rumos tomados pelo novo regime, sendo por isso apoiado por republicanos avessos ao militarismo, como Rui Barbosa.

Em 1893, ao mesmo tempo que o Rio de Janeiro era bombardeado por navios da armada, ocorreu, no Sul, a Revolta Federalista, na qual os grupos dominantes locais se dividiram entre facções a favor e contra Floriano Peixoto. Este, por sua vez, com o objetivo de conseguir recursos e milícias suplementares para os combates na capital, assim como no Rio Grande do Sul, Santa Catarina e Paraná, aproximou-se de lideranças republicanas paulistas, abrindo caminho para a transição do poder para as mãos dos civis. Em 1894, com a eleição de Prudente de Morais, foi dado o primeiro passo e, em 1898, com Campos Sales, a transição se consolidou. Inaugura-se então o que se convencionou denominar de política dos governadores, ou seja, o pleno domínio das oligarquias sobre a república brasileira.

23

UMA *BELLE ÉPOQUE* NÃO TÃO *BELLE*

Os anos posteriores à proclamação da República foram marcados por um turbilhão de mudanças. A europeização, antes restrita ao ambiente doméstico, transforma-se agora em objetivo – melhor seria dizer "obsessão" – de políticas públicas. Tal qual na maior parte do mundo ocidental, cidades, prisões, escolas e hospitais brasileiros passam por um processo de mudança radical, em nome do controle e da aplicação de métodos científicos; crença que também se relacionava com a certeza de que a humanidade teria entrado em uma nova etapa de desenvolvimento material marcada pelo progresso ilimitado.

Por apresentar uma visão otimista do presente e do futuro, o final do século XIX e início do XX foram caracterizados – seguindo a moda europeia – como sendo uma *belle époque*. Havia, contudo, uma face sombria nesse período. O início da República conviveu com crises econômicas, marcadas por inflação, desemprego e superprodução de café. Tal situação, aliada à concentração de terras e à ausência de um sistema escolar abrangente, fez com que a maioria dos escravos recém-libertos passasse a viver em estado de quase completo abandono. Além dos sofrimentos da pobreza, tiveram de enfrentar uma série de preconceitos cristalizados em instituições e leis, feitas para estigmatizá-los como subcidadãos, elementos sem direito a voz na sociedade brasileira.

Nesse sentido, é possível afirmar que a importação do ideário da *belle époque* esteve longe de ser ingênuo. A ciência europeia da época, que passou a ser vista como critério definidor das sociedades civilizadas, era marcada por visões racistas, na qual os brancos ocupavam o primeiro lugar do desenvolvimento humano, e os negros o último.

Mas o que era o racismo naquela época? É no século XIX, com o conde de Gobineau, autor de um *Ensaio sobre a desigualdade das raças humanas*, que a noção de raça, associada às características físicas e a um passado comum, ganhou força. Gobineau andou pelo Brasil a convite de d. Pedro II e, na mesma época, despontou uma disciplina encarregada de estudar o problema: a antropologia designava, então, a arte de avaliar a cor da pele, medir crânios e definir raças. Um debate antigo agitava a área: a origem da espécie humana seria única ou múltipla?

No Brasil, tais concepções chegaram tarde. A simples introdução da categoria "cor" nos censos do Império gerou protestos, e apenas em fins do século é que intelectuais brasileiros se interessaram pelo tema. E diante da questão da mistura étnica que marcou a nossa formação, o que fazer? Raimundo Nina Rodrigues e Silvio Romero buscaram mapear as contribuições da raça negra à nossa formação. No entanto, muitos intelectuais inverteram as interpretações que previam a degeneração da raça como resultado da mestiçagem, apostando, ao contrário, que, graças à imigração europeia, o branqueamento seria a solução. Se essas conclusões fortaleceram preconceitos num momento em que os últimos escravos estavam sendo libertados, elas não estabeleceram fronteiras raciais nítidas entre as pessoas, pois valorizavam a miscigenação como uma forma eficiente de convívio. Isso não evitou, contudo, a hierarquização das raças.

Asiáticos, e especialmente os chineses, chamados "chins", também eram vistos como o fim da linha civilizatória, equiparando-se aos africanos. A ideia de substituir os segundos pelos primeiros, proposta pelo visconde de Mauá, por exemplo, foi violentamente recusada, sob a alegação de que eles teriam os piores vícios, além de ser "preguiçosos e desobedientes".

Nesse contexto, a importação das ideias racistas tinha objetivos claros: após o 13 de Maio deixava de existir a instituição que definia quem era pobre e rico, preto e branco, na sociedade brasileira. O racismo emergia assim como uma forma de controle, uma maneira de definir os papéis sociais e de reenquadrar, após a abolição da escravidão, os segmentos da população não identificados à tradição europeia.

Registravam-se, contudo, significativas diferenciações no interior das teorias racistas importadas. Para uns, como os médicos higienistas, era possível remediar as debilidades de africanos e mestiços, ao passo que, para certas correntes, próximas ao darwinismo social, tal mudança era impossível de ser realizada. Dessa forma, enquanto o primeiro grupo propunha a difusão da educação, principalmente em escolas agrícolas, controle da saúde pública, vacinação em massa e reforma dos hábitos higiênicos, o segundo defendia a noção de "sobrevivência do mais forte", chegando a ver na pobreza um elemento purificador da sociedade brasileira. Ela se encarregaria de eliminar os elementos tidos como inferiores, ou seja, os egressos do cativeiro que não conseguiam se inserir no mercado de trabalho. Um exemplo desse racismo ficou registrado no livro de Francisco Oliveira Vianna, *Populações meridionais do Brasil*, publicado em 1918: "Os preconceitos de cor e sangue" – afirma o mais famoso sociólogo da *belle époque* brasileira –, "que reinam tão soberanamente na sociedade [...] têm, destarte, uma função verdadeiramente providencial. São admiráveis aparelhos seletivos que impedem a ascensão até as classes dirigentes desses mestiços inferiores, que formigam nas subcamadas da população [...]".

Com certeza, essa última postura nem sempre era expressa de forma tão cruel, mas sim de maneira fragmentada, sob a capa de liberalismo ortodoxo ou por intermédio de decisões políticas. Um exemplo foi o diminuto empenho das autoridades públicas da Primeira República diante da tuberculose, principal causa de morte entre os negros e mestiços nas mais importantes cidades brasileiras. Por outro lado, os higienistas não eram isentos de racismo; a medicina legal, que surge no período, obcecada pela noção de raça, é um desses casos. A criminologia da *belle époque* rompe com a tradição jurídica inaugurada no século XVIII, que tinha como princípio a igualdade dos homens perante os delitos e as penas, considerando a partir de agora os delinquentes quase como um gênero humano singular, uma manifestação de formas biológicas inferiores; daí discutir-se, como fez o médico maranhense Nina Rodrigues, a necessidade de legislações específicas de acordo com as raças: "A civilização ariana" – afirma o estudioso – "está representada no Brasil por uma fraca minoria da raça branca a quem ficou o encargo de defendê-la, não só contra os atos antissociais – os crimes – dos seus próprios representantes, como ainda contra os atos antissocias das raças inferiores".

Vinda de um cientista negro, tal opinião revela que, quase sem distinção, a elite brasileira estava tomada por essa forma de pensar. Tal perspectiva, de desconfiança contra mestiços e negros como criminosos em potencial, também levou à ampliação dos poderes da polícia e à edificação de penitenciárias públicas, muito mais atentas do que as instituições repressivas do Império aos crimes cometidos por descendentes de africanos. Nem as crianças escaparam ao preconceito. Assim, em fins do século XIX, quando as instituições de caridade brasileiras registravam um crescimento vertiginoso do abandono de meninos e meninas negras, temos também o início da mudança do *status* jurídico da infância carente. Se até então os meninos e as meninas sem família eram vistos como anjinhos a ser socorridos por instituições misericordiosas, eles passam a ser encarados como "menores abandonados", membros mirins das "classes perigosas", que deveriam ser isolados do convívio social, em asilos destinados a esse fim.

A política higienista da *belle époque* desdobrou-se ainda no espaço urbano. Após 1889, em diferentes cidades, como Rio de Janeiro, São Paulo, Belém e Fortaleza, foi dado início ao que ficou conhecido como a era do "bota-abaixo". O espaço urbano colonial, fruto de uma experiência secular de adaptação da arquitetura portuguesa aos trópicos, cede lugar a projetos de reurbanização, orientados pela abertura de largas avenidas e pela imitação de prédios europeus; decisão levada a cabo pelos poderes públicos e que implicava desalojar milhares de famílias pobres – a maior parte delas de negros e mulatos –, expulsando-as de áreas centrais, onde estavam os cortiços, para locais de difícil edificação. Dessa maneira, a mesma cidade que se embelezava era também aquela que inventava a favela, termo que nasce na época, aliás, concomitante com a expressão *pivette* (erva daninha) – designação em francês, a língua da moda, para criança de rua.

    O racismo dos tempos iniciais da República voltou-se também ao combate de tradições culturais. A capoeira e as várias formas de religiosidade africanas tornam-se, segundo o Código Penal de 1890, práticas criminosas, enquanto a culinária dos antigos escravos sofre severa condenação médica. Nem as festas escapam ao furor antiafricano. Em pleno Salvador, os batuques, afoxés e candomblés são colocados na ilegalidade. Enquanto isso, em diversas outras cidades, o entrudo, comemoração pública na qual os negros participavam como coadjuvantes, nas festas de Momo ou na condição de alvo das brincadeiras com água de cheiro, começa a perder adeptos entre a elite, que passa a frequentar Carnavais em bailes de salão, com serpentina e confete, à moda veneziana.

    Como seria de esperar, essas várias formas de intervenção no mundo tradicional da população negra e mestiça deram origem a tipos variados de reações. Algumas delas podiam assumir formas não violentas, como a reação diante da proibição das festas negras. Embora as mudanças promovidas pela elite tivessem por objetivo "desafricanizar" o Carnaval, tais medidas acabaram – pelo menos em algumas cidades brasileiras – sendo assimiladas pelas camadas populares. Exemplo disso foi o surgimento do desfile de Carnaval na capital republicana. Além do confete e da serpentina, outra importação da *belle époque* carioca foi a do corso europeu. Nessa festa, os elementos mais distintos e ricos da sociedade desfilavam em carros alegóricos, competindo no brilho e luxo das fantasias. Empresas ofereciam prêmios e jornais acirravam a disputa. Aos pobres cabia assistir passivamente à festa das calçadas; lentamente, porém, eles começaram a se organizar. Na década de 1920, por exemplo, era fundado o Grêmio Recreativo Escola de Samba Estação Primeira da Mangueira, liderada por sambistas e passistas de origem humilde.

Dessa forma, o corso da elite foi dando lugar ao desfile popular de escolas de samba, organizadas nas favelas e bairros periféricos do Rio de Janeiro.

No esporte é possível identificar outro exemplo dessa incorporação popular de inovações elitistas. Importado como um lazer fino e aristocrático, o futebol acabou assimilando o gingado da capoeira e do samba, dando origem a um estilo, definido por Gilberto Freyre, como "dionisíaco" de jogar, um "futebol-dança" que permitiu aos grupos populares vinculados às tradições africanas se sobressaírem.

O cinema também contou com adesão espontânea, servindo de poderoso aliado na difusão de costumes estrangeiros, como a substituição, nos rituais amorosos, dos tradicionais beliscões portugueses pelos beijos. Salas destinadas ao cinematógrafo *lumière* foram primeiramente inauguradas no Rio de Janeiro. Em 15 de novembro de 1897, o jornal *A Notícia* registra detalhes da projeção de um filme: "Quase se sente medo de que as ondas do mar, ultrapassando os limites do quadro, invadam o elegante salão". A novidade não demora a conquistar público e, ainda em 1897, projeções de películas são registradas em outras cidades brasileiras, associando-se eventualmente a circos e grupos de teatro. No entanto, nem todas as transformações ocorridas na *belle époque* foram assimiladas ou aceitas com tranquilidade. Tanto nas cidades quanto no meio rural, as intervenções do poder governamental deram origem a importantes levantes coletivos. Aos olhos do leitor atual, essas revoltas podem parecer sem sentido ou fruto da ignorância. Mas, no fundo, elas traduziam uma reação cultural violenta diante das rápidas e autoritárias transformações ocorridas no período, transformações que não levavam em conta as formas de vida tradicionais da maioria da população – atitude, aliás, que teve início no período monárquico. Assim, em 1871, antes da proclamação da República, mas já no clima de europeização que reinava então, teve início na capital do Império uma dessas insurreições. O motivo, aparentemente, era surpreendente: a população carioca voltava-se contra a adoção do novo sistema métrico, inspirado, como seria de esperar, no modelo francês, baseado em medidas lineares de volume e de peso. Tal movimento ficou conhecido pelo revelador nome de Quebra-Quilos, estendendo-se, em 1874, pelo interior nordestino, atingindo Paraíba, Pernambuco, Alagoas e Rio Grande do Norte.

Pode parecer estranho que a substituição oficial de medidas lineares, como côvado ou jarda, pelo metro, ou de medidas de peso, tais como onça ou libra, por quilo, tenha revoltado tanta gente. No entanto, é preciso ter em mente que essa determinação legal, além de ocorrer no auge da "questão religiosa" e de sugerir a preparação do terreno para a introdução de novos impostos, rompia de uma hora para outra com tradições culturais de vários séculos na forma de organizar o mundo das camadas populares. Por isso, o levante denominado Quebra-Quilos pode ser considerado uma revolta social contra a pobreza e uma manifestação contra a europeização forçada. Tanto foi assim que, além de atacarem ricos comerciantes e fazendeiros e queimarem a documentação de cartórios e câmaras, os revoltosos nunca deixaram de destruir, nas feiras e nos estabelecimentos por onde passavam, os novos pesos e medidas impostos pelo governo imperial.

Bem mais conhecida e com efeitos mais profundos foi a revolta de Canudos. Seu líder, Antônio Conselheiro, desde os anos 1870 pregava pelo sertão nordestino. Em 1893, em uma velha fazenda arruinada no interior baiano, Conselheiro abandona a vida errante e cria a comunidade de Belo Monte, onde chegou a reunir 25 mil seguidores. Quem o acompanhava era a gente pobre do sertão, prostitutas e criminosos arrependidos, assim como muitos ex-escravos que não conseguiram se inserir na sociedade baiana pós-abolição. No mesmo ano em que é fundada a comunidade de Canudos tem início um conflito entre Antônio Conselheiro e os poderes republicanos. Os desentendimentos iniciais decorriam da criação de impostos municipais, autorizados pelo novo regime. Rapidamente a condenação a essa medida estende-se a outras, como a separação entre Igreja e Estado e a instituição do casamento civil, em contraposição ao modelo tradicional do matrimônio religioso. Dessa maneira, os conflitos evoluem para um confronto entre o mundo tradicional do sertão e a República.

No Rio de Janeiro da mesma época, cabe lembrar, o novo regime lutava contra a Revolta da Armada e organizava expedições para combater os federalistas do Sul. Embora a maior parte dos envolvidos nesses movimentos expressasse mais descontentamento ante os rumos tomados pelos republicanos do que simpatias monárquicas, eles, em razão da insegurança do governo de então, foram acusados de ser restauradores. Por razões fáceis de compreender, tal acusação foi estendida aos conselheiristas. Professando um vago saudosismo monárquico, bem diferente do laico e intelectualizado das elites, e esperançoso do mítico retorno de d. Sebastião – rei português renascentista que desapareceu combatendo os mouros –, Antônio Conselheiro deu margem para ser acusado de conspiração e de ser, no sertão, o braço armado dos monarquistas. Por isso, a comunidade de Belo Monte tornou-se alvo de uma implacável perseguição, conseguindo resistir a várias campanhas militares até, finalmente, em 1897, ser derrotada e massacrada.

Alguns anos mais tarde, foi a vez de a população carioca levantar a bandeira contra a modernidade imposta de cima para baixo. Em 1904, um levante envolvendo milhares de pessoas, que deixou como saldo 23 mortos e 90 feridos, tomou conta da capital republicana. O motivo dos revoltosos: protestar contra a vacinação antivaríola obrigatória. Uma vez mais, o levante popular apresenta características ambíguas, sendo ao mesmo tempo uma manifestação contra a pobreza urbana – o movimento ocorre após alguns anos de crise econômica no Rio de Janeiro – e uma resistência aos projetos autoritários liderados por higienistas que subestimavam os temores populares de um possível contágio com outras doenças, como a sífilis, ou que a vacina em si fosse um meio de propagação da varíola.

Nem mesmo para quem estava escondido no meio do mato a *belle époque* deixou boas lembranças. Na Amazônia, observa-se, ao longo do século XIX, o renascimento da escravidão indígena, enquanto, nas áreas do Centro-Sul, a ampliação das estradas de ferro possibilitou a incorporação de terras afastadas do litoral à agricultura de exportação. No estado de São Paulo, em razão da expansão da fronteira oeste, registram-se, nas proximidades de Bauru, sucessivos massacres dos caingangues, o mesmo ocorrendo em Santa Catarina, onde os xokleng entram em processo acelerado de extinção; fenômeno que estava longe de representar casos isolados e que levou, nas primeiras décadas do século XX, à quase extinção das populações indígenas brasileiras.

Como veremos a seguir, paralelamente às rebeliões datadas desse período e ao trágico destino dos grupos indígenas, havia outro movimento social em formação na *belle époque,* que, nos centros urbanos mais desenvolvidos economicamente, dará muita dor de cabeça à elite. Seu nome: anarquismo. Seu objetivo: destruir o mundo capitalista e burguês em processo de formação no Brasil.

24

AMBIGUIDADES DO MOVIMENTO OPERÁRIO

Na transição do Império para a República, uma nova forma de fazer política teve início no Brasil. Por essa época, começam a surgir os primeiros defensores de projetos socialistas, organizando partidos, sindicatos e jornais. Tratava-se, de fato, de uma mudança radical. Basta lembrarmos que, ao exaltar o "trabalhador" como principal elemento da sociedade, o movimento operário brasileiro rompeu com tradições seculares, herdadas da época escravista, que consideravam as atividades manuais aviltantes e indignas para os cidadãos. Inaugurava-se, assim, um novo princípio de exercício legítimo do poder que tem influência até os dias atuais.

Não por acaso, o Rio de Janeiro registrou as primeiras manifestações do movimento operário brasileiro. De fins do século XIX até os anos 1920, a capital republicana liderou o processo de industrialização, sendo posteriormente superada por São Paulo. A existência de trabalhadores em numerosas fábricas de tecidos, calçados, chapéus, cerâmicas e vidros, aliada ao próspero artesanato autônomo, como o de alfaiates e sapateiros, e a milhares de pequenos funcionários públicos abriu caminho, no meio urbano carioca, para a aceitação das novas ideias políticas. O Centro do Partido Operário, criado para disputar a eleição para a Constituinte de 1891, foi exemplo dessa mudança. A plataforma por ele defendida, por meio do jornal *Echo Popular*, apresentava um conjunto de reivindicações modestas, havendo até condenação às greves. Além de aumentos salariais, defendiam-se direitos que hoje consideramos básicos – embora só tenham sido alcançados à custa de muita luta e perseguições –, tais como: proibição do trabalho infantil, jornada de trabalho de oito horas, direito a um dia de descanso semanal, aposentadoria para os idosos e inválidos e também a criação de tribunais para arbitrar conflitos entre patrões e empregados. Apesar de defender causas de grande aceitação popular, o Centro do Partido Operário não sobreviveu muitos anos. Em 1893, por ter aderido à Revolta da Armada, a agremiação política foi extinta. No entanto, as bandeiras levantadas pelo movimento tiveram continuação; exemplos disso são o Partido Democrata Socialista, criado na capital paulista em 1896, e o Partido Operário Socialista, organizado em 1898 na cidade portuária de Santos. Os sindicatos foram outra criação da época.

No Rio de Janeiro e em São Paulo, as ligas operárias começaram a se formar nos anos 1870-80, mas só se tornaram numerosas após o advento da República. Aos poucos, acompanhando a industrialização, esse tipo de instituição espalhou-se por outras regiões brasileiras. A arma de luta sindical tinha um nome: *grève*; palavra escrita em francês até mesmo em jornais populares, sugerindo tratar-se de uma experiência social nova no Brasil, o que, de fato, era. Antes da década de 1890, a não ser em casos isolados de gráficos e cocheiros, não tinham sido registrados movimentos grevistas importantes no Brasil. Durante os primeiros anos republicanos, o quadro tornou-se bem diferente: na capital federal ocorreram, entre 1891 e 1894, dezessete paralisações em defesa de aumento salarial ou pela jornada de oito horas, e no estado de São Paulo 24 movimentos similares sucederam-se até 1900. Apesar de combativos, os sindicatos surgidos nesse período não conquistaram melhorias substantivas para a classe trabalhadora. Talvez por isso, no início do século XX, outra tendência política, bem mais radical, ganhou terreno no movimento operário. Tratava-se dos anarquistas. Assim, paralelamente aos grupos moderados, que continuaram a formar partidos, aliás de curta duração e sem expressão eleitoral – como o Partido Operário Brasileiro, de 1906, ou o Partido Operário Socialista, fundado três anos mais tarde –, havia agora aqueles que defendiam uma reorganização completa da sociedade, ou melhor, defendiam a revolução.

Ao contrário dos socialistas, os anarquistas não se organizavam em partidos, recusando-se a participar em parlamentos ou a aceitar cargos públicos. A teoria política que os orientava preconizava que o Estado, independentemente da classe social que estivesse no poder, era uma instituição repressiva, daí a defesa intransigente de sua substituição por associações espontâneas, tais como federações de comunas ou cooperativas de trabalhadores. As ligas operárias, obviamente, eram a forma de organização que mais se aproximava desse modelo de sociedade do futuro. Talvez por esse motivo, a época de difusão das ideias anarquistas coincida com a de expansão do movimento sindical brasileiro. Entre 1900 e 1914, por exemplo, o número de sindicatos na capital paulista aumentou de 7 para 41, e a média anual de greves se multiplicou por três. No Rio de Janeiro, os anarquistas também dão sinal de força. Em 1906, organizam um congresso e, no ano seguinte, criam a Federação Operária, congregando vários sindicatos e levando o mérito de manterem os jornais operários de mais longa duração – como *A Terra Livre* – e, em 1918, de liderarem na capital republicana uma insurreição da qual participaram trabalhadores e militares.

No entanto, após esse período de expansão, o movimento anarquista entrou em declínio. A primeira razão foram os estragos causados pela repressão, e a suspeita não é infundada. Paralelamente às correntes pacifistas, havia, entre os anarquistas, os defensores da ação direta, em outras palavras, do emprego da violência contra as classes dominantes, como ficou registrado, no início do século XX, em panfletos anexados aos processos contra militantes cariocas, nos quais consta a defesa do assassinato sistemático de burgueses por meio do envenenamento do leite com biclorato de mercúrio. Tratava-se de uma situação aterradora, embora também seja curioso observar, por meio desse exemplo, a existência de um darwinismo social de origem popular, não voltado para a eliminação "das raças inferiores", conforme mencionamos no capítulo anterior, mas sim para a extinção das "classes parasitárias", identificadas às elites.

Embora minoritários entre os anarquistas, os partidários da ação direta deram margem para a organização de um eficiente sistema repressivo. Contribuía para isso o fato de muitos militantes terem nascido fora do Brasil, como nos casos registrados na capital paulista, onde, na década de 1910, entre 70% e 85% dos trabalhadores fabris, de transportes, do pequeno comércio e do artesanato eram estrangeiros. Embora a maioria dos italianos, portugueses e espanhóis fosse proveniente do meio rural, alguns deles tinham experiência sindical ou participação no movimento anarquista europeu, por isso se destacaram na fundação e liderança de sindicatos. Ora, a elite republicana levou isso em conta e, aproveitando-se de atos terroristas dos partidários da ação direta, aprovou leis favoráveis à expulsão de estrangeiros. Assim, de agentes civilizadores, como eram considerados no Império, os imigrantes europeus passaram a ser vistos como fonte de desordem e subversão política.

Todavia, a repressão não explica tudo. A forte presença de estrangeiros no movimento operário tinha ainda outras consequências negativas. Muitos homens e mulheres que aceitaram migrar para o Novo Mundo partiram na esperança de ascender socialmente. As fileiras do anarquismo, devastadas pela repressão policial, encontravam, dessa forma, dificuldades para se renovar; tanto pelo fato de os imigrantes afastarem-se do movimento assim que conseguiam melhores colocações, como pelo alto índice dos que retornavam ao país de origem, decepcionados com as condições de vida no Brasil.

As rivalidades étnicas, por outro lado, inviabilizaram a sobrevivência de muitas organizações sindicais. Um desses casos foi o da Sociedade de Resistência dos Trabalhadores em Trapiche e Café, sindicato que reunia trabalhadores portuários do Rio de Janeiro da República Velha. Tratava-se de um dos raros casos em que a liderança era formada por negros. No entanto, a presença crescente de estivadores portugueses levou ao surgimento de conflitos internos. Em 1908 chegaram a ser registradas mortes durante as reuniões sindicais. Nos quatro anos seguintes, os resultados dos conflitos foram desastrosos. O número de filiados diminuiu de quatro mil para apenas cinquenta; o sindicato dos pintores cariocas, por essa mesma época, enfrentou problemas similares, enquanto outras agremiações sindicais se apresentavam claramente como guetos étnicos, delimitando de antemão a nacionalidade dos filiados e militantes, como no caso dos chapeleiros paulistas, reunidos na *Società Cosmopolita fra Lavoratori Cappellaio*.

Além do problema étnico, havia outros. A recusa do movimento anarquista à participação política parlamentar e de dar apoio político aos partidos existentes dificultava a cristalização das reivindicações dos trabalhadores em leis. Aliado a isso, os anarquistas condenavam o futebol, o Carnaval, o catolicismo e a umbanda, vendo nessas manifestações artimanhas da burguesia para alienar as massas em relação a seus reais interesses; o que de fato contribuiu, entre os militantes, para a formação de preconceitos em relação à grande maioria dos trabalhadores e levando-os muitas vezes, paradoxalmente, a assumir posturas racistas ou elitistas.

Até 1920, os resultados das lutas sindicais brasileiras foram diminutos. Os ganhos salariais alcançados não acompanharam o aumento de preço dos alimentos e do aluguel de casas. A incipiente legislação trabalhista da época restringia-se, por sua vez, a indenizações por acidentes e à restrição ao trabalho feminino ou infantil; leis tímidas e alvos de reformas retrógradas, como o decreto estadual paulista de 1911, que proibiu o trabalho de menores de 10 anos em fábricas e oficinas, abreviando em dois anos o limite determinado na legislação de 1894. Outras leis não saíram do papel, como aquela aprovada em 1917 que definia a jornada de trabalho infantil, limitando-a a cinco horas e estabelecendo a exigência de certificado médico e de atestado de frequência escolar na admissão dos pequenos operários.

A exploração desenfreada de homens, mulheres e crianças que, por vezes, tinham de suportar jornadas de trabalho superiores a doze horas, multiplicava os casos de rebeldia individual e, principalmente, de comportamentos autodestrutivos entre os operários. Em São Paulo, durante as duas primeiras décadas republicanas, as prisões por desordens aumentaram em 40%, enquanto as por embriaguez cresceram quase 400%. Paralelamente a isso, a exclusão dos egressos do cativeiro no mercado de trabalho livre acentuava a prática de furtos. Em cidades como a Campinas do início do século XX, negros e pardos representavam apenas 20% da população total, mas respondiam por cerca de metade da população carcerária. Os dados cariocas mostram, por sua vez, que imigrantes europeus nem sempre desfrutaram de melhores condições. Em 1903, cerca de uma centena de portugueses residentes na capital federal foram expulsos do Brasil sob a acusação de vadiagem e roubo. Entre 1915-18, esse segmento respondeu por 32% dos processos criminais, apesar de constituir apenas 15% da população masculina adulta do Rio de Janeiro.

Perante os riscos da miséria, a grande maioria dos trabalhadores reagia criando associações mutualistas. De maneira semelhante às outras formas de organização mencionadas anteriormente, o mutualismo não era uma invenção local, e sim uma importação europeia, mais precisamente francesa. No Brasil, as primeiras instituições desse tipo começaram a surgir em meados do século XIX. Como o próprio nome sugere, o mutualismo promovia o socorro recíproco de seus filiados. Tal qual os sindicatos, elas podiam se organizar a partir de critérios socioprofissionais, recebendo inclusive denominações referentes ao grupo que representavam, tais como: Sociedade de Beneficência dos Artistas da Construção Naval, Sociedade Protetora dos Barbeiros e Cabeleireiros, ou, ainda, Sociedade de Socorros Mútuos dos Artistas Sapateiros e Profissões Correlatas. Contudo, a semelhança entre esse tipo de associação e os sindicatos encerrava-se por aí. Enquanto os sindicatos voltavam-se para a conquista de direitos e transformações sociais, as associações mutualistas promoviam assistencialismo e conformismo social. Além disso, as mutuais, em plena época de industrialização, mantinham traços semelhantes aos das antigas irmandades e confrarias religiosas – inclusive evitando os termos "operário" ou "trabalhador", como pode ser observado na referência a "artistas" em suas denominações. O levantamento dos estatutos também confirma as características, por assim dizer, "coloniais" dessas associações. Em

São Paulo, por exemplo, 80% delas tinham como principal objetivo a realização de cerimônias religiosas por ocasião da morte dos associados, comprometendo-se a pagar os custos do carro, caixão, flores, velas, roupas do morto e também indicar o grupo de sócios que acompanharia o esquife. Em outras palavras, enquanto os socialistas e anarquistas voltavam-se para as vitórias terrenas, os mutualistas promoviam a conquista do além.

Outros traços confirmam o perfil arcaico das mutualistas. Muitas delas, apesar de contar com sócios de origem humilde, convidavam ricos comerciantes para participar da diretoria e administração da associação. De forma semelhante às confrarias coloniais, também não se importavam de se subordinar ao Estado em troca de isenção de impostos, autorização para emprestar dinheiro a juros e receber legados testamentários. Sua presença, aliás, não estava necessariamente ligada à prosperidade econômica regional. Tanto é verdade que, em 1889, o Rio Grande do Sul possuía 85 associações mutualistas, enquanto o próspero estado de São Paulo contava com apenas 23; número também inferior às 40 registradas, em fins do século XIX, na Bahia.

O surgimento dos sindicatos, por sua vez, não fazia com que o mutualismo entrasse em declínio. Em 1928, os paulistas contavam com 83 mutuais, número bem superior às 23 existentes em 1889; na capital federal, esse crescimento também foi intenso: as 171 agremiações registradas em 1883 aumentaram para 438 em 1912; por essa época, enquanto os sindicatos cariocas contavam, no máximo, com 70 mil filiados, as mutualistas possuíam cerca de 280 mil associados. Como se vê, as instituições mutualistas eram bem mais representativas que as organizações sindicais. Ao contrário dessas últimas, elas se baseavam em uma prática política avessa ao conflito de classe, ao mesmo tempo que compartilhavam com os socialistas algumas preocupações, como as de auxílio à saúde e assistência por ocasião da velhice, ou seja, por formas variadas de previdência social. Segundo pesquisas, a partir das décadas de 1930-40, Getúlio Vargas assumirá essas bandeiras, capitalizando para si o apoio de boa parte das camadas populares.

25

OS FAZENDEIROS INDUSTRIAIS

Um dos assuntos mais polêmicos da história brasileira diz respeito à industrialização. Rios de tinta foram gastos em vários escritos a respeito do tema e verdadeiras montanhas de estatísticas digladiam-se, de um texto a outro, com o objetivo de demonstrar diferentes hipóteses. Em um aspecto, porém, a maioria dos pesquisadores parece concordar: ao contrário da evolução ocorrida no mundo europeu, a indústria brasileira não resultou de um lento e progressivo desenvolvimento do artesanato e da pequena manufatura, mas já nasceu grande, na forma de fábricas modernas.

Paradoxalmente, tal situação foi possível graças ao atraso econômico nacional. Na década de 1880, quando aqui começaram a ser implantadas as primeiras indústrias, a maquinaria fabril europeia já contava com cem anos de desenvolvimento técnico, e foi justamente com essa tecnologia importada que teve início nossa industrialização. Contudo, a aparente vantagem apresentava um gravíssimo inconveniente que deixa traços até os nossos dias: ela não estimulou o desenvolvimento de tecnologia industrial própria, muito necessária quando se quer construir máquinas que fazem máquinas ou simplesmente ajustar a produtividade aos padrões internacionais.

Dessa maneira, fortes laços de dependência internacional foram gerados, seja pelo fato de as novas técnicas serem caríssimas, seja por serem alvo de monopólios zelosamente protegidos pelas grandes indústrias estrangeiras.

Além disso, a importação de tecnologia serviu de desestímulo ao desenvolvimento educacional. Aliás, não deixa de ser interessante observar que, no Brasil, o inventor, o gênio que da garagem da casa revoluciona o mundo, verdadeiro herói da era industrial, nunca foi um personagem socialmente muito importante. Não que faltasse gente talentosa e criativa, mas sim – vale repetir – pelo fato de aqui, ao contrário do mundo europeu, a industrialização não ter sido resultado de uma lenta incorporação de avanços técnicos à pequena produção manufatureira.

Qual seria então a proveniência dos capitais iniciais das indústrias brasileiras? Quem foram os nossos primeiros empresários? Ora, mais uma vez cabe sublinhar que várias pesquisas convergem para um mesmo ponto: nossa primeira industrialização, 1880-1930, grosso modo, originou-se da importação de máquinas modernas custeadas pelo mundo agrário tradicional. Quanto a isso, o caso paulista, região que se tornaria principal polo industrial do país, é exemplar.

Ao contrário do que se imagina, São Paulo nem sempre foi a região brasileira mais industrializada; até o início do século XX, a região ocupava uma situação relativamente modesta. E em 1907, por exemplo, o censo industrial indicou que a capital federal tinha duas vezes mais fábricas do que os vizinhos do Sul; Minas Gerais, por sua vez, vinha nessa listagem em segundo lugar, cabendo a São Paulo uma modesta terceira colocação, seguida então pelo Rio Grande do Sul. Em relação ao capital investido e à produção por fábrica ou ao número de operários por estabelecimento, a situação não era melhor: os paulistas perdiam em todos esses itens para os pernambucanos, que, por sua vez, ocupavam o sexto lugar na listagem de número total de indústrias brasileiras. Ainda com base nos dados de 1907, é bastante esclarecedor o fato de praticamente 85% da produção industrial nacional estar localizada fora das fronteiras paulistas. Ao contrário do que sugere o divulgado mito de "locomotiva do Brasil", os habitantes da antiga terra dos bandeirantes não lideraram nosso primeiro processo de industrialização.

Tal qual ocorria em vários lugares, os fazendeiros paulistas investiam os recursos extras da lavoura de exportação na compra de máquinas. Muitos viam nesse investimento uma forma de complementar as atividades agrícolas. Desse modo, não era raro fazendeiros de algodão inaugurarem fábricas de fiação e tecelagem, pecuaristas fundarem fabriquetas de couro e cafeicultores voltarem-se para a produção de vagões e de máquinas que beneficiavam café. Havia ainda aqueles simplesmente interessados em diversificar os investimentos, ampliando assim as fontes de renda familiar; homens como Antônio da Silva Prado e Antônio Álvares Penteado que, entre fins do século XIX e início do XX, foram prósperos fazendeiros de café e, ao mesmo tempo, fundaram vidraria e fábrica de aniagem.

O que, porém, teria levado São Paulo a se tornar o principal polo industrial e quando isso ocorreu? Ora, uma vez mais adentramos em um campo de infindáveis polêmicas, cabendo aqui sintetizar a explicação mais recorrente. Primeiramente, cabe ressaltar que os paulistas possuíam a mais próspera atividade agrícola do país. Desde a década de 1830, o café havia se tornado o principal item da economia brasileira. No ano de 1900, o produto rendia, em exportações, dez vezes mais do que o açúcar, vinte vezes mais do que o algodão e quase trinta vezes mais do que o tabaco; somente a borracha – que estava vivendo seu período áureo – podia rivalizar com o café; mesmo assim, o fruto do extrativismo nos seringais da Amazônia contribuía, no quadro das exportações, com um quarto do que representava a matéria-prima da popular bebida matinal.

Alimentada por férteis terras e por estradas de ferro que viabilizavam a expansão da fronteira agrícola em regiões bastante afastadas do litoral, a lavoura cafeeira paulista, entre 1886 e 1910, aumentou sua participação na produção nacional de 42% para 70%, deixando muito para trás seus vizinhos fluminenses. Números ainda mais impressionantes quando recordamos que, na última data mencionada, o Brasil controlava cerca de 75% da produção mundial, o que significava dizer que os paulistas produziam aproximadamente metade do café comercializado no mundo; produção que, em 1906, implicava a exportação de algo não muito distante de um bilhão de quilos!

Ora, tal situação garantia o ingresso de polpudas rendas para a economia local, ampliando o mercado consumidor e as fontes de renda para o investimento fabril. Além de contar com recursos abundantes que podiam ser canalizados para a indústria, os paulistas dispunham ainda de outras vantagens que os capacitavam a superar industrialmente as demais regiões brasileiras. Uma delas foi ter recebido milhões de imigrantes europeus, que competiam com os ex-escravos no mercado de trabalho, fazendo com que, até aproximadamente a década de 1920, os salários localmente pagos fossem inferiores aos despendidos por empresários cariocas e gaúchos; havendo casos, como o das indústrias de vestuário e de calçado, em que tais vencimentos eram até inferiores à média nacional, incluindo aí as regiões nordestinas atrasadas.

Transformações políticas também contribuíram para a prosperidade econômica paulista. Conforme mencionamos em outro capítulo, durante o Império, a província de São Paulo contribuía muito mais em impostos do que recebia em benefícios e investimentos públicos. Ora, a República, ao inaugurar o federalismo fiscal, em muito ampliou as verbas orçamentárias de prefeituras e do governo estadual, dando origem localmente ao que denominamos anteriormente de *belle époque*: um período de grandes obras públicas e de ampliação dos espaços urbanos. Obras e reformas que geravam milhares de empregos, incentivando o crescimento das cidades – sendo o exemplo mais impressionante o da capital paulistana, cuja população, entre 1872 e 1914, aumentou de 23 mil para 400 mil habitantes –e multiplicando o mercado consumidor de produtos industriais, como o de calçados, vestuário, bebidas, etc.

Por outro lado, São Paulo soube reagir com criatividade às crises econômicas. Como ocorria desde o período colonial, a expansão local da lavoura de exportação acabou gerando problemas de superprodução. As curiosamente denominadas safras-monstros levavam a drásticas variações de preço do café. Assim, ao compararmos os anos de 1890 e 1906, constataremos que, em libras esterlinas – moeda de referência da época –, houve uma queda pela metade no preço internacional do produto-rei da economia brasileira. Os paulistas, após amargarem por mais de uma década, reagiram à crise promovendo, em 1906, o que ficou conhecido como Convênio de Taubaté, reunião dos produtores brasileiros com o objetivo de lançar uma política de valorização do café. Tal política consistia na compra, estocagem e até destruição da mercadoria, com o objetivo de manter ou recuperar seu preço internacional. Embora produtores mineiros e fluminenses tenham sido reticentes a medidas tão radicais, elas, com o apoio do governo federal e de empréstimos internacionais, acabaram sendo implantadas. Contrariando as expectativas liberais da época, a valorização obteve êxito: entre 1907 e 1915, o preço internacional do café praticamente dobrou. O alívio foi tal que as safras-monstros de 1917 e 1921 acabaram – com sucesso, diga-se de passagem – sendo enfrentadas da mesma maneira. Em 1925, a defesa do café torna-se permanente. Essa política, se não salvou a economia paulista da crise de 1929, pelo menos em muito diminuiu seus efeitos, preparando, já no início da década de 1930, uma retomada local do crescimento econômico.

A prosperidade da economia paulista, por sua vez, abriu caminho para que muitos imigrantes ascendessem socialmente. No entanto, raros foram os casos como o do sapateiro português Antônio Pereira Ignacio, fundador das fábricas Votorantim, que, começando a trabalhar aos 11 anos de idade, criou um império. Na maioria das vezes, os imigrantes empresários já chegavam com algum recurso ou eram originários da classe média e traziam consigo um importante capital: o capital cultural, ou seja, vinham qualificados do ponto de vista da educação formal. Esses foram os casos de Alexandre Siciliano, Antônio de Camillis ou, para citar o mais famoso deles, Francisco Matarazzo. Além disso, tais imigrantes nem sempre se dedicavam imediatamente à atividade industrial. Muitos atuaram primeiramente na agricultura de exportação ou no comércio interno de alimentos, reproduzindo assim uma trajetória social típica dos fazendeiros industriais.

Porém, durante a *belle époque*, a expansão econômica paulista esteve longe de ser uma marcha triunfal rumo à modernidade. Havia aspectos nefastos na política de valorização. Um deles dizia respeito ao estímulo para que surgissem novos países produtores. O aumento da oferta fazia com que os mercados internacionais ficassem cada vez mais exigentes em relação ao produto, levando à progressiva marginalização das regiões com cafezais antigos. Por outro lado, a estocagem era um recurso que não podia ser utilizado indefinidamente, o que levava, em alguns períodos, à destruição do produto, conforme observou Blaise Cendrars: "De 1929 a 1934, durante os anos cruciais da crise financeira mundial o IDC [Instituto de Defesa do Café] destruiu 36 milhões de sacos de café. Cargas de café foram atiradas ao mar. Queimou-se café nas caldeiras das locomotivas. Em Santos, uma montanha de sacos de café empilhados uns sobre os outros ardeu dia e noite durante todos os anos da crise e talvez até a declaração de guerra. Digamos uns 50 milhões de sacos... Era um absurdo".

Além de "queimar" recursos que poderiam ter sido utilizados nas indústrias, a defesa do café tinha ainda outros efeitos negativos. Ela criava fortíssimas pressões pela desvalorização da moeda da época, mil-réis, encarecendo a importação de maquinário industrial. Pressões, aliás, nada desprezíveis, pois, ao receberem o pagamento pela venda do café em libras esterlinas, os fazendeiros lucravam muito com a desvalorização da moeda nacional.

Tendo em vista essa relação, ao mesmo tempo complementar e contraditória, entre lavoura exportadora e indústria, compreende-se por que não houve uma veloz revolução industrial paulista, mas sim um processo de transformação econômica lento e cheio de percalços. A mesma afirmação é, com certeza, válida para o resto do Brasil, que somente em meados da década de 1940 assistiu à indústria superar a agropecuária no conjunto das riquezas nacionais.

Outro aspecto importante para explicar nossa industrialização tardia diz respeito à oposição intelectual feita a ela. Não foram poucos os que a encaravam como uma "criação artificial" da sociedade brasileira. Posição partilhada por conservadores, opositores a todo e qualquer tipo de indústria e à própria vida urbana a ela associada, assim como por liberais ortodoxos, que defendiam o emprego dos capitais nacionais na agricultura, deixando a importação ou a produção de artigos industriais a cargo de companhias estrangeiras.

Uma vez que essa posição encontrava numerosos adeptos entre políticos e ministros, não é de estranhar a boa acolhida dada ao capital internacional. Embora em uma escala bem menor do que a registrada na década de 1950, esses investimentos atingiram, durante a República Velha, numerosos e diversificados setores de nossa economia. Entre estes incluíam-se ramos tradicionais, como os das estradas de ferro e de bondes, ou ramos vinculados à energia, como os investimentos da Light e da General Electric, ou a indústria farmacêutica, com os investimentos da Rhodia e da Bayer, ou ainda atividades vinculadas à fabricação de carros e pneus, com a instalação da fábrica da Ford e da Goodyear. Essas empresas foram aqui instaladas nos anos 1920, data, aliás, em que São Paulo desponta como principal centro industrial, relegando o Rio de Janeiro ao segundo lugar.

26

UMA REPÚBLICA VELHA?

Em 1922, comentando a presença de um mendigo vivendo num matagal na capital federal, Lima Barreto observa: "Não diz a notícia dos jornais que o homem se alimentasse de caça e pesca, acabando assim o quadro de uma vida humana perfeitamente selvagem, desenvolvendo-se bem perto da avenida Central que se intitula civilizada". Nesse trecho da crônica "Variações", podemos perceber que as transformações indicadas nos capítulos anteriores conviveram com a permanência de tempos anteriores, de tempos quase selvagens. Constatações como essa fizeram muitos estudiosos encararem o regime criado em 1889 como uma superficial reorganização de instituições políticas, sem grandes implicações econômicas ou sociais. Mais ainda: houve quem interpretasse o novo sistema político como um "salto" para trás no tempo histórico, uma ruptura com a tendência centralizadora do Império, que deu lugar ao pleno domínio dos fazendeiros no quadro político nacional.

Da mesma forma que os temas anteriormente discutidos, essas interpretações são alvo de calorosas discussões. Um dos principais aspectos questionados é o suposto enfraquecimento do Estado. A crítica, por sinal, tem sua razão de ser, pois a fragmentação federalista, inversamente ao que ocorreu na época regencial, não fez surgir movimentos separatistas. Ao contrário, o poder central, de certa maneira, se viu fortalecido, pois a Primeira República coincide com a decadência econômica dos proprietários rurais de numerosas regiões e que, por isso, se tornam dependentes das funções, dos recursos e da proteção proporcionados pelo aparelho público federal.

Outras interpretações sublinham que a novidade republicana foi o surgimento de governos estaduais fortemente controlados por grupos oligárquicos, situação que, em razão do Poder Moderador, dificilmente ocorria na época monárquica. Assim, entre o mandão de uma cidadezinha e o presidente da República, surge uma instância intermediária, que barganha favores, empregos e verbas em troca de apoio político. Esse arranjo consiste no núcleo da Política dos Governadores, que, entre 1898 e 1930, dominou a República Velha. Campos Sales, seu idealizador, é, por isso, considerado um político sagaz e de grande imaginação. Uma análise comparativa com o que ocorria em outros países da América Latina revela, porém, que a proposta não era propriamente uma novidade; na Argentina, por exemplo, ela existia desde 1880, sob a denominação de Liga dos Governadores.

Além de disporem de toda uma rede de favores de natureza econômica, os governadores também conseguem apoio político federal para se perpetuar no poder. Isso era possível graças ao fato de os candidatos eleitos estarem sujeitos, segundo as leis eleitorais, à reconfirmação de seus respectivos mandatos pelo Congresso e pelo presidente da República. Os vitoriosos não apoiados pelo grupo dominante passavam, assim, a ser alvo do que popularmente ficou conhecido como degola. No outro extremo dessa cadeia de compromissos e barganhas, o poder estadual concedia carta branca aos chefes locais para decidirem a respeito de todos os assuntos relativos ao município, podendo, inclusive, indicar protegidos seus para ocupar cargos estaduais.

Tal sistema, aparentemente, atendia aos interesses dos míni, médios e supercoronéis. Mas isso só na aparência, pois, na prática, a política republicana contrariava a muitos. O problema básico consistia na falta de regras claras a respeito da sucessão de poder, dando lugar, como no caso do gaúcho Borges de Medeiros, a grupos que por décadas se perpetuam no governo. Na ausência do imperador para dar "a última palavra", ou ao menos para agir como um mediador consensual, são criadas condições propícias para um quadro de permanente conflito armado entre as oligarquias. No plano federal, essa situação propicia o pleno domínio de paulistas e mineiros. Em 1889, além de contar com partidos republicanos organizados há mais de uma década, há fatores econômicos e demográficos que favorecem esses estados. No caso paulista, obviamente, a supremacia econômica decorria do café. Em Minas, a vantagem advinha do fato de tratar-se do mais populoso membro da federação e, portanto, o que mais poderia influenciar nas votações presidenciais. Dessa maneira, não é de estranhar que, entre 1894 e 1930, as oligarquias paulistas e mineiras tenham elegido nove dos doze presidentes republicanos. Tal situação, vale repetir, marginaliza numerosos grupos oligárquicos, dando origem a um quadro de conflitos e de permanente denúncia – muitas delas meramente oportunistas – contra a corrupção eleitoral e o clientelismo (na época também chamado de "filhotismo"); denúncias que acabam tornando recorrente a opinião de que a monarquia havia sido superior à república.

Em várias regiões brasileiras, violentas disputas entre os grupos oligárquicos reforçam a sensação de regressão social. Um conflito registrado em Mato Grosso, no ano de 1906, leva à deposição do governador local; outro acontecido oito anos mais tarde, no Vale do Cariri, orquestrado por coronéis cearenses – entre eles padre Cícero –, promove um ataque à capital para depor o governador Franco Rabelo. Tais conflitos acabam exigindo a interferência de tropas federais, como os do estado de Goiás, em que lutas sucessivas entre Caiados e Wolneys desestabilizam a vida política local. Foram também múltiplas as guerras travadas no sertão baiano contra os poderosos Seabras. Em outras palavras, aos olhos de muitos, a vida política republicana havia se transformado, na maioria das vezes, em um campo de tiroteios e emboscadas, e não de diálogo e negociação.

Tais lutas eram, em certo sentido, expressão máxima do que costuma ser definido como coronelismo, forma de "mandonismo local", particularmente mais intensa no Nordeste, que se baseava na formação de exércitos particulares de jagunços. Estes atuavam criminosamente no sertão desde os tempos coloniais, sendo eventualmente contratados para servir em guerras entre famílias rivais ou, em épocas de muita penúria econômica, para proteger o gado. A novidade da República Velha foi, por um lado, o uso político desses foras da lei, como ocorreu na mencionada revolta cearense do Vale do Cariri, que chegou a reunir bandos compostos de 5 mil jagunços. De certa maneira, a decadência da economia açucareira e do algodão contribuiu para isso, pois extinguiu boa parte dos empregos que garantiam, durante determinados meses do ano, a remuneração de inúmeras famílias sertanejas. Por outro lado, o declínio da produção de borracha nas áreas amazônicas, ocorrido no início do século XX, debilita a solução migratória como uma alternativa à miséria. A combinação entre estagnação econômica, secas e diminuição da emigração fez com que aumentasse muito a população sertaneja miserável e a de pequenos proprietários que enfrentam a amarga experiência de declínio social. Por isso, essas populações se tornam facilmente recrutáveis pelos grupos oligárquicos. Não sendo raro que, após o fim dos conflitos, jagunços engrossem fileiras do cangaço "autônomo" – como foi o caso do célebre bando de Lampião –, que vivia do roubo e da extorsão. Tal situação reproduzia no Brasil um quadro não muito distante de desprezadas realidades comuns às mais pobres repúblicas latino-americanas da época.

O coronelismo e o cangaço eram, dessa maneira, um lado sombrio de nossa *belle époque* e indicam o caráter excepcional das transformações registradas no meio urbano, que, aliás, até a década de 1920 concentra apenas 20% da população brasileira. Trata-se de fato de uma ironia da história: na maioria das regiões brasileiras, o regime nascido em 1889 inverte, em vez de acentuar, a tendência europeizante da segunda metade do século XIX. Não é, portanto, de estranhar que a República Velha, mesmo quando "nova", tenha gerado inúmeros críticos, a começar pela instituição que lhe deu origem: o Exército.

Conforme já observamos, a partir de 1898, os militares afastam-se da vida política. Tal retraimento, em parte decorrente das desastrosas campanhas de Canudos, também foi conseguido graças à concessão de cargos públicos a oficiais; prática que criou raízes e silenciou as casernas. Em 1910, porém, é dada ao Exército a possibilidade de voltar à cena. Eclode no Rio de Janeiro um levante de marinheiros. Liderados por João Cândido Felisberto, filho de ex-escravos, os revoltosos, em 23 de novembro, apoderam-se de embarcações de guerra e bombardeiam a capital federal. O principal objetivo da revolta revela a ambiguidade republicana, ou, melhor dizendo, a incapacidade de o novo regime romper com o passado: os amotinados exigem a abolição da chibata como castigo; aliás, o uso da chibata já era, havia muito, legalmente proibido. A reclamação estava longe de ser retórica: no dia da eclosão da revolta, um marinheiro carioca havia sido condenado ao nada agradável castigo de 250 chibatadas.

Apesar de a rebelião ter chegado ao fim por meio de um acordo negociado, o Exército se firma como uma instituição fiadora da ordem. Nesse ano, a campanha do marechal Hermes da Fonseca relança em palanque a defesa do soldado-cidadão, salvador da pátria. Uma vez eleito, o marechal não altera em muito – ou melhor, não altera em nada – o quadro republicano. Em 1915, uma revolta de sargentos do Rio de Janeiro indica que o descontentamento havia alcançado a baixa oficialidade. Na década seguinte, outros levantes revelam novas insatisfações. O movimento dos 18 do Forte de Copacabana, de 1922, foi um deles. A revolta origina-se de cartas (falsas, por sinal), atribuídas a Artur Bernardes, nas quais supostamente fazia críticas severas ao Exército. O objetivo dos revoltosos não era nada modesto: depor o presidente. Dois anos mais tarde, novo levante, agora em razão das duras punições destinadas aos amotinados de Copacabana. Conhecidos como revoltas tenentistas, tais movimentos ganham ainda maior destaque com a Coluna Prestes, que, entre 1924 e 1927, cruza o país até se dispersar na Bolívia.

Talvez bem mais importante do que seus épicos desempenhos em batalhas tenha sido o fato de esses oficiais reformadores passarem a atuar politicamente fora das vias institucionais, recolocando na ordem do dia o golpe militar como um meio de transformar a sociedade, mudança que ajuda a compreender a eclosão da Revolução de 1930. No meio civil, por sua vez, não faltam denúncias contra o sistema político da República Velha. Em 1910, a campanha eleitoral de Rui Barbosa, embora apoiada pela máquina eleitoral da oligarquia paulista, denuncia, em praças e comícios públicos, as constantes fraudes e a corrupção do sistema eleitoral. Escritores em nada conservadores, como Euclides da Cunha e Lima Barreto, alistam-se entre esses críticos à república, o mesmo ocorrendo entre intelectuais vinculados à Semana de Arte Moderna de 1922. Até nas oligarquias dominantes, como as de São Paulo, havia dissidências, conforme ficou registrado em 1926, quando da criação do Partido Democrático.

Em outras palavras, o sistema político dos anos 1920 é um caldeirão prestes a entrar em ebulição. O que falta é um estopim, e Washington Luís o fornece. Ao contrário do que era esperado para as eleições de 1930, o então presidente não indica um mineiro para lhe suceder, mas sim a seu conterrâneo Júlio Prestes. Agindo dessa maneira, o representante da oligarquia paulista acirra os ânimos dos grupos dominantes mineiros. Esses últimos conseguem selar um acordo com segmentos políticos importantes do Rio Grande do Sul e da Paraíba para lançar um candidato próprio à sucessão presidencial, marcada para 1º de março de 1930. Na costura da então denominada Aliança Liberal, os gaúchos consagram um candidato: Getúlio Vargas.

Como se previa, tendo em vista o quadro de fraude eleitoral, os aliancistas são derrotados. Além disso, a maioria dos deputados federais eleitos, que faziam parte da coligação oposicionista, não tem seus mandatos reconhecidos pelo Congresso. Para complicar ainda mais a situação, João Pessoa, um importante membro da Aliança Liberal e governador da Paraíba, é assassinado por motivos políticos. Apoiadas em setores descontentes do Exército, as oligarquias dissidentes dão início ao movimento pela deposição do presidente. Entre 3 e 24 de outubro ocorre a Revolução de 30, que, uma vez vitoriosa, sugere uma indagação: em que o novo regime será diferente do anterior?

27

1930: REVOLUÇÕES E GOLPES

Para os leitores de jornais da época, o golpe que depôs Washington Luís e consequentemente impediu a posse de seu sucessor, Júlio Prestes, pareceu um típico confronto entre chefes políticos da República Velha. Muitos achavam que o novo governo não duraria, pelo fato de a sustentação política da Revolução de 1930 ser bastante frágil. O movimento, como se sabe, havia desafiado o domínio de poderosas oligarquias, a começar pela paulista, formada por influentes fazendeiros e industriais, organizados em torno do Partido Republicano Paulista.

Para enfrentar tal coligação de interesses, Vargas articulou em torno de si vários grupos que, desde o início da década de 1920, vinham dando mostra de descontentamento contra o domínio oligárquico. A história política brasileira de 1930 a 1954 passa então a ser marcada por uma série de alianças, rupturas, aproximações e perseguições entre o novo presidente e diversos segmentos da sociedade; para melhor compreendermos tais artimanhas, voltemos ao calor dos acontecimentos.

Como vimos, em 3 de outubro de 1930 começa a revolução. Os primeiros levantes têm como base os estados em que melhor se implantara a Aliança Liberal. Assim, nas primeiras 24 horas da rebelião, Rio Grande do Sul e Paraíba foram dominados. Nos dias seguintes, o mesmo ocorreu no Ceará, em Pernambuco, Minas Gerais e Paraná. Como é possível tão rápido sucesso? Ora, paralelamente aos bandos de jagunços dos grupos dissidentes, os oposicionistas contavam com o fundamental apoio dos militares descontentes. Os políticos da Aliança Liberal, com habilidade, selam um pacto com os jovens oficiais do Exército. Para os tenentistas, a revolução parece atender a certas expectativas: ela combate a política oligárquica, por meio de um governo centralizador, além de garantir a muitas vezes negada anistia aos militares que participaram das revoltas ocorridas entre 1922 e 1927.

Duas semanas após o início do movimento, foi submetida parte do território paulista, e a revolução avança em direção ao Rio de Janeiro. A situação é totalmente favorável aos revoltosos; e, em 24 de outubro, a cúpula do Exército depõe o presidente Washington Luís. Os generais dão um golpe dentro do golpe – ou, para utilizar a terminologia da época, fazem uma contrarrevolução dentro da revolução –, contendo o ímpeto transformador dos tenentistas. Após porem abaixo o velho governo, começam as negociações para a transição do poder. Apesar da resistência de alguns generais, em 3 de novembro de 1930, toma posse o novo dirigente.

A partir dessa data tem início a presidência de Getúlio Vargas, que parecia destinada a durar pouco. Desde os primeiros dias, o novo presidente enfrenta forte oposição paulista, e as queixas são compartilhadas pelo tradicional PRP e pelo Partido Democrático (PD). Este último foi um elemento ativo da Aliança Liberal. Segundo os democratas paulistas, a finalidade do governo provisório era garantir reformas políticas por meio da convocação de uma Assembleia Constituinte.

Apoiado nos velhos tenentistas e nos novos generais, Getúlio Vargas dá a entender que tal convocação abria caminho para o retorno das oligarquias ao poder. Descontentando ainda mais o PD, Vargas escolhe um membro das fileiras tenentistas como interventor de São Paulo. O PD faz novas tentativas, mas essas seguidamente fracassam, levando os políticos paulistas que haviam apoiado a revolução a fazer alianças com os membros do PRP, formando a Frente Única Paulista (FUP). Estes últimos também se aproximam de grupos políticos do Rio Grande do Sul e Minas Gerais, descontentes com os rumos do governo provisório. Diante da pressão política, Getúlio recua, convocando uma Assembleia Constituinte. No entanto, o texto da convocação é ambíguo, pois condena os que sonham com "a volta automática ao passado" e dá a entender que Vargas imporia um governo centralizador. Em julho de 1932, os paulistas mostram do que são capazes para defender uma Constituinte liberal: pegam em armas contra o governo. Por pouco – ou seja, em razão do recuo de gaúchos e mineiros –Vargas não é deposto.

A denominada Revolta Constitucionalista, embora derrotada, alcança parte importante de seus objetivos. Além da confirmação da convocação da Assembleia Constituinte, os paulistas influenciaram a escolha do interventor local, Armando de Salles Oliveira. O mérito de Getúlio foi ter conseguido permanecer no poder. Mas a situação o fragilizava. Na ausência de um partido político de alcance nacional que o apoiasse, foi necessário fazer concessões às oligarquias, como aconteceu por ocasião da escolha do interventor paulista. O presidente teve de aceitar uma Constituição de cunho liberal, que em muito restringia a ação do Poder Executivo. De certa maneira, Getúlio pagava o preço por fazer uma revolução política, mas não econômica ou social.

É nesse contexto que o futuro ditador se aproxima mais e mais do Exército. A instituição, além de abrangência nacional, tem poder de fogo contra as oligarquias, como fica demonstrado em 1930 e 1932. No entanto, as forças armadas continuam divididas. Uma parcela dos antigos tenentes está integrada ao governo provisório, outra parte permanece na oposição, radicalizando-se. Exemplo disso foi Luís Carlos Prestes. No ano em que termina a revolta tenentista que levava seu nome – Coluna Prestes –, o Partido Comunista do Brasil começa a contatá-lo. Tal agremiação, nascida em 1922, era, em grande parte, resultado do impacto político da Revolução Russa, quando, pela primeira vez, o comunismo deixa de ser uma utopia distante, ou uma experiência isolada – como foi a Comuna de Paris, de 1871 –, para se transformar em uma forma de governo de um país de dimensões continentais.

O leitor atual dificilmente imagina quanto essa transformação influencia a opinião política dos antigos defensores da causa operária. Entre 1917 e 1922, assiste-se à progressiva conversão de um grande número de anarquistas e socialistas brasileiros às concepções comunistas. Essa aproximação tem como contrapartida a adoção de diretrizes da política internacional soviética, deixando pouca autonomia para a elaboração de uma ação que leve em conta as especificidades locais. Em 1928, uma aproximação política com as camadas médias da sociedade é abandonada em troca da intransigência política. A posição favorável à via militar da revolução comunista, em detrimento da participação parlamentar, cresce.

Nesse contexto, a dissidência radical tenentista é vista como aliada potencial do PCB, que para isso cria em 1929 o Comitê Militar Revolucionário. Apesar desses esforços, Prestes recusa-se inicialmente a se filiar ao partido. Ao longo do ano de 1930, porém, sua posição política se modifica a ponto de rumar para o exílio em Moscou, de onde retorna como membro do PCB, em 1934. Junto a ele ingressam no partido importantes lideranças do antigo movimento tenentista, como Agildo Barata e Gregório Bezerra, além de uma massa silenciosa que permanece nos quartéis e que é protagonista do Levante Comunista de 1935.

Entre 1928 e 1935 observa-se, portanto, o surgimento, no interior do PCB, de uma esquerda de origem militar. Nesse último ano, comunistas brasileiros, acompanhando a tendência internacional do movimento, implementam uma política de frente popular, que, no Brasil, recebe a designação de Aliança Nacional Libertadora (ANL). Trata-se não só de uma aproximação com os grupos socialistas e nacionalistas e contrários ao nazifascismo, como também uma defesa das camadas populares diante da crise econômica de 1929. Na França, por exemplo, tal movimento chega ao poder em 1936, sendo responsável pela implementação de medidas de grande impacto, como a adoção da semana de quarenta horas ou a obrigatoriedade de férias remuneradas. Contudo, como em outras partes do mundo, a política frentista da ANL apresenta desde o início um forte desequilíbrio a favor dos comunistas. Assim, a ANL, embora também composta de forças políticas moderadas, tem como presidente de honra Luís Carlos Prestes. O PCB, por sua vez, assume posturas cada vez mais radicais contra Getúlio Vargas, abrindo caminho para o fechamento, em julho de 1935, de nossa primeira experiência de *front populaire*. Extinta a ANL, os comunistas, uma vez mais, avaliam mal a correlação de forças e partem para o confronto com o governo federal. Em novembro de 1935, no melhor estilo das revoltas tenentistas, os quartéis se levantam contra Getúlio Vargas. Em Natal, no Recife e no Rio de Janeiro, os conflitos acabam resultando em mortes de oficiais e soldados.

Com oportunismo, Getúlio Vargas explora o novo momento político. A quartelada serve de pretexto para perseguição não só de comunistas, como também de grupos que não pertenciam à ANL, mas faziam oposição ao governo; entre eles havia anarquistas, sindicalistas independentes e até políticos liberais. Mais importante ainda: a revolta consolida a aliança entre o presidente e as forças armadas. A partir da denominada Intentona Comunista – definição que faz alusão à noção de plano louco ou insano, conforme registram os dicionários – é intensificada a mística corporativa do Exército. Os comunistas passam a ser vistos como inimigos viscerais; enquanto isso, nas fileiras do Exército, há um escrupuloso expurgo: cerca de 1.100 oficiais e praças são expulsos em razão de posições políticas. Ao mesmo tempo que essa depuração ocorre, os efetivos militares, em 1936, aumentam para cerca de 80 mil homens, superando em muito os 47 mil oficiais e soldados existentes em 1930.

Apoiado nas forças armadas, Vargas abre caminho para decretar o Estado Novo. Em 1937, faz veicular pela imprensa o Plano Cohen, suposta conspiração comunista, justificativa para o golpe. Tal plano, sabidamente falso, de autoria de grupos de extrema direita, prevê, por exemplo, o desrespeito sistemático à honra e aos sentimentos mais íntimos da mulher brasileira, ou seja, o estupro generalizado.

Sob a alegação de que uma nova intentona era tramada, Getúlio revoga a Constituição. O golpe, porém, contraria importantes interesses políticos, o que levaria, anos mais tarde, ao colapso do Estado Novo. Eram previstas eleições presidenciais em 1938. No momento em que Getúlio impõe seu governo ditatorial, três candidatos haviam sido lançados: Armando de Salles Oliveira, congregando facções políticas paulistas e gaúchas, assim como segmentos de oligarquias baianas e pernambucanas; José Américo de Almeida, representando grupos políticos de Minas Gerais, Paraíba e Pernambuco, além de facções oligárquicas de São Paulo, Bahia e Rio Grande do Sul; e Plínio Salgado, chefe da Ação Integralista Brasileira, versão nacional do fascismo europeu.

Os dois primeiros candidatos articulam protestos na Bahia, em Pernambuco e no Rio Grande do Sul, chegando neste último a haver resistência armada, que é, entretanto, rapidamente sufocada. O governador local ruma ao exílio, e o candidato integralista se aproxima politicamente do ditador, o que não causa surpresa, uma vez que vários aspectos do Estado Novo lembram as formas de governo nazifascista. A tônica antissemita é uma delas. O Plano Cohen, por exemplo, é definido como uma conspiração judaico-comunista, reproduzindo ideias comuns aos integralistas. Mais importante que a retórica racista são os objetivos práticos do golpe. Prevê-se, por exemplo, o fechamento do Congresso, a extinção dos partidos políticos e a criação de um sistema centralizado de poder. Em outras palavras, é a ditadura contra as oligarquias, a ditadura contra os comunistas, a ditadura contra os democratas liberais. Contudo, a tentativa de aproximação do chefe integralista com o ditador não só falhou, como também não impediu o fechamento da Ação Integralista Brasileira. Tal determinação levou os integralistas a implementar, em 1938, uma nova tentativa de golpe contra Getúlio. Seu fracasso permite ao ditador novos expurgos nas forças armadas, excluindo agora segmentos tenentistas que caminharam para o radicalismo de direita. Dessa forma, entre 1937 e 1945, Getúlio Vargas, com a capa institucional que lembra governos fascistas europeus, torna-se um chefe militar de escala nacional. Para compreendermos seu declínio e o posterior retorno ao poder em 1950, precisamos investigar o surgimento de dois novos segmentos políticos: os trabalhadores e os empresários, duas faces de um Brasil cada vez mais urbano.

28

TRABALHADORES DO BRASIL

A permanência de Getúlio Vargas no poder não teria sido possível sem o extraordinário sucesso econômico alcançado durante seu primeiro governo. Para ter noção do significado profundo desta afirmação, basta mencionar que, por volta de 1945, nossa industrialização finalizava seu primeiro grande ciclo. Em outras palavras, pela primeira vez, a produção fabril brasileira ultrapassa a agrícola como principal atividade da economia. Nesse período também assistimos ao surgimento da indústria de base, ou seja, aquela dedicada à produção de máquinas e ferramentas pesadas, à siderurgia e metalurgia e à indústria química.

Surpreendentemente, essas transformações ocorreram em uma conjuntura internacional adversa. É bom lembrar que a crise de 1929 e a depressão econômica que a seguiu fizeram que, durante a primeira metade da década de 1930, os preços internacionais do café diminuíssem pela metade. Mesmo assim, a economia brasileira apresentou, entre 1930 e 1945, taxas de crescimento próximas a 5% ao ano. Contudo, esse desenvolvimento não ocorre de maneira equilibrada: a atividade industrial apresenta taxas de crescimento anual de três a sete vezes mais elevadas do que a agricultura. Esta, além de sofrer diminuição pela metade em relação aos anos 1920, registra uma forte tendência à estagnação.

A industrialização acelerada teve efeitos não só econômicos, mas também políticos e sociais. Como é sabido, a fábrica tem na cidade seu espaço privilegiado e, por isso, a Era Vargas – incluindo aí seu segundo governo, entre 1950 e 1954 – é caracterizada como uma época de intensa urbanização. Em 1920, por exemplo, apenas dois em cada dez brasileiros residiam em cidades; vinte anos mais tarde essa mesma relação era de três para dez; na década de 1940, tal proporção tornara-se equilibrada: quatro em cada dez brasileiros moravam em áreas urbanas. A formação de novas cidades e o crescimento das já existentes estimulavam, por sua vez, a multiplicação de trabalhadores não vinculados às tradicionais atividades agrícolas e de industriais que não eram fazendeiros, como Roberto Simonsen, fundador do Centro das Indústrias do Estado de São Paulo – embrião da Fiesp. Tipo raro nos anos 1920, mas que se torna cada vez mais frequente na década seguinte.

Getúlio Vargas, na esperança de se contrapor ao poder oligárquico, valoriza a aliança com os grupos urbanos e, paralelamente, mantém sua aproximação com o Exército. Para cada segmento específico é traçada uma estratégia política. No caso dos trabalhadores urbanos, em 1930 cria-se o Ministério do Trabalho, Indústria e Comércio. Dois anos mais tarde, Vargas adota mudanças na legislação favoráveis ao operariado: estabelece, por exemplo, a jornada de oito horas na indústria e no comércio. Tais concessões têm preço elevado, já que, no mesmo ano em que é atendida uma reivindicação defendida pelo movimento operário desde fins do século XIX, se estabelecem os primeiros traços do sindicalismo corporativo. Segundo a nova determinação legal, sindicatos de patrões e operários, divididos por categorias profissionais, ficam sujeitos às federações e confederações que, por sua vez, se subordinam ao Ministério do Trabalho. Ao longo de seu primeiro governo, Vargas diminui cada vez mais a possibilidade de existência de sindicatos não vinculados a esse modelo, até que, em 1939, dois anos após a decretação do Estado Novo, determina a existência de um único sindicato por categoria profissional.

Tal mudança é acompanhada pela criação do imposto sindical, por meio do qual é descontado anualmente um dia de trabalho da folha de pagamento dos operários, encaminhado para financiar a estrutura sindical. O ditador generalizava, dessa forma, o modelo corporativo para o conjunto das entidades representativas dos trabalhadores. De instrumentos de luta, os sindicatos dos anos 1940 passam à condição de agentes promotores da harmonia social e instituições prestadoras de serviços assistenciais.

Com certeza, os líderes sindicais formados na antiga tradição anarquista veem criticamente essas mudanças, encarando-as como uma maneira de cooptação e de manipulação dos interesses da classe trabalhadora. No entanto, entre a massa operária, a postura parece ser outra. Para muitos, familiarizados com as associações mutualistas, Getúlio Vargas atendia a certas expectativas, como no caso da generalização dos institutos de previdência, garantindo aos trabalhadores o direito à aposentadoria. Além disso, por meio da legislação que acompanha a implantação dos sindicatos corporativos, Vargas consegue sensibilizar inúmeros militantes oriundos das lutas socialistas. A Consolidação das Leis Trabalhistas, firmada em 1943, viabiliza isso. Nela determina-se que, a partir de então, o trabalhador dispensado deveria ser indenizado, a mulher operária teria direito a serviços de amparo à maternidade, assim como se restringe a exploração do trabalho infantil. Isso para não mencionar a criação de uma Justiça do Trabalho, com o intuito de intermediar os conflitos entre patrões e empregados. Getúlio Vargas, dessa maneira, surge aos olhos de muitos como um protetor, como aquele que criara, via Ministério do Trabalho, uma espécie de mutualismo sindicalista em escala nacional.

Os empresários também viram parte de suas expectativas atendidas. Conforme já mencionamos, o grupo mais poderoso deles, sediado em São Paulo, não havia apoiado a Aliança Liberal. Durante a Revolução Constitucionalista, uma vez mais, as associações empresariais paulistas demonstraram seu descontentamento diante da tendência centralizadora do governo provisório. Situação bem diferente foi registrada em 1937, quando então as principais lideranças industriais paulistas não se opuseram à implantação do Estado

Novo. Por trás dessa atitude, com certeza, havia o medo em relação ao que se chamava na época de ameaça comunista, e também o reconhecimento dos sucessos econômicos alcançados.

Getúlio Vargas em muito se diferencia dos presidentes da República Velha. Exemplos de planejamentos bem-sucedidos não faltam. Em certas ocasiões, o ditador aproveita-se da tensa situação internacional do período anterior à Segunda Guerra Mundial para conseguir vantagens. Oscilando entre o apoio aos países liberais e aos do eixo nazifascista, o governo brasileiro consegue recursos norte-americanos para instalação, em 1941, da Companhia Siderúrgica Nacional, cujos efeitos na área industrial foram extremamente benéficos. Getúlio também foi hábil em descobrir e integrar a seu projeto político-econômico intelectuais descontentes e reformistas. Tais grupos originavam-se de instituições tecnológicas, como a Escola de Minas de Ouro Preto, ou eram fruto de ramificações do Modernismo dos anos 1920. Conforme é sabido, esse movimento deu origem a tendências que valorizavam a análise científica, proporcionada pelas nascentes ciências sociais, como uma forma de melhor conhecer e explicar o funcionamento de nossa sociedade. Graças a isso, assistimos – em uma sociedade que praticamente dispunha apenas de cursos superiores de medicina, direito e engenharia – ao surgimento de uma geração de sociólogos, economistas e administradores. Esses intelectuais, uma vez cooptados pelo aparelho burocrático getulista, são responsáveis pelos primeiros projetos de planejamento estatal na área econômica. Graças a esse planejamento, empresas estatais passam a ocupar espaços estratégicos na produção de energia e matérias-primas.

Em relação à área econômica mais desenvolvida do país, a política getulista foi generosa. No início da década de 1930, é retomada a política de valorização do café, abandonada repentinamente por Washington Luís. Graças à manutenção do elevado nível de renda local, coube a São Paulo liderar o processo de formação do mercado nacional voltado para a substituição das importações. Paralelamente a isso, o governo garante, por meio da política fiscal e cambial, a transferência de renda para o setor industrial. A importância do empresário paulista cresce a olhos vistos: nos anos 1940 eles passam a responder por metade da produção fabril brasileira, o que significava um aumento de 50% em relação aos índices registrados em 1920.

Não foi somente na economia que a intervenção estatal getulista se notabilizou. Em certas áreas registram-se, igualmente, mudanças profundas. Este foi o caso da educação. Durante a gestão de Gustavo Capanema – ministro da Educação e da Saúde entre 1934 e 1945, que congrega intelectuais do porte de Mário de Andrade, Carlos Drummond de Andrade e Heitor Villa-Lobos –, são planejadas e implementadas importantes alterações, como a ampliação de vagas e a unificação dos conteúdos das disciplinas no ensino secundário e no universitário. Isso para não mencionar a criação do ensino profissionalizante, consubstanciado em instituições como Senai, Senac e Sesc.

A aproximação de Getúlio com o que havia de mais moderno na época – inclusive no sentido autoritário dessa modernidade – se expressa através da criação do Departamento de Imprensa e Propaganda (DIP). Voltado para a propaganda política por intermédio dos novos meios de comunicação, como o rádio e o cinema, o DIP foi responsável pela organização de rituais totalitários de culto à personalidade do ditador. Essa instituição também submete a cultura popular à censura, conforme ficou registrado nas alterações impostas às letras de sambas. Exemplo disto é a conhecida modificação – exigida pelos agentes do DIP – do texto da música *Bonde de São Januário*, composta em 1940 por Ataulfo Alves e Wilson Batista. Na letra original do samba, o refrão era "O Bonde de São Januário/ leva mais um otário/ que vai indo trabalhar"; após a interferência do DIP, o texto passou a ser "O Bonde de São Januário/ leva mais um operário/ sou eu que vou trabalhar".

Como seria de esperar, Getúlio esteve longe de agradar a todos os segmentos da elite dominante. Os setores agrários acusam a indústria de desviar braços do campo, ao mesmo tempo que percebem estar financiando as importações de insumos fabris e investimentos do Estado na infraestrutura industrial. Mesmo entre os empresários, o fundador do Estado Novo esteve longe de ter unanimidade. A legislação trabalhista onera a atividade industrial, reduzindo o ritmo de acumulação nesse setor. Além disso, a política econômica agressiva tem efeitos regionais nefastos, implicando o declínio de estados que não conseguem acompanhar o ritmo competitivo do crescimento. Assim, é bastante revelador o fato de que, na década de 1940, enquanto São Paulo controla quase metade da produção industrial, a participação do Rio de Janeiro diminui pela metade. O mesmo ocorre nas regiões nordestinas, onde se registra, no referido período, uma diminuição de 40% na atividade industrial. No Rio Grande do Sul, a queda nesse setor é de 20%.

Não é de estranhar, portanto, que ao longo do Estado Novo se multiplicassem as vozes descontentes com o rumo tomado pelo governo. Contudo, a legislação que acompanhou o golpe facultava à oposição uma alternativa de poder, pois a ditadura instalada em 1937, curiosamente, tinha data marcada para acabar. Segundo a Constituição outorgada, previa-se para 1943 a realização de um plebiscito em que o regime seria posto à prova nas urnas. Em 1942, a decretação do estado de guerra – ou seja, de preparação do Brasil para lutar na Europa contra o nazifascismo – permite a transferência dessa consulta para o período imediatamente posterior ao término dos conflitos.

Em 1941, começam as primeiras articulações para garantir a transição política, e o próprio ditador esboça um partido nacional. Dois anos mais tarde, o descontentamento das elites marginalizadas pelo Estado Novo veio a público pelo *Manifesto dos mineiros*. Nesse texto, amplamente divulgado de norte a sul do país, políticos de renome nacional, como Afonso Arinos, Bilac Pinto, Milton Campos e Magalhães Pinto, criticavam o caráter autoritário do governo. Ao mesmo tempo, manifestando uma nostalgia pelo regionalismo, que tanto caracterizou o sistema de poder da República Velha, acusam Getúlio de "espoliação do poder político de Minas Gerais". Em 1944, a estrutura partidária que comandaria a transição já estava constituída. Como exemplo dessa confluência de poder, é registrada a aproximação de José Américo de Almeida e Armando de Salles Oliveira, políticos que desde 1937 haviam conseguido arregimentar as oligarquias descontentes, embora concorrentes entre si. Eles e as elites dissidentes, que desde a Revolução de 30 haviam sido marginalizadas, agrupam-se na União Democrática Nacional (UDN). Paralelamente a essa oposição, Vargas promove a reunião dos interventores no Partido Social Democrático (PSD). Enquanto isso, as estruturas sindical e previdenciária por ele criadas servem de base para a formação do Partido Trabalhista Brasileiro (PTB).

Tais organizações, que estavam se esboçando em 1944, são legalizadas no ano seguinte. A UDN lança candidato próprio às eleições previstas para 1946, o mesmo ocorrendo com o PSD, mas a posição do PTB é outra. Não lança candidato, mas defende a convocação de uma Assembleia Constituinte ainda no governo de Getúlio, que seria por isso prolongado um pouco mais. Tal movimento ganhou as ruas – sendo popularmente denominado na época como "queremismo", ou seja, "queremos Getúlio" – e conta com o apoio do PCB. Esse apoio é, aparentemente, surpreendente. Como vimos, Vargas foi responsável por uma feroz repressão aos comunistas. No entanto, é necessário lembrar que foi no seu governo que o Brasil entrou em guerra contra o nazifascismo, em uma aliança da qual participou a União Soviética e, no final de sua gestão, também houve a anistia e a legalização do PCB. Mais ainda: para os comunistas, os inimigos políticos de Vargas reunidos na UDN representavam o que havia de mais atrasado na sociedade brasileira.

Além de mobilizar as massas urbanas, o ditador começa a fazer modificações no comando da polícia do Distrito Federal. Crescem suspeitas de que as eleições seriam manipuladas em prol da continuidade do governo. Há muito, porém, as elites dissidentes e opositoras se precaviam contra essa possibilidade. Não por acaso, tanto a UDN quanto o PSD escolheram candidatos à presidência nas fileiras militares: no primeiro caso trata-se do brigadeiro Eduardo Gomes e, no segundo, do general Eurico Gaspar Dutra.

Em 1945, as forças armadas, embora tivessem enviado "apenas" 23.344 soldados para a Segunda Guerra Mundial, aproveitam a justificativa do conflito internacional para formar um contigente interno de 171.300 homens. Para ter uma clara noção do que representa esse número, basta mencionar que ele é quatro vezes maior do que o de 1930 e o dobro do que foi necessário para o golpe de 1937.

Getúlio experimenta o amargo sabor de uma intervenção militar feita por uma instituição que ele havia ajudado a crescer. Em 29 de outubro de 1945, sob pressão do Exército, o criador do Estado Novo deixa o poder. Sem candidato próprio, o PTB apoia Dutra, que, não por acaso, consegue vencer as eleições presidenciais, enquanto Getúlio, eleito para o Senado, quase não participa da Constituinte. O ditador ruma para um exílio interno em São Borja, no Rio Grande do Sul, de onde retornará – segundo ele próprio definiu – "nos braços do povo" para um novo mandato presidencial. Panfletos da época revelam o estranho equilíbrio de forças que se tenta construir. Num deles divulgava-se a seguinte "oração": "Protetor nosso que estais em São Borja, honrado seja o vosso nome; venha a nós a nossa proteção, seja feita a vossa vontade, assim no Sul como no Norte; os direitos nossos de cada dia nos dai hoje; e perdoai-nos as nossas imprudências, assim como nós perdoamos aos nossos perseguidores; e não nos deixeis cair no comunismo, mas livrai-nos do capitalismo. Amém". Como veremos a seguir, a ambiguidade do projeto político de Getúlio contribui para que se compreenda seu retorno ao poder, assim como seu trágico desfecho.

29

TENTAÇÕES MILITARES E OUTRAS TENTAÇÕES

O fim do Estado Novo sugeria que as antigas oligarquias tinham chance de retornar ao comando político. Mas isso só na aparência, pois o Brasil dos anos 1940 era profundamente diferente daquele que havia existido durante a Primeira República. Dentre essas mudanças, talvez a mais importante tenha sido a que dizia respeito ao novo eleitorado que então surgira.

Em consequência das reformas educacionais e da incorporação do voto feminino, os índices de participação eleitoral, em declínio desde fins do Império – quando os analfabetos foram excluídos do direito de votar –, aumentam sensivelmente. Por volta de 1945, além de mais numerosos do que nunca, os eleitores brasileiros também apresentam um perfil cada vez mais urbano. Um exemplo extremo dessa situação pode ser percebido ao compararmos o estado do Amazonas com a cidade do Rio de Janeiro: enquanto a primeira unidade possuía 28.908 eleitores, o Distrito Federal desfrutava de um colégio eleitoral de 483.374 homens e mulheres.

Como seria de esperar, tal mudança implica uma alteração profunda no perfil dos candidatos e dos votantes. Estes ficam cada vez menos sujeitos aos coronéis, enquanto aqueles não mais precisam ser originários da elite agrária, dependendo agora do próprio carisma, da representatividade junto aos trabalhadores ou de uma máquina clientelista capaz de conceder favores e empregos. Uma vez mais se deve reconhecer a sagacidade do antigo ditador em perceber essas transformações, explorando-as habilmente. A conjugação entre a propaganda política, que fazia dele o "protetor dos pobres", e a utilização de sindicatos e de institutos de previdência garante seu prestígio entre os eleitores urbanos, tornando-o parcialmente independente das antigas oligarquias. Mais ainda: por intermédio do PTB, Getúlio imprime uma dimensão nacional a seu projeto político.

Após o fim do Estado Novo, a amarga experiência eleitoral vivida pelos egressos do antigo Partido Republicano Paulista, em contraste com o retorno do ex-ditador ao poder, ilustra esse estado de coisas. Por isso, para muitos pesquisadores, a década de 1950 é um momento de consolidação de uma prática política definida como populismo: multiplicam-se os políticos que apelam para as massas urbanas e não mais consideram as elites como portadoras de um modelo a ser seguido.

No caminho de retorno de Getúlio Vargas existia, porém, um obstáculo: o Exército. Como vimos, os generais o haviam deposto em 1945. Seu retorno à presidência em 1951 implicava negociações. Estas, por sua vez, são bem-sucedidas. Para muitos militares, Getúlio, por ser um político com forte apelo popular, servia como antídoto ante o risco do comunismo. Em 1945, o PCB, apesar de legalizado às vésperas das eleições, consegue eleger catorze deputados e Luís Carlos Prestes como senador, o que representa o voto de aproximadamente 12% do eleitorado brasileiro, sendo que em algumas cidades, como o Rio de Janeiro, tal cifra atinge 20%.

Nessa época, um impasse sobre os rumos que devia tomar a sociedade brasileira divide o Exército. Até o início dos anos 1940, o debate a respeito do desenvolvimento nacional é dividido em duas correntes: uma defende a "vocação agrícola" de nossa sociedade e a outra se posiciona a favor da industrialização acelerada. Ora, durante o governo Dutra, a primeira posição perde o sentido, pois a maior parte da economia brasileira passa a depender do desenvolvimento industrial.

Devido às transformações implementadas ao longo do primeiro governo de Getúlio Vargas, o modelo de industrialização se depara com sérias dificuldades. Não se trata mais de simplesmente substituir os produtos de consumo importados por similares nacionais, mas sim de incrementar um modelo de desenvolvimento industrial articulado. Em outras palavras, tratava-se de saber como seria possível produzir internamente automóveis, navios e maquinário ligado à mecânica pesada, bens que dependiam de capitais elevados e de tecnologia avançada.

Diante de tais questões surgem profundas divisões no seio das elites brasileiras, incluindo aquelas pertencentes às forças armadas. De forma esquemática, é possível identificar aqueles que, de um lado, defendem o nacionalismo econômico e a intensiva participação do Estado no desenvolvimento industrial. Na outra posição estavam os partidários de que o segundo ciclo de nossa industrialização devia ser comandado exclusivamente pela iniciativa privada brasileira, associada a capitais estrangeiros.

Embora não fosse frontalmente contrário aos investimentos internacionais, Getúlio era identificado à corrente nacionalista. Foi justamente com base nos segmentos do Exército filiados a essa tendência que ele conseguiu apaziguar temporariamente os quartéis. No entanto, a trégua não durou muito. Entre o grupo identificado ao segundo modelo de desenvolvimento industrial, havia uma parcela importante da elite civil, reunida em torno da UDN. De certa maneira, a fragilidade eleitoral desse grupo era compensada pelo prestígio que contava junto a importantes segmentos das forças armadas.

As circunstâncias políticas internacionais em grande parte favorecem a UDN. Conforme mencionamos anteriormente, durante a Segunda Guerra Mundial, na luta contra o nazifascismo, Estados Unidos e União Soviética se aproximam. A postura anticomunista por parte dos governos capitalistas declina. No Brasil, legaliza-se o PCB, ainda que por um curto período. No entanto, após a guerra, a posição norte-americana sofre uma inflexão: o comunismo torna-se a principal ameaça. Razões para isso? Por volta de 1950, o sistema comunista havia deixado de ser uma experiência isolada, sendo agora compartilhado por um número crescente de países do Leste Europeu, tais como Iugoslávia (1945), Bulgária (1946), Polônia (1947), Checoslováquia (1948), Hungria (1949) e República Democrática Alemã (1949); assim como os asiáticos, Vietnã do Norte (1945), Coreia do Norte (1948) e China (1949).

O quadro mundial torna-se ainda mais delicado em razão do desenvolvimento de armas atômicas. Em 1945, os Estados Unidos, nos ataques a Hiroshima e Nagasaki, demonstraram as consequências desse poderio. Quatro anos mais tarde, foi a vez de a União Soviética revelar ao mundo seu arsenal atômico em testes no deserto do Cazaquistão. Em um contexto como esse, um confronto entre Estados Unidos e União Soviética colocaria em risco a sobrevivência do planeta. Essa situação leva à transferência dos conflitos para os países subordinados a cada uma dessas potências. Como seria de esperar, a nova política internacional concede pouca autonomia às áreas de influência; atitude que implica ver nas políticas nacionalistas ora uma guinada rumo ao capitalismo – no caso do bloco soviético –, ora um passo em direção ao comunismo – no caso do bloco norte-americano.

No início dos anos 1950, parte do Exército brasileiro e a União Democrática Nacional, que chegou a contar com um pequeno agrupamento de socialistas, depois estabelecido em partido próprio, transitam para posturas cada vez mais afinadas com o anticomunismo. Acusa-se Getúlio de tramar novos golpes, agora com base nos setores nacionalistas e sindicais.

Dessa forma, a Guerra Fria, que inicialmente contribui para o retorno do ex-ditador, visto como uma forma de contrabalançar a influência dos comunistas, torna-se um elemento desfavorável a sua continuidade no poder. Ciente dessa fragilidade, Vargas procura cooptar os opositores. No Exército, promove hierarquicamente, a partir de 1952, grupos antinacionalistas, e o mesmo é feito em relação aos políticos da UDN, a quem são oferecidas pastas ministeriais.

A tentativa de cooptação estende-se aos comunistas: em 1952, deixa de ser obrigatória a apresentação de atestado ideológico – fornecido pela polícia – aos dirigentes sindicais.

Paralelamente a isso, é aprofundada a política econômica nacionalista, por intermédio de leis de grande impacto na opinião pública, como aquelas referentes à limitação de remessas de lucros de empresas estrangeiras ou à criação da Petrobras, que passa a deter o monopólio da exploração do petróleo brasileiro. A ousadia do presidente não para e, em 1953, Getúlio procura reforçar sua base popular indicando um jovem político com amplo apoio sindical para ocupar o cargo de ministro do Trabalho. Seu nome: João Goulart.

O novo líder trabalhista não esconde a opção política, atendendo a reivindicações de reajustamento do salário mínimo, aumentando-o em 100%. A crise se instala e o Exército, uma vez mais, é o porta-voz do descontentamento das elites. Em fevereiro de 1954, vem a público o *Manifesto dos coronéis*. O texto é um exemplo do radicalismo comum ao período da Guerra Fria. Queixando-se de que o aumento não era extensivo às forças armadas, os oficiais aproveitam a ocasião para denunciar a ameaça da "república sindicalista", assim como a "infiltração de perniciosas ideologias antidemocráticas", ou então para alertar a respeito do "comunismo solerte sempre à espreita..." pronto a dominar o Brasil.

Em vez de cooptar as elites, Getúlio consegue assustá-las.

Diante da crise, Vargas afasta João Goulart do cargo, mas mantém o aumento do salário mínimo. A UDN, por meio de seu mais radical líder, Carlos Lacerda, multiplica as acusações de corrupção, de nepotismo e de uso de dinheiro público para promover jornais favoráveis ao governo. Por outro lado, as articulações políticas "acima dos partidos" acabam por afastar os aliados tradicionais. Em junho de 1954, o Congresso vota o *impeachment* de Getúlio Vargas. O pedido é rejeitado; mantêm-se, entretanto, fortíssimas pressões pela renúncia. Em agosto, um atentado a Carlos Lacerda, no qual estavam envolvidos elementos próximos a Vargas, sela definitivamente o destino do presidente. Um novo golpe militar é posto em marcha, mas acaba não dando certo. Vejamos por quê.

Nas forças armadas, paralelamente aos nacionalistas e antinacionalistas, havia aqueles dispostos a garantir que a Constituição fosse respeitada. Alguns autores definem esse segmento como "legalista". A suspeita de que o presidente estava tramando um novo golpe levou os antinacionalistas a conseguirem apoio dos legalistas. É nesse contexto que se interpreta o suicídio de Getúlio Vargas, ocorrido em 24 de agosto de 1954: um derradeiro gesto político, por meio do qual ele consegue sensibilizar as massas populares, ao mesmo tempo que esvazia a aliança golpista no interior das forças armadas.

Dessa vez, o presidente acerta: os levantes populares após o suicídio inviabilizam a ação militar. No período que se estende até 1955 são preparadas novas eleições presidenciais; a UDN busca um candidato militar, na figura do general Juarez Távora, e o PTB, por sua vez, procura se aproximar do PSD, que tem como candidato Juscelino Kubitschek. Combatendo o salário mínimo, o direito de greve e o ensino gratuito, os udenistas são novamente derrotados e Juscelino e o vice-presidente eleito, João Goulart, não encontram um ambiente político favorável. Em 11 de novembro de 1955, alegando a necessidade de maioria absoluta nas votações presidenciais, os quartéis voltam a dar sinais de descontentamento. Uma vez mais, a corrente militar antinacionalista procura o apoio dos legalistas, mas estes garantem a posse do novo presidente.

Como se pode perceber, após 1945, as intervenções militares no sistema político não são um fato isolado, mas sim uma prática rotineira, que se repetirá em 1961, alcançando em 1964 o sucesso esperado. Voltemos, porém, a Kubitschek. Ele representou uma ruptura? Ora, no melhor estilo do PSD mineiro, do qual ele era originário, a resposta é sim e não. Em outras palavras, o novo presidente procura conciliar bandeiras comuns aos nacionalistas e antinacionalistas. Promove os primeiros no Exército, aprofunda práticas de intervencionismo estatal, mas, ao mesmo tempo, abre a economia para os investimentos estrangeiros.

O novo governo, aliado do PTB, guarda traços populistas. No entanto, a política econômica representa uma alteração profunda em relação ao modelo precedente. Durante os dois governos Vargas, a prioridade do desenvolvimento nacional consiste no crescimento da indústria de base, produtora de aço ou de fontes de energia, como o petróleo e a eletricidade. Nesse primeiro modelo, a iniciativa estatal predomina e os recursos para o crescimento econômico advêm da agricultura de exportação. Pois bem, Juscelino Kubitschek altera essa forma de crescimento industrial, instituindo o que os historiadores economistas chamam de tripé: a associação de empresas privadas brasileiras com multinacionais e estatais, estas últimas responsáveis pela produção de energia e insumos industriais.

A diferença desse modelo em relação ao anterior reside no fato de os bens duráveis, como foi o caso da produção de automóveis por multinacionais, passarem a ser o principal setor do processo de industrialização. Graças ao investimento das empresas estrangeiras, a nova economia brasileira tornar-se-ia mais independente em relação às crises do setor agroexportador. No entanto, o modelo tripé tem consequências nefastas. Por dispor de fartos recursos, a produção das multinacionais podia crescer em ritmo mais acelerado do que a produção de base, implicando aumento das importações de insumos industriais, fator responsável pelo progressivo endividamento externo do Brasil. Mais ainda: para estimular a implantação dessas empresas, foi facilitada a remessa de lucros para as matrizes, o que implica o desvio de valiosos recursos da economia brasileira.

A curto prazo, porém, o modelo industrial de Juscelino foi um sucesso. A economia atinge taxas de crescimento de 7%, 8% e até 10% ao ano. Isso permite que um ambicioso Plano de Metas – popularmente conhecido como "50 anos em 5" – alcance um estrondoso sucesso. Rodovias são multiplicadas e o número de hidrelétricas cresce além do previsto, o mesmo ocorrendo com a indústria pesada. Na área de produção de alimentos, o presidente estimula uma tendência, existente desde os anos 1930, que consiste em ampliar a fronteira agrícola em direção a Goiás e Mato Grosso – o que, aliás, leva a novos extermínios de povos indígenas. Coroando essa política ambiciosa, a capital é transferida: no cerrado do Brasil Central, surge Brasília.

Diante de tais feitos, a própria UDN abandona provisoriamente o discurso anticomunista em prol de críticas à má gestão dos negócios públicos, à corrupção e à inflação que se intensifica no período. Apesar disso, respira-se certa tranquilidade política, pois o crescimento econômico também permite o aumento dos salários – que, em termos reais, no ano de 1959, atingem valores até hoje não ultrapassados –, reforçando o apoio dos trabalhadores ao PTB, base aliada do governo juscelinista.

Mas a calmaria não dura muito. Ao longo da redemocratização surgem vários partidos políticos que, na maior parte do tempo, não chegam a ameaçar o controle das três agremiações dominantes. Quase sempre de pouca duração, esses pequenos partidos às vezes tinham designações pitorescas, como União Social pelos Direitos do Homem, Partido Industrial Agrícola Democrático ou Partido Nacional Evolucionista, para mencionarmos apenas alguns exemplos. Vez por outra, porém, a fragmentação partidária permitia a ascensão de políticos não vinculados às organizações tradicionais. Um exemplo bem-sucedido dessa trajetória foi o de Jânio Quadros, eleito sucessivamente, a partir de 1947, vereador, deputado estadual, prefeito e governador pelo Partido Democrata Cristão.

O anticomunismo e a retórica moralista de Jânio em muito agradavam aos udenistas. Misturando o discurso conservador com práticas populistas, Jânio consegue o impossível: ser de direita e conquistar o apoio das massas. Não é de estranhar a aproximação da UDN, selando uma aliança para as eleições presidenciais de 1960. Do outro lado do espectro das forças políticas, reproduz-se a aliança PSD-PTB, com a indicação do general Lott, da ala nacionalista do Exército; pela segunda vez, também era candidato à presidência Ademar de Barros, líder populista paulista, concorrendo pelo Partido Social Progressista.

A vitória janista foi esmagadora: o candidato conseguiu 50% de votos a mais do que o general Lott, e mais que o dobro de Ademar de Barros. A UDN finalmente chega ao poder, mas trata-se de uma vitória ambígua. O novo presidente governa sem consultar a coligação de partidos que o elegeu e seu ministério inclui inimigos dos udenistas, assim como pessoas escolhidas pelo critério de amizade. No Exército, Jânio promove grupos antinacionalistas e, em relação ao Congresso, tem uma postura agressiva, declarando publicamente tratar-se de um "clube de ociosos".

Visando combater os altos índices de inflação herdados do governo anterior, Jânio implementa uma política econômica austera. No plano internacional, desagrada à UDN, pois opta por uma política de não alinhamento aos Estados Unidos, valorizando acordos comerciais com países do bloco comunista. A política econômica coerente e a inovadora política diplomática convivem com medidas sem nenhuma importância, mas com grande repercussão nos meios de comunicação, como as proibições do uso de biquínis em desfile de misses, do hipnotismo em lugares públicos, de corridas de cavalos em dias de semana, de brigas de galo... Jânio também condecora Che Guevara, em uma aproximação com Cuba, talvez tentando repetir a política internacional ambígua de Getúlio Vargas, responsável por acordos vantajosos com os Estados Unidos.

Apesar do tom autoritário, quando não carnavalesco, de seu governo, o risco de instabilidade política parecia diminuir, a não ser por um importante detalhe: segundo a legislação da época, votava-se para vice-presidente separadamente do cabeça de chapa. Ora, na eleição de Jânio, João Goulart havia sido novamente eleito ao cargo. Após pouco mais de seis meses no governo, o presidente procura explorar a delicada situação renunciando.

Conforme reconheceu o presidente, no livro *História do povo brasileiro*, seu objetivo era forçar uma intervenção militar: "Primeiro, operar-se-ia a renúncia; segundo, abrir-se-ia o vazio sucessório – visto que a João Goulart [...] não permitiriam as forças militares a posse, e, destarte, ficaria o país acéfalo; terceiro, ou bem se passaria a uma fórmula, em consequência da qual ele mesmo emergisse como primeiro mandatário, mas já dentro do novo regime institucional, ou bem, sem ele, as forças armadas se encarregariam de montar esse novo regime [...]". O aprendiz de ditador fracassa devido à vacilação dos chefes militares. Instala-se, então, uma grave crise política, cujo desfecho tem uma data marcada: 31 de março de 1964.

30

OS MILITARES NO PODER

Em 25 de agosto de 1961, o país entra em profunda crise política. A renúncia de Jânio implica a posse do vice-presidente, João Goulart. Em viagem diplomática à China, Goulart é hostilizado por importantes segmentos das forças armadas e do meio empresarial. Há razão para tanto? É preciso lembrar que ele foi responsável pelo aumento de 100% do salário mínimo, motivo suficiente para ser identificado à nebulosa política denominada república sindicalista. Além disso, pertence à corrente nacionalista, partidária da realização de reformas de base da sociedade brasileira, que contrariavam poderosos interesses.

Os ministros militares se manifestaram contra a posse. Tal recusa, porém, estava longe de contar com o apoio unânime das forças armadas. Goulart foi eleito pelo voto direto, levando a ala legalista do Exército a se posicionar a seu favor. Explorando habilmente essa divisão, Leonel Brizola, que no início dos anos 1960 desponta como nova liderança nacional do PTB, consegue o apoio do III Exército. O então governador do Rio Grande do Sul cria a Rede da Legalidade, lançando, através dos meios de comunicação de massa, uma campanha nacional em defesa da posse do novo presidente.

O golpe de 1961 é, dessa maneira, evitado. No entanto, foram necessárias concessões políticas por parte de João Goulart. A mais importante delas foi a adoção do parlamentarismo, através do qual se transfere para o Congresso Nacional e para o presidente do Conselho de Ministros, aí eleito, boa parcela das prerrogativas do Poder Executivo.

Aproximadamente duas semanas após a renúncia de Jânio Quadros, o novo presidente assume o cargo e novas conspirações se iniciam. Um aspecto crucial relativo à adoção do parlamentarismo é aquele que prevê, nove meses antes do término do mandato presidencial, a realização de um plebiscito no qual se confirmaria a manutenção dessa forma de governo.

A experiência parlamentarista, implementada às pressas, se revela um fracasso. A crise econômica conjuga-se à quase paralisia do sistema político. Auxiliado por tais circunstâncias e pela campanha que faz, João Goulart consegue não só antecipar o plebiscito, como também dele sair vitorioso. Em janeiro de 1963, o Brasil volta a ser presidencialista. Dessa data até março de 1964, assistimos a uma progressiva radicalização entre os setores nacionalistas e antinacionalistas. Para compreendermos a razão de tanto conflito, devemos retornar no tempo e analisar as propostas políticas e econômicas desses dois grupos, assim como as alianças a que deram origem.

Conforme mencionamos no capítulo anterior, por volta de 1945 a economia brasileira torna-se predominantemente industrial. A partir dessa época, as discussões se voltam para a aceleração do processo de desenvolvimento econômico. Pois bem, uma das soluções propostas implica a associação com o capital internacional, enquanto a outra consiste em proteger a economia desse tipo de intervenção, valorizando a ação do Estado como promotor da industrialização. Entre numerosos defensores desta forma de desenvolvimento, havia os partidários da reorganização de nosso mundo rural. Para eles, o campo brasileiro mantinha estruturas econômicas pré-industriais, impedindo a integração da população aí existente ao mercado consumidor. Mais ainda: nossa agricultura, baseada em grandes propriedades e na lavoura de exportação, abastecia precariamente a cidade, elevando o custo de vida e fazendo com que, entre os trabalhadores, sobrassem poucos recursos para a aquisição de produtos industriais. A formação de latifúndios improdutivos tinha outro efeito negativo: desviava capitais das atividades econômicas mais dinâmicas. Em outras palavras, sem a reforma agrária, a economia brasileira estaria fadada à estagnação ou então a uma crescente dependência em relação aos investimentos estrangeiros.

O debate a respeito da alteração de nossas estruturas agrárias está longe de ser meramente técnico. Em torno dele se chocam interesses econômicos e paixões políticas. Não por acaso, nem mesmo governos transformadores, como os de Getúlio Vargas e Juscelino Kubitschek, instituíram projetos dessa natureza. Na verdade, pode-se afirmar o inverso. Desde os anos 1930, a ênfase dada à industrialização leva, na maioria das vezes, a restrições ao crédito rural e a uma política cambial desfavorável aos produtores agrícolas. Assim, para a manutenção das taxas de lucro, deve-se aumentar o nível de exploração dos trabalhadores, o que estimula, por sua vez, movimentos migratórios e sentimentos de revolta.

Conforme vimos, após a abolição, o campo brasileiro nem sempre adota o trabalho assalariado. Em várias partes, colonos, rendeiros, meeiros e moradores de favor é que de fato substituem o braço cativo. Nesse meio, fazendeiros cobram prestações de serviços em troca de moradia, alteram livremente os acordos de partilhas das colheitas ou despedem trabalhadores sem indenização alguma. Em 1955, a revolta contra essa situação cristaliza-se na forma de Ligas Camponesas, organizadas por Francisco Julião, advogado com longa experiência na defesa dos trabalhadores e pequenos proprietários rurais. Inicialmente, as Ligas se estabelecem em Pernambuco e Paraíba, para depois se espalharem por outras regiões brasileiras, como Rio de Janeiro e Goiás. Seu lema é levar "justiça ao campo" por meio da reforma agrária, "na lei ou na marra", o que implicava invasões de propriedades rurais, criando um clima de terror em parte da elite brasileira.

Outro aspecto interessante dessa nova organização é que ela foge ao controle das tradicionais instituições populistas, como era o caso dos sindicatos vinculados ao PTB. De fato, pode-se afirmar que as Ligas e seu líder são hostis a João Goulart. Em 1962, essa postura ganha alcance nacional. Francisco Julião, eleito deputado federal pelo PSB, apoia vitoriosamente o prefeito do Recife, Miguel Arraes, na disputa do cargo de governador. João Goulart enfrenta, agora, oposição à direita e à esquerda; talvez por isso, o presidente reforça sua base de apoio popular se aproximando do PCB. Para compreender a aliança entre populistas e comunistas precisamos retornar no tempo.

O primeiro ensaio dessa aproximação ocorreu em 1945, por ocasião do fim do governo de Getúlio Vargas. No entanto, a cassação do registro legal do partido em 1947 leva os comunistas a uma fase de radicalização. A partir de 1952, ainda na ilegalidade, o Partidão – como então era popularmente conhecido – dá início à revisão dessa linha política, reaproximando-se de correntes políticas populistas, principalmente aquelas vinculadas ao nacionalismo ou ao movimento sindical.

Essa postura, em parte, decorre da análise teórica predominante no PCB. Desde os anos 1920, intelectuais comunistas procuram interpretar a sociedade brasileira à luz dos conceitos marxistas e leninistas. Tal leitura é afetada pelo fraco conhecimento de textos originais de Marx e pela adoção incondicional da linha política soviética. Nesse contexto, a interpretação que se torna dominante nos círculos comunistas é considerar as sociedades latino-americanas como pré-capitalistas. Tal conceituação implica, porém, brutais simplificações da realidade. Uma delas consiste em não ver diferenças entre países que apresentam níveis variados de desenvolvimento econômico. Brasil, Argentina, Guatemala ou Paraguai, por exemplo, são arrolados indistintamente. Pior ainda, adota-se a linha evolutiva europeia como sendo universal, o que leva a classificar o conjunto das sociedades latino-americanas como feudais. Na prática, tal interpretação implica reconhecer a necessidade de uma etapa capitalista para que, em um momento não definido do futuro, fosse possível atingir o socialismo; assim como os positivistas de cem anos antes, os comunistas são fortemente influenciados por concepções evolucionistas.

Ora, de forma simplificada, podemos afirmar que, para o PCB, os membros da UDN e parte do PSD representam os interesses feudais, ao passo que o PTB aglutinaria os grupos pertencentes à nascente burguesia nacional. Não é de estranhar, portanto, que os comunistas vissem com bons olhos a ascensão de João Goulart, defensor da reforma agrária e hostil ao capital internacional. Além disso, a aproximação do PCB com o PTB atende a necessidades práticas, como era o caso da legalização partidária dos comunistas.

Goulart procurava tirar vantagens dessa aliança. Um exemplo disso refere-se às mencionadas Ligas Camponesas. No início dos anos 1960, comunistas e trabalhistas levam a cabo uma bem-sucedida campanha de filiação sindical dos trabalhadores do campo. Na época do fim do parlamentarismo, enquanto as Ligas contam com 80 mil associados, registra-se a existência de 250 mil trabalhadores agrícolas sindicalizados, o que enfraquece o segmento oposicionista Julião-Arraes em sua própria base eleitoral.

A aproximação entre PTB e PCB revela o fracasso do presidente em promover uma política moderada. Goulart naufraga em suas articulações com a Frente Parlamentar Nacionalista, integrada até mesmo por udenistas favoráveis às reformas estruturais da sociedade brasileira. O mesmo ocorre em sua tentativa de criar a União Sindical dos Trabalhadores, confederação destinada a enfraquecer o Comando Geral dos Trabalhadores, controlado por comunistas. Na política econômica, seu resultado também é medíocre. A equipe de seu primeiro ministério, liderada por San Thiago Dantas e Celso Furtado, tenta, sem sucesso, implementar o plano trienal, que prevê a captação de recursos internacionais, assim como austeridade no gasto público, crédito e política salarial. Tal fracasso tem graves repercussões, registrando-se então uma recessão e uma taxa de inflação alarmantes.

Cada vez mais isolado entre as elites, Goulart procura apoio na ala radical do trabalhismo, liderada por Leonel Brizola – defensor da mobilização popular como uma forma de pressão pelas reformas de base. Em outubro de 1963, as conspirações contra seu governo proliferam. Pressionado pela ala legalista do Exército, o presidente ensaia decretar estado de sítio, mas é sabotado no Congresso pelo próprio partido, perdendo assim o pouco de prestígio que lhe resta junto às forças militares.

Apesar de sua frágil situação, Goulart não reavalia o projeto reformista. Desde a posse, o presidente mantém uma postura ambígua, ora tentando desenvolver uma política moderada, ora apelando para a mobilização popular para forçar o Congresso a aprovar reformas. Em parte devido à inflação, e também à ambiguidade populista, greves se multiplicam. Assim, é possível afirmar, por exemplo, que entre 1961 e 1963 ocorrem mais movimentos grevistas do que no período compreendido entre 1950 e 1960. No que diz respeito às greves gerais – ou seja, aquelas envolvendo várias categorias socioprofissionais –, o crescimento é de 350%! Não é difícil imaginar os transtornos criados nos serviços básicos de saúde e de transportes coletivos por esse tipo de prática, tornando o presidente bastante impopular junto às classes médias e às camadas representativas dos trabalhadores. Observa-se, ainda, durante seu governo, o declínio acentuado da repressão aos grevistas, dando munição aos que disseminavam entre as elites o medo em relação à implantação de uma república sindicalista no Brasil.

No início de 1964, o presidente encaminha ao Congresso um projeto de reforma agrária e é derrotado. Por meio de mobilizações de massa pressiona o Poder Legislativo. No comício de 13 de março, que reúne cerca de 150 mil participantes, anuncia decretos nacionalizando refinarias particulares de petróleo e desapropriando terras com mais de 100 hectares que ladeavam rodovias e ferrovias federais. As medidas são acompanhadas por declarações bombásticas, como as de Brizola, defendendo a constituição de um Congresso composto de camponeses, operários, sargentos e oficiais militares. A direita reage a esse tipo de manifestação, organizando, com apoio da Igreja Católica e de associações empresariais, "marchas da família com Deus pela liberdade", por meio das quais condenam o suposto avanço do comunismo no Brasil.

Em um lance extremamente infeliz, Goulart estende a mobilização sindical aos quartéis. Em fins de março, apoia a revolta de marinheiros, deixando que esses últimos participem da escolha do novo ministro da Marinha; além disso, mobiliza os sargentos do Rio de Janeiro. A quebra da hierarquia militar é o item que faltava para que os conspiradores conseguissem apoio da ala legalista das forças armadas. Em 31 de março é deposto o presidente. A UDN, por intermédio de dois governadores, Magalhães Pinto, de Minas Gerais, e Carlos Lacerda, da Guanabara, participa ativamente do golpe, e, em 15 de abril, o general Castello Branco, identificado à ala legalista, assume a Presidência da República. Entre os poderes atribuídos a ele havia o de cassar direitos políticos e afastar os militares identificados ao governo deposto. Essa depuração envolve milhares de oficiais, soldados e deputados, e seu resultado concreto foi criar um desequilíbrio no Congresso e nas forças armadas a favor dos antigos grupos antinacionalistas.

Esse desequilíbrio de forças no interior do Exército gera uma situação complexa. Inicialmente, o núcleo conspirador apresentou a intervenção militar como defensiva em face de um iminente golpe que Goulart estaria planejando, e previa, por exemplo, eleições presidenciais em 1965. No entanto, os grupos antinacionalistas – agora denominados linha-dura – alimentam um projeto político duradouro. Nos documentos imediatamente lançados após o golpe, os partidários dessa visão assumem o papel de liderar a sociedade brasileira: "A revolução" – afirma um desses textos – "se distingue de outros movimentos armados pelo fato de que nela se traduz não o interesse e a vontade de um grupo, mas o interesse e a vontade da Nação".

De fato, o Golpe Militar de 1964 pode ser acusado de muitas coisas, menos de ter sido uma mera quartelada. Havia muito, tal intervenção era discutida em instituições, como a Escola Superior de Guerra (ESG), criada em 1948, ou o Instituto de Pesquisa e Estudos Sociais (Ipes), fundado em 1962 por lideranças empresariais. Outro indício de que o golpe vinha sendo tramado havia tempos ficou registrado nos documentos da operação "Brother Sam", pela qual se prevê, caso houvesse resistência, que o governo norte-americano "doaria" 110 toneladas de armas e munições ao Exército brasileiro. Por ser fruto desse planejamento prévio, não é surpreendente que a instituição militar apresente um projeto próprio de desenvolvimento para o país – aliás, compartilhado pela maioria do empresariado nacional. Em larga medida, tal projeto consiste em retomar o modelo implantado em fins da década de 1950, aquele definido como tripé, baseado na associação entre empresas nacionais privadas, multinacionais e estatais.

Com o objetivo de tornar esse modelo mais eficaz, é meticulosamente organizada a repressão ao movimento sindical e à oposição política. Contudo, a implantação da ditadura não ocorre imediatamente após a deposição do presidente. Os conspiradores dependem dos grupos legalistas, muitos deles defensores do retorno do poder civil nas eleições presidenciais seguintes. Além disso, a ausência de resistência – em 3 de abril de 1964, João Goulart se exila no Uruguai – desarma a linha-dura. Mas isso dura pouco. Em 1965, graças às depurações nas forças armadas, os militares identificados ao general Costa e Silva têm força suficiente para alterar os rumos da revolução. A derrota que enfrentam nas urnas alimenta ainda mais essa tendência. No referido ano, candidatos oposicionistas vencem em estados e cidades importantes, como na Guanabara, em Minas Gerais e na capital paulista. Boa parcela dos brasileiros demonstra seu descontentamento com o governo instituído em 31 de março. Como resposta, foram impostos os Atos Institucionais nos 2 e 3, que abolem os partidos existentes e as eleições diretas para presidente, governador e prefeito de capitais. Não restavam dúvidas, os militares tinham vindo para ficar...

31

DA GUERRILHA À ABERTURA

O governo nascido do golpe de 1964 foi definido certa vez como o "Estado Novo da UDN". Essa definição tem sua razão de ser. Durante duas décadas, políticos udenistas – representantes de parcelas importantes das elites empresariais e agrárias – dificilmente chegam a conseguir apoio de mais de 30% do eleitorado brasileiro. Entretanto, por meio da ditadura militar, puderam implementar várias de suas propostas em matéria de política econômica, como a diminuição do valor real dos salários e a ampla abertura da economia aos investimentos estrangeiros.

A aliança entre udenistas e militares tem ainda outras repercussões. Apesar de oportunistas e golpistas, os partidários da UDN são admiradores de democracias liberais. Tal posicionamento impede a adoção de um modelo fascista no Brasil. Mesmo nos momentos de maior intolerância, a ditadura militar, por meio da rotatividade dos presidentes, evita o caudilhismo, não deixando também de reconhecer a legalidade da oposição parlamentar. A extinção dos partidos tradicionais, em 1965, é acompanhada da criação de duas novas agremiações: Arena (Aliança Renovadora Nacional) e MDB (Movimento Democrático Brasileiro).

Este último representa boa parte dos grupos que lutam pelo retorno à normalidade democrática.

A direção central do Partido Comunista Brasileiro (PCB), logo após o Golpe Militar, dá início à autocrítica diante do esquerdismo e condena a resistência armada. Todavia, tal postura não foi unânime, fazendo com que dirigentes abandonassem o partido, como nos casos de Carlos Marighella (indo para a Aliança Nacional Libertadora – ANL) e Apolônio de Carvalho (indo para o Partido Comunista Brasileiro Revolucionário – PCBR). Critica-se, então, o que se denominava etapismo, uma estratégia que prega a revolução por etapas, cabendo ao PCB apoiar a burguesia no processo de constituição de uma sociedade liberal, antifeudal e anti-imperialista, deixando para um futuro distante a luta pela implantação do socialismo. Para os dissidentes, a estratégia do PCB facilitava a implantação da ditadura, pois subordinava o movimento operário aos acordos de cúpula com as lideranças populistas. Avalia-se que a burguesia depende de sua associação com a agricultura de exportação e com o capitalismo internacional, não havendo por parte do empresariado qualquer inclinação pela ruptura com as classes dominantes. O populismo radical de Goulart representa, quando muito, aspirações de segmentos minoritários e mais atrasados da burguesia nacional.

A ausência de resistência ao Golpe Militar faz esse tipo de interpretação ganhar adeptos. Entre 1965 e 1967, amplia-se o número de dissidências atingindo até organizações formadas anos antes. Várias delas tinham raízes internacionais e não eram um fenômeno particularmente novo. No Brasil, desde os anos 1930, movimentos trotskistas dão origem a partidos rivais do PCB, como a Liga Comunista Internacionalista ou o Partido Operário Leninista. Com o surgimento de novos países comunistas, que, às vezes, não aceitam as mudanças de rumo da política soviética, as dissidências proliferam. No início dos anos 1960, além do PCB e do Partido Operário Revolucionário Trotskista (PORT), havia o Partido Comunista do Brasil (PC do B) – primeiro de inspiração chinesa e depois albanesa –, a Organização Revolucionária Marxista - Política Operária (Polop) e, por fim, a Ação Popular (AP), moderada, pelo menos em sua fase inicial, e vinculada ao que veio a ser conhecido como catolicismo progressista.

Nesses grupos nascem propostas de luta armada. Há, sem dúvida, inúmeros matizes entre uma tendência política e outra. No entanto, a perspectiva de uma revolução iminente parece ser um traço comum às diversas siglas. Paradoxalmente, esse engajamento radical mantém vínculos com algumas ideias do desprezado PCB e do nacionalismo desenvolvimentista. Generaliza-se, por exemplo, a noção de que o capitalismo brasileiro entrara em uma fase de estagnação. A não realização das reformas de base é responsável por isso. Acreditava-se que as classes dominantes dependiam de um governo ditatorial para continuar existindo, sendo em vão a luta pelo retorno à democracia.

A novidade do período é que os grupos revolucionários recém--formados recrutam militantes predominantemente na classe média. Havia ainda, em partidos que aderiam à luta armada, o predomínio de estudantes e professores universitários. Esses segmentos, segundo os processos da Justiça Militar, respondem por 80% do Movimento de Libertação Popular (Molipo), 55% do Movimento Revolucionário 8 de Outubro (MR-8) e 53% do Comando de Libertação Nacional (Colina), para mencionarmos apenas alguns exemplos.

Outro dado importante é a predominância de menores de 25 anos nos diversos agrupamentos revolucionários. O aparecimento de numerosos jovens, não necessariamente pobres ou miseráveis, dispostos a lutar contra os poderes constituídos não é um fenômeno exclusivamente brasileiro. De certa maneira, isso traduz certas mudanças que ocorriam na juventude em escala mundial. Durante a maior parte do século XX, o ensino universitário foi acessível a um grupo extremamente reduzido; nos anos 1960, porém, essa situação começa a se modificar. O caso brasileiro é típico: entre 1948 e 1968, o número de estudantes universitários passa de 34 mil para 258 mil; no mesmo período em que a população brasileira dobra, o número de jovens que frequentavam universidades aumenta oito vezes. O crescimento desse segmento torna-o cada vez mais capaz de influenciar politicamente a sociedade.

Tão importante quanto essa mudança é a alteração do quadro político mundial. A partir dos anos 1940, o mundo é sacudido por revoluções nacionalistas na Ásia e na África. O impossível parecia ocorrer: países pobres do Terceiro Mundo conseguem vencer antigos colonizadores europeus. Coroando essas transformações, em 1959, um pequeno grupo de guerrilheiros faz uma revolução em Cuba, enfrentando a oposição do tradicional partido comunista local e dos Estados Unidos, que na época desfrutam o título de maior potência econômica e militar do mundo.

Mais ainda: a revolução é um fenômeno da alta cultura. Entre seus partidários estão refinados romancistas, filósofos e artistas europeus e norte-americanos. No Brasil, algumas das produções culturais extraordinariamente bem-sucedidas – como o cinema de Glauber Rocha, a música de João Gilberto e o teatro de Augusto Boal – revelam o lado positivo da ruptura radical com o passado. Mesmo nos meios nacionalistas – como é o caso dos intelectuais vinculados ao Instituto Superior de Estudos Brasileiros (Iseb), criado em 1955 – respira-se o ar da utopia. A identidade nacional é vista como a ruptura com o passado, e não como a sua recuperação, conforme almejavam os românticos do século XIX.

Ao longo dos anos 1960, tal visão é difundida por meio do cinema, teatro e jornalismo, assim como por palestras e debates promovidos pelos Centros Populares de Cultura da União Nacional dos Estudantes (CPC-UNE). A valorização desse novo nacionalismo também representa uma resposta à forte influência cultural norte-americana, interpretada como uma ameaça à identidade nacional, pois, ao contrário da europeização do século precedente, não se restringe a grupos de elites, destinando-se ao conjunto da população.

Vista a partir de hoje, a luta armada parece algo politicamente ingênuo ou até incompreensível, mas, na época, é fortemente marcada pelo sentimento nacional e de justiça social, em um mundo onde revoluções que pareciam impossíveis estavam ocorrendo. Como, porém, se organiza essa luta? Em primeiro lugar, é necessário lembrar que defender a revolução imediata nem sempre implica pegar em armas. Os agrupamentos de esquerda que assim agiram, geralmente, adotaram os princípios do foquismo, teoria elaborada a partir do exemplo da revolução cubana, em que um pequeno grupo guerrilheiro inicia um processo revolucionário no campo.

Para tanto, primeiramente, são necessários recursos financeiros. Em 1967, inicia-se uma série de roubos a bancos por parte dos grupos guerrilheiros, processo que se arrasta até o início dos anos 1970 e resulta em cerca de trezentos assaltos (ou, como se dizia na época, desapropriações revolucionárias), com a arrecadação de mais de 2 milhões de dólares. Na prática, a guerrilha – salvo no caso do Araguaia – não se estende ao campo. À medida que o sistema repressivo realiza prisões, o emprego sistemático da tortura faz com que mais e mais revolucionários sejam capturados. Em 1969, a própria dinâmica do movimento guerrilheiro é alterada, passando a ter como objetivo resgatar os companheiros das masmorras militares. Os assaltos a bancos vão dando lugar a sequestros – entre os quais os dos embaixadores norte-americano, alemão e suíço no Brasil –, cujos resgates são a libertação de prisioneiros políticos.

Alegando a ameaça comunista e acentuando uma tendência de endurecimento, que vinha desde o ano anterior – com a eleição do general Costa e Silva em 25 de maio de 1966 –, o governo militar se torna cada vez mais ditatorial. Nesse contexto é fortalecida a doutrina de segurança nacional, que torna prioridade entre as forças armadas a luta contra a ameaça interna, e não mais a defesa contra inimigos estrangeiros. Assiste-se também à ampliação das redes de espionagem e de repressão. Paralelamente ao Serviço Nacional de Informações (SNI), criado em 1964, atuam agora outras organizações, como o Centro de Informações da Marinha (Cenimar), a Operação Bandeirantes (Oban) e o Destacamento de Operações de Informações – Centro de Operações de Defesa Interna (DOI-Codi), somente para citarmos algumas siglas.

Até a oposição legal deixa de ser aceita. A Frente Ampla formada por Carlos Lacerda e João Goulart, que defende bandeiras democráticas, como eleições diretas, anistia e nova Constituição, é proibida em 1968. A recessão e o declínio do poder de compra dos salários fazem, por sua vez, com que o movimento sindical renasça. Greves envolvendo milhares de operários ocorrem em Minas Gerais e São Paulo. No mesmo período, manifestações estudantis cruzam o país, culminando com a Passeata dos 100 mil em 26 de agosto de 1968.

A resposta dos militares: maior endurecimento do regime. Em 13 de dezembro é assinado o AI-5: com ele, o presidente da República passa a poder, a bel-prazer, fechar desde Câmaras de Vereadores até o próprio Congresso Nacional, nomear interventores para qualquer cargo executivo, cassar os direitos políticos de qualquer cidadão e também suspender o recurso ao *habeas corpus*.

Mas se 1968 é o ano do auge repressivo da ditadura, é também o da retomada do crescimento econômico. O modelo econômico adotado rende finalmente seus frutos e o Brasil, até 1973, apresenta taxas bastante elevadas de desenvolvimento industrial, superando mesmo os 10% ao ano. Fala-se em milagre econômico, mas um milagre que, alguns anos mais tarde, cobraria seu preço.

O aumento dos investimentos das multinacionais, como se previa desde os anos 1950, não é acompanhado pelo crescimento do setor de insumos industriais e de energia, e o resultado disso é a necessidade de importar esses produtos e petróleo. A economia brasileira entra aí em um labirinto de endividamento.

O milagre econômico também amplia, em relação aos padrões da economia brasileira da época, o mercado de produtos industriais de custo elevado, como os automóveis. Tal decisão gera um quadro perverso, no qual a concentração de renda torna-se necessária para garantir o funcionamento do sistema econômico. Bem ou mal, porém, a ditadura conta com algum grau de aprovação popular. No início dos anos 1970, embalados pela vitória da Arena, partido de sustentação do governo, os militares empenham-se em campanha de legitimação do novo regime. O general Emílio Garrastazu Médici, presidente empossado em outubro de 1969, lança a campanha "Brasil, grande potência" e também, com a abertura da Transamazônica, tenta reviver a euforia da época da construção de Brasília.

Em 1974, as consequências mundiais do aumento do custo do petróleo, associadas à política irresponsável de endividamento externo, lançam a economia brasileira novamente em crise. Nessa época, os antigos grupos vinculados à ala legalista das forças armadas – na época definida como castellista, numa alusão ao marechal Castello Branco – recuperam o terreno perdido. A eleição, no referido ano, do general Ernesto Geisel é considerada um marco dessa transição. O novo presidente defende desde o primeiro dia de posse uma abertura política "lenta, segura e gradual". Para tanto, enfrenta os grupos da linha-dura, altera os comandos militares e procura lentamente subordinar ao Ministério da Justiça os aparelhos repressivos militares, que haviam saído do controle.

Desde 1972, os movimentos armados urbanos não existem mais. A guerrilha, que sobreviveu apenas no Araguaia, foi destroçada em 1974. Os vários tentáculos repressivos passam a perseguir grupos que não participaram desse tipo de enfrentamento, como foi o caso dos militantes do PCB e de membros da Igreja. Por intermédio da Ordem dos Advogados do Brasil (OAB), Associação Brasileira de Imprensa (ABI), Conferência Nacional dos Bispos do Brasil (CNBB) e Sociedade Brasileira para o Progresso da Ciência (SBPC), a subjugação dos organismos repressivos ganha apoio da sociedade civil.

O processo de abertura, como prevê Geisel, não é linear. Expressivos segmentos militares agrupados em torno do general Sílvio Frota fazem oposição ao presidente, contando inclusive com o apoio de parte, igualmente expressiva, da Arena. A eles, Geisel eventualmente cede, endurecendo o regime, principalmente após o desempenho eleitoral do MDB nas eleições de 1974. Dois anos mais tarde é aprovada a denominada Lei Falcão, em alusão ao nome do ministro da Justiça da época. Por meio dessa lei ficam proibidos, em programas eleitorais televisivos, o debate e a exposição oral de propostas e críticas ao regime. Mais ainda: em 1977, reformas legais criam meios de a Arena manter presença majoritária no Congresso, apesar das derrotas eleitorais. Amplia-se a representação parlamentar do Norte e do Nordeste e institui-se a indicação de senadores pelo próprio governo, popularmente chamados de "senadores biônicos".

Por meio dessa delicada engenharia política, Geisel garante a própria sucessão. O novo escolhido é o general João Baptista de Oliveira Figueiredo, empossado em 1979. Nessa eleição concorre o general Euler Bentes Monteiro, apoiado pelo MDB e por segmentos importantes do empresariado brasileiro. Nem os mais beneficiados defendem a ditadura, cujo fim não demoraria muito a ocorrer.

32

UMA DEMOCRACIA DE MASSA

Entre 1978 e 1979, o processo de abertura política é consolidado. Ao longo desses anos revoga-se o AI-5, suspende-se a censura, assim como é decretada a anistia aos presos políticos. Na sucessão presidencial, Geisel consegue impor seu sucessor, general João Baptista de Oliveira Figueiredo, consagrando mais uma etapa no "lento e gradual processo" de abertura política. A etapa seguinte consiste na manutenção da base parlamentar, permitindo ao segmento militar eleger o próximo presidente. Com o intuito de alcançar este objetivo e por meio de uma hábil articulação política, garante-se que a Arena, agora sob a sigla Partido Democrático Social (PDS), se mantenha praticamente intacta, enquanto a oposição se fragmenta em vários partidos: PMDB, PP, PTB, PDT e PT.

Os segmentos mais autoritários do regime militar, derrotados pela estratégia da abertura, continuam se manifestando por meio de atentados, como os ocorridos em 1980 na Ordem dos Advogados do Brasil (OAB) e na Câmara Municipal do Rio de Janeiro. Tais ações, no ano seguinte, atingem o ápice: no Riocentro, por ocasião de um show de música popular, na véspera do 1º de Maio, explodem duas bombas no interior de um automóvel. Dentro do veículo estavam um sargento e um coronel do Exército. As investigações são conduzidas de forma tendenciosa, procurando-se atribuir a ação terrorista a grupos esquerdistas.

Essa explicação não convence nem mesmo as autoridades militares. O general Golbery do Couto Silva, então ideólogo do processo de transição, insatisfeito com a forma como o inquérito é conduzido, exonera-se do cargo que ocupava. Trata-se de um momento tenso. Sua saída representaria um recuo no processo de abertura? A dúvida permanece no ar. Como lhe era característico, o presidente Figueiredo, de forma rude, repele qualquer possibilidade de retrocesso declarando: "Juro fazer deste país uma democracia [...] É para abrir mesmo, e quem quiser que não abra eu prendo e arrebento".

Foi também nesse contexto que a crescente mobilização popular passa a ditar o ritmo da transição do regime. Se na primeira fase ela é comandada quase exclusivamente pelos quartéis, agora tem como contrapeso a força das ruas. Razões para a insatisfação popular não faltavam. No ano de 1981 inicia-se uma grave recessão que se estende por três anos. A inflação, que atinge taxas elevadíssimas, associa-se agora à estagnação ou ao declínio econômico, como aquele registrado em 1981 (-4,2%) ou em 1983 (-2,9%). Após décadas de crescimento elevado ou moderado, a industrialização amarga uma crise sem precedentes.

Como consequência dessa situação, o número de pobres amplia-se. Entre 1977 e 1983, o número de pessoas vivendo com rendimentos inferiores a um dólar por dia aumenta de 17 milhões para 30 milhões. Se no passado a pobreza é registrada mais frequentemente no campo, dando origem a formas de banditismo rural como o cangaço, agora ela tem a cidade como principal espaço. Acompanhando o quadro de empobrecimento da população, a criminalidade urbana expande-se rapidamente, e a ela associa-se o tráfico de drogas.

A participação popular no processo de abertura, de certa maneira, reflete um descontentamento coletivo diante dos rumos da sociedade brasileira. O primeiro grande teste desse sentimento foram as eleições de 1982. O PDS consegue manter a maioria dos governos estaduais e das cadeiras no Senado, mas não as da Câmara de Deputados. Devido à proibição de alianças entre partidos, o PP funde-se ao PMDB, fortalecendo a oposição e preparando caminho para a vitória na sucessão presidencial seguinte. A eleição também serve de experiência para um novo tipo de política popular. Nesse ano, o Partido dos Trabalhadores (PT) – nascido da confluência entre o "novo sindicalismo", não mais dominado pelo populismo, e alguns grupos de esquerda, originários das dissidências do PCB e do movimento trotskista – consegue se organizar em quase todos os estados, elegendo oito deputados.

A oposição está suficientemente fortalecida a ponto de lançar um movimento pelo retorno das eleições diretas para presidente. Como é sabido, desde 1964 esse processo é controlado, por intermédio do Congresso Nacional, pelas forças armadas. A campanha pelas Diretas Já consegue grande adesão popular, sendo registrados comícios com até um milhão de pessoas. Em 1984, a emenda Dante de Oliveira – que restabelece a eleição direta para presidente – é proposta ao Congresso. No entanto, por falta de quórum, não é votada. Embora não tenha atingido seu objetivo principal, a mobilização popular influencia os meios de comunicação de massa, gerando divisões nas elites e fazendo recuar setores radicais do Exército.

Pela primeira vez em vinte anos, os militares não controlam mais a sucessão presidencial. O PDS divide-se, então, entre três candidatos: Aureliano Chaves, Mário Andreazza e Paulo Maluf. O primeiro, percebendo a pouca chance que tinha, retira a candidatura. Paulo Maluf vence com facilidade a convenção, habilitando-se à sucessão presidencial. Tal vitória, porém, leva a uma fragmentação do PDS, dando origem ao Partido da Frente Liberal (PFL). Formado por grupos derrotados na convenção que elegeu Maluf, tal partido se aproxima da candidatura oposicionista de Tancredo Neves, do PMDB. A aliança implica ceder a vice-presidência a um membro do PFL, no caso José Sarney, ex-arenista e pedessista, que acompanha a dissidência liderada por Aureliano Chaves, vice-presidente na gestão do general Figueiredo.

Em 15 de janeiro de 1985, a oposição chega ao poder. A campanha, porém, é exaustiva para o candidato vitorioso. Com mais de 70 anos e saúde debilitada, Tancredo Neves morre antes de tomar posse. Um momento de indecisão – quem deveria assumir a presidência? Ulysses Guimarães, líder histórico do PMDB, conhecido como Senhor Diretas e presidente da Câmara dos Deputados, ou José Sarney, vice-presidente, identificado ao sistema político herdado da ditadura militar? Apesar da decepção política que envolve a escolha, prevalece a determinação legal que garante a posse do vice-presidente.

O novo presidente dá início a uma política de contenção, ou pelo menos de tentativa de contenção da inflação – que, em 1989, chega a atingir índice anual superior a 1.000%. Os planos econômicos se sucedem. Alguns deles atendem a objetivos meramente eleitorais, acirrando ainda mais – após o período de votação – o processo inflacionário. A frustração em relação ao presidente Sarney também se estende ao Congresso Nacional. Durante seu mandato, organiza-se um grupo parlamentar autodenominado Centrão, através do qual é barganhado apoio político – como a ampliação em um ano do mandato presidencial – em troca de cargos públicos ou de concessões de canais de televisão e emissoras de rádio.

Durante o mandato do presidente José Sarney, a imprensa registra numerosos casos de corrupção e nepotismo. Apesar de tudo, o novo período é marcado por avanços democráticos significativos. O mais importante deles é a convocação de uma Constituinte, reunida em 1988 e destinada a pôr abaixo o que então se denomina entulho autoritário do regime militar – ou seja, a legislação antidemocrática. Também nesse período, pela primeira vez, é facultado aos analfabetos e aos maiores de 16 anos o direito de voto. A participação eleitoral, dessa maneira, amplia-se. Para ter uma noção, basta dizer que, na Primeira República (1889-1930), em média, apenas 2,5% da população brasileira tinha direito a voto; em 1945, esse percentual aumenta para 16%; em 1986, a cifra cresce extraordinariamente: 51% da população pode se expressar nas urnas. O Brasil, enfim, conhece uma democracia de massa.

Prevê-se que, em 1989, pela primeira vez na história brasileira, a maioria da população escolheria seu dirigente máximo. Não por acaso, essa crescente participação popular – registrando-se inclusive, em 1988, a vitória do Partido dos Trabalhadores na sucessão da prefeitura de São Paulo – fez renascer o discurso anticomunista. Líderes da Federação das Indústrias do Estado de São Paulo (Fiesp) ameaçam organizar uma campanha de saída de empresários do país caso Luiz Inácio Lula da Silva, candidato do PT, chegasse à presidência. A eleição que definiria o sucessor de Sarney, a primeira feita pelo voto direto em mais de um quarto de século, é polarizada por forças políticas de direita e de esquerda.

O discurso anticomunista também ocorre nos meios agrários, como foi o caso da União Democrática Ruralista (UDR), nascida como resposta ao Movimento dos Trabalhadores Rurais Sem Terra (MST). Durante o governo militar, a repressão abate-se violentamente sobre os que lutam pela terra. Paralelamente a isso, os militares tomam algumas medidas – com o objetivo de diminuir as tensões no mundo rural. A construção da Transamazônica foi interpretada por alguns estudiosos como uma espécie de contrarreforma agrária, na medida em que abriu para as populações rurais pobres – principal foco das Ligas Camponesas – uma nova fronteira de expansão. Na prática, porém, os projetos de colonização na Amazônia fracassaram ou não tiveram continuidade. Em 1985, o MST retoma a ancestral luta pela reforma agrária brasileira. Como vimos, essa luta não é nova, sendo defendida por abolicionistas do século XIX e pelas Ligas Camponesas nos anos 1950-60.

Nesse clima de insegurança entre as elites agrárias e empresariais, surge um candidato que realinha as forças políticas: Fernando Collor de Mello, político originário do PDS e eleitor de Paulo Maluf na eleição presidencial de 1985. Por meio de uma coligação de pequenos partidos – Partido da Reconstrução Nacional, Partido Social Cristão, Partido Social Trabalhista e Partido Renovador Trabalhista –, Collor candidata-se à presidência. Concorrendo com ele há grandes agremiações e políticos de renome nacional, entre os quais Ulysses Guimarães (PMDB), Aureliano Chaves (PFL), Mário Covas (PSDB), Luiz Inácio Lula da Silva (PT), Paulo Maluf (PDS) e Leonel Brizola (PDT). Até março de 1989, Fernando Collor ocupa uma posição modesta nas intenções de voto. A partir daquele mês, a situação se altera. O candidato passa a liderar a campanha presidencial, e devido ao receio de que a eleição fosse vencida por um candidato de esquerda – Lula ou Brizola –, PFL, PDS e boa parte do PMDB apoiam Collor.

Como é possível que um candidato praticamente sem estrutura partidária alcance tamanho sucesso? Ora, não por acaso, no referido mês de março, começam os programas eleitorais dos partidos da coligação a que ele pertencia. A eleição de 1989 mostra uma nova faceta da democracia: o peso dos meios de comunicação de massa, principalmente a televisão. Collor explora com habilidade essa mídia, conseguindo apoio das camadas mais pobres e sem escolaridade. O apoio velado dado pelos partidos majoritários no primeiro turno torna-se apoio declarado no segundo. Seu governo, porém, dura apenas dois anos, encerrando-se em 1992, em meio a um processo de *impeachment*, fruto de uma crise econômica, assim como de comportamentos hostis ao Congresso e da ampliação da corrupção numa escala até então nunca vista.

Uma vez mais, coube a um vice-presidente, Itamar Franco, assumir o posto presidencial. A herança de Collor é nefasta. Seu fracassado plano econômico, de confisco dos ativos financeiros (incluindo aí os recursos das cadernetas de poupança), cria um clima de descrédito em relação às políticas anti-inflacionárias. Além de não ser bem-sucedido, o novo plano lança o país em uma profunda recessão. Em 1993 já se discute abertamente o processo sucessório. Lula lidera as pesquisas de intenção de voto. Inicialmente imagina-se que seu principal concorrente seria Paulo Maluf, recém-eleito para a prefeitura de São Paulo. Contudo, em agosto daquele ano é dado início a um novo plano econômico. Ao contrário do precedente, que, como se dizia na época, tentava matar o tigre da inflação com um tiro só, o Plano Real foi concebido como um processo de estabilização a ser implantado aos poucos.

A inflação, contida graças à política cambial ancorada no dólar e a uma redução nas emissões monetárias, começa finalmente a cair continuamente. Fernando Henrique Cardoso, então ministro da Fazenda, procura capitalizar para si os dividendos dessa vitória. Em março de 1994, como candidato do PSDB, alia-se ao PFL e prepara caminho para receber um discreto apoio do antigo PDS, agora sob a sigla de PPB. As transformações ocorridas nos anos 1990 esvaziam em boa medida o discurso anticomunista. A queda do Muro de Berlim e o fim da União Soviética são exemplos emblemáticos deste processo. No Brasil, a trajetória do PCB, finalmente legalizado, concorrente nas eleições presidenciais de 1989, é reveladora disso: além de abandonar a bandeira comunista, o partido aprova, em 1992, a autodissolução, formando o Partido Popular Socialista (PPS), agremiação social-democrata.

Fazendo de sua bandeira o prosseguimento do Plano Real, a eficiência administrativa e a reforma do Estado, Fernando Henrique vence as eleições de 1994. Quatro anos mais tarde, o Congresso aprova o dispositivo da reeleição. O presidente em exercício mais uma vez sai vitorioso. Durante oito anos de mandato são implementadas medidas econômicas voltadas à internacionalização da economia, privatização de empresas estatais, desregulamentação de mercados e controle dos gastos públicos. Incentivos de várias naturezas são postos em prática para atrair os investimentos do capital estrangeiro, de longo e curto prazos, ao mesmo tempo que, para manter a estabilidade econômica, o país entra em uma nova espiral de endividamento externo e de desemprego crônico. Definida genericamente como neoliberal, tal política gerou controvérsias e ácidas críticas. Porém, ao contrário do passado, o sistema político de democracia de massa permite que o modelo de desenvolvimento do Brasil seja, de quatro em quatro anos, avaliado pela maioria da população.

33

O PASSADO DO SÉCULO XXI

Em 1º de janeiro de 2003, Luiz Inácio Lula da Silva assume a presidência do Brasil. Em um país que, durante mais de dez anos – incluindo o período de governo de Fernando Collor (1990-92) e o de Fernando Henrique Cardoso (1995-2002) –, foi dominado por políticas sociais e econômicas definidas como neoliberais, tratava-se de uma mudança surpreendente. O novo governo é, em grande parte, composto de ex-militantes de grupos guerrilheiros, tais como Aliança Libertadora Nacional (ALN), Movimento de Libertação Popular (Molipo), Comando de Libertação Nacional (Colina) e Vanguarda Armada Revolucionária Palmares (VAR-Palmares), para mencionarmos apenas algumas siglas.

A eleição do presidente Lula não é a ascensão de um indivíduo isolado, é a ascensão da geração revolucionária da década de 1960. Uma vez no poder, mutações nos antigos projetos políticos são registradas. Na verdade, o mundo havia mudado e com ele as perspectivas políticas dos partidos de esquerda. Ao final dos anos 1980, nasce uma palavra: mundialização ou globalização. Ela se impõe no início dos anos 1990 para designar muitas realidades embutidas. A constituição de um planeta geofinanceiro talvez seja seu aspecto mais espetacular.

Empresas multinacionais são outra faceta desse sistema. O fenômeno não é novo, mas as múltiplas operações de concentração e de fusão ou aquisições nos setores da comunicação, bancos, automotivo e da eletrônica conhecem um florescimento fenomenal. A mundialização transforma a economia global em outros aspectos, também abre os ex-países comunistas para o capitalismo, acelera o crescimento do comércio mundial, faz desabrochar os "mercados emergentes".

Entre os partidos de esquerda, a revolução desaparece do horizonte, dando lugar a posturas reformistas. Procura-se diminuir os efeitos negativos da globalização, criando-se formas de proteger o sistema econômico nacional. Junto a isso, combatem-se as desigualdades, por meio de políticas de distribuição de renda e de uma série de outros programas sociais. Na última década, essas perspectivas, por assim dizer, foram centrais nos governos Lula (2003-10). O estatuto do PT, atualizado em 2004, procura inseri-las na tradição partidária. Reafirma-se o compromisso da construção de uma sociedade socialista, sem exploração do homem pelo homem, mas sem romper com a democracia: "O Partido dos Trabalhadores", afirma o primeiro artigo do referido documento, "é uma associação voluntária de cidadãs e cidadãos que se propõem a lutar por democracia, pluralidade, solidariedade, transformações políticas, sociais, institucionais, econômicas, jurídicas e culturais, destinadas a eliminar a exploração, a dominação, a opressão, a desigualdade, a injustiça e a miséria, com o objetivo de construir o socialismo democrático".

Com o novo governo, a esperança dos segmentos de esquerda – não só os que formam as tendências internas ao PT, como também aqueles de outros partidos ou independentes – é imensa. Alguns intelectuais liberais, por sua vez, lembraram o risco de um retrocesso populista. Lula seria um novo Getúlio Vargas? Lula seria um novo João Goulart? As preocupações tinham sua razão de ser. Conforme vimos em outros capítulos, os líderes mencionados, sem dúvida, avançaram na aprovação de direitos sociais, mas ficaram marcados por atitudes autoritárias ou por protagonizarem incontornáveis crises políticas.

Os fatos tratam rapidamente de desmentir tais reencarnações políticas. O programa econômico herdado do governo anterior, em larga medida, é mantido. No poder, o Partido dos Trabalhadores inicialmente convive com elevadas taxas de desemprego. A obrigatoriedade do pagamento anual de juros sobre a dívida pública, interna e externa, atinge valores de 145 bilhões de reais. Em 2003, outras medidas confirmam a tendência moderada então predominante, como o reconhecimento dos contratos de venda de empresas estatais ao capital internacional e a concessão de tímido aumento do salário mínimo, não incluindo nele as perdas registradas nos anos anteriores.

Certos aspectos dessa política econômica são asperamente criticados. Um deles diz respeito à política de exportações. Durante décadas, os grupos de esquerda condenaram duramente o que se definiu como modelo agrário-exportador. De acordo com esse ponto de vista, não teria sentido exportar alimentos enquanto, internamente, a população pobre "passa fome". Além dessa dimensão humanitária, a excessiva dependência em relação às exportações agrícolas é criticada do ponto de vista técnico. Segundo tal perspectiva, esse tipo de arranjo econômico não evita a contração do mercado interno e tem pouquíssimo efeito na geração de empregos ou na multiplicação de atividades industriais. As exportações agrícolas, ao lidar com bens primários, também estão sujeitas a crises crônicas de superprodução, seguidas pelo declínio brusco do preço internacional do bem agrícola comercializado – bastando, para entender isso, que o leitor se lembre da história do café na República Velha.

De fato, registra-se desde 2007 um recuo dos produtos manufaturados na pauta de exportações brasileiras, em proveito dos produtos minerais e agrícolas. Os partidários dessa forma de desenvolvimento econômico retrucam, por sua vez, que a expansão do agronegócio de nossos dias é baseada no aumento de produtividade, via desenvolvimento tecnológico. Assim, ao contrário do que ocorria no passado, em que a expansão da área plantada era o "motor" do aumento da produção, o que ocorre hoje é o melhoramento genético e o uso de gestões empresariais avançadas no campo. Reconhece--se, ainda, que o novo agronegócio abre caminho para a progressiva industrialização dos produtos agrícolas, agregando-lhes valor – ou seja, gerando novos empregos rurais e urbanos –, assim como contornando os efeitos negativos da superprodução.

As críticas à nova política econômica também se desdobram em outras direções. Uma delas diz respeito à retomada de projetos inspirados no desenvolvimentismo dos anos 1950-60. A expressão mais retumbante dessa crítica volta-se ao Plano de Aceleração do Crescimento (PAC), cuja primeira fase de implantação foi prevista para o período de 2007-10. Esse plano tem por objetivo investir elevados recursos públicos em obras de infraestrutura, principalmente em rodovias, ferrovias e hidrelétricas. Críticos retrucam: dependendo do destino desses investimentos – acompanhando o agronegócio, por exemplo – pode-se aprofundar a tendência agroexportadora da economia brasileira em detrimento da estrutura industrial.

Se, na política econômica, o autointitulado "governo dos trabalhadores" parece, no mínimo, controverso, o que dizer de suas políticas sociais? Esse setor também foi marcado por polêmicas. Grosso modo, o debate da questão gira em torno de duas posturas: aquelas que valorizam a "focalização" e aquelas voltadas à "universalização" das políticas públicas. Trocando em miúdos, no primeiro caso é estabelecida uma série de medidas, em geral de curta ou média duração, visando à reinserção de um grupo social ou étnico desprivilegiado; já no segundo caso, as medidas são duradouras e se destinam ao conjunto da população.

Ora, cabe sublinhar que, embora não contrário à política de focalização, o PT historicamente defendeu ações universalistas. No entanto, uma vez administrando o aparelho de Estado, a ordem de prioridade foi invertida. Exemplo disto são as cotas para negros e índios nas universidades públicas, medida que procura remediar as deficiências e discriminações resultantes do ensino público – fundamental e médio – de má qualidade. Outro exemplo é o programa Bolsa Família, que eclipsou a campanha Fome Zero. Trata-se de uma iniciativa baseada na trágica constatação de que entre 40 milhões e 50 milhões de pessoas no Brasil vivem na miséria. Apesar da vastidão da população-alvo, os métodos de sua implementação são de focalização. Exige-se, por exemplo, que o beneficiário se cadastre como "pobre", perpetuando assim sua condição de "cidadão de segunda classe".

Em entrevista concedida por ocasião dos quarenta anos do Centro Brasileiro de Análise e Planejamento (Cebrap), o ex-presidente Fernando Henrique Cardoso também critica a forma de implementação desse programa: "Eu disse que não era muito favorável à junção de todos os programas em uma bolsa única, a Bolsa Família, porque eu tinha receio de que, com a centralização, diminuísse a verificação do cumprimento dos critérios que favorecem a promoção da cidadania: se você deixa a Bolsa Escola no Ministério da Educação, ele tem interesse na educação e vai verificar se crianças estão mesmo na escola; se deixa a Bolsa Alimentação no Ministério da Saúde, ele tem interesse na questão da saúde da mulher, e assim por diante".

A alternativa, do ponto de vista das propostas universalistas, seria a efetivação de políticas de pleno emprego e a generalização do ensino público de qualidade, que tornariam dispensáveis programas assistenciais e cotas étnicas no ingresso das universidades. Os defensores dos atuais programas sociais retrucam: no curto prazo, existem perspectivas de desenvolvimento econômico e recursos públicos suficientes para as propostas universalistas? Quantas décadas seriam necessárias para a efetivação dessas medidas? Em razão de problemas de aplicação do programa Bolsa Família, não haveria risco de sua efetiva desativação, relançando milhões de brasileiros na miséria? O comportamento político do eleitorado sugere que a percepção desse risco é grande.

Por outro lado, o PT paga o preço político por nem sempre cumprir promessas políticas anteriores à eleição de 2002. Em fins de 2009, uma das coordenadoras nacionais do Movimento dos Trabalhadores Rurais Sem Terra (MST), na revista eletrônica *Adital*, assim avaliou o governo: "Não houve muitos avanços concretos. O ritmo da criação de assentamentos está quase parado e não foram implantadas novas políticas para industrialização dos alimentos e geração de renda nas áreas da Reforma Agrária". No *site* da Comissão Pastoral da Terra, tais críticas se desdobram em relação à questão indígena. Segundo o jornalista Washington Novaes: "Mergulhados em muitos dramas, os indígenas têm hoje uma taxa de suicídio oito vezes maior que a média nacional, diz o Distrito de Saúde Indígena do Alto Solimões (fora assassinatos, que vitimaram sessenta índios no ano passado). Causa: crise de identidade em razão do contato fora de suas culturas – o índio deixa de ter como viver à maneira tradicional e não tem qualificação para se inserir no mundo externo. E a situação tende a se agravar: 48 obras do PAC na Amazônia – disse o bispo Erwin Krautler, do Conselho Indigenista Missionário – ameaçam terras indígenas, principalmente hidrelétricas, além de outras no Tocantins e das próprias obras de transposição de águas do rio São Francisco...".

Segundo os próprios líderes do PT, os avanços sociais lentos decorreriam, em parte, da herança do governo anterior – exageradamente definida como "maldita". Durante os dois mandatos do presidente Fernando Henrique Cardoso, ao contrário do que se previra, a privatização das empresas públicas e a abertura da economia para o capital internacional não levaram ao crescimento econômico. Pior ainda, a política de valorização da moeda nacional, por recorrer a artifícios e não ser resultado do bom desempenho da economia, gerou graves problemas, levando o país a recorrer ao Fundo Monetário Internacional (FMI), o que, em termos internacionais, significa reconhecer o quadro pré-falimentar da economia nacional. Aliado a isso, o ano de 2002 – último do governo FHC – foi marcado pelo retorno da inflação e por fortíssimos movimentos especulativos, principalmente diante da possibilidade de um partido de esquerda assumir o poder.

Atualmente, é possível relativizar a dimensão dessa crise. Contudo, para os dirigentes políticos da época, o risco era grande, pois, como mencionamos, mesmo lúcidos analistas cogitaram, no início de 2003, a possibilidade de o presidente Lula reencarnar ideias e comportamentos de líderes populistas – como, aliás, registra-se desde então na Venezuela. Um comportamento conservador na política econômica consistiria, portanto, em uma forma de neutralizar os riscos de instabilidade política, dificultando também que a ação especulativa do capital financeiro internacional ampliasse ainda mais a crise.

Por outro lado, a dimensão moderada da nova ordem política tinha raízes ainda mais profundas. No início da década de 1990, o curto mandato de Fernando Collor revela os riscos da ausência de coalizão política no Congresso Nacional. Apesar de o "caçador de marajás" defender um projeto econômico ao gosto das elites tradicionais, sua desastrada e arrogante atuação diante dos partidos políticos – paralelamente às denúncias de corrupção – criara condições para o *impeachment*.

Não por acaso, durante a campanha presidencial de 2002, o Partido dos Trabalhadores, estrategicamente, estabelece uma aliança com o Partido Liberal (PL), acolhendo o empresário José Alencar como candidato à vice-presidência na chapa liderada por Lula. O PL, antes das eleições do referido ano, possuía apenas doze deputados, ou seja, 2% da bancada do Congresso Nacional. Não se tratava, portanto, de uma força eleitoral expressiva. No entanto, essa aproximação política simboliza a defesa de um governo de coalizão, enfoque que se baseia não só no reconhecimento da necessidade de alianças políticas imediatas, como também na perspectiva de que tal comportamento constitui a base dos sistemas políticos democráticos.

A nova eleição revela, de fato, que a viabilidade do governo depende de múltiplos acordos partidários. Para ter uma noção disso, basta lembrar que a denominada oposição de esquerda (PT, PDT, PSB, PPS e PC do B) contava, em 1998, com 22% dos deputados e 17% dos senadores. Na eleição de 2002, que elegeu um novo Congresso, registrou-se um aumento de apenas 10% no total desses segmentos. Em outras palavras, apesar dos milhões de votos destinados à chapa presidencial do PT, os partidos que governaram durante os mandatos de Fernando Henrique Cardoso – PSDB, PFL, PMDB e PPB – continuaram dominando mais da metade das bancadas da Câmara dos Deputados e do Senado.

A ampliação das alianças do PT, que incluíam o PTB e o PMDB, é fundamental para viabilizar o novo governo. No entanto, implica violentas lutas políticas e, bem pior ainda, o estímulo à ilegalidade. Misturando frustração de demandas não atendidas com corrupção, o escândalo do mensalão – ou seja, a compra de votos de deputados

– domina os debates políticos do final do primeiro mandato do presidente Lula (2003-06).

Malgrado o desgaste público, o presidente se reelege em 2006. Na raiz desse sucesso estão as diferentes políticas implementadas: a inflação sob controle, a dívida com o Fundo Monetário Internacional (FMI) zerada e a balança comercial com resultados dobrados entre 2003 e 2005. O quadro de otimismo é embalado por outra novidade de grande impacto: o ano da reeleição é aquele em que o Brasil comemora a autossuficiência na produção de petróleo. Em outubro de 2006, a imprensa divulga outra notícia de repercussão ainda mais duradoura: reservatórios gigantes de petróleo são identificados a 5 mil metros de profundidade. A Petrobras anuncia a descoberta do pré-sal. Conforme mencionado, a política social é um capítulo à parte, permitindo uma sensível melhora na distribuição de renda. Paralelamente a isso, políticas educacionais destinadas às classes C e D ampliam ainda mais a base de apoio do presidente petista. O Programa Universidade para Todos (ProUni) é um exemplo desta iniciativa. Criado em 2004, sua finalidade foi conceder bolsas de estudo integrais e parciais em instituições privadas de educação superior, garantindo o ingresso progressivo de grupos sociais excluídos em faculdades e universidades.

Mas nem só na política e na economia a primeira década do século XXI registra novidades. As transformações culturais também foram intensas. Graças à disseminação da pílula e à crescente participação feminina no mercado de trabalho, os álbuns de família e os retratos ganham cada vez mais novos atores: mães solteiras, padrastos, meios-irmãos e produções independentes. Segundo cálculos do IBGE, nesta década, metade dos domicílios chefiados por mulheres têm filhos de pais ausentes. Muitos domicílios se caracterizam por ligações consensuais temporárias. É o momento em que o número de divórcios triplica e há uma diminuição nos casamentos. Uma mudança importante se dá para as minorias: marchas e paradas LGBTs protagonizam os maiores movimentos de massa da década, reunindo milhões de militantes e simpatizantes em eventos cujas dimensões em muito superam as tradicionais comemorações do 1º de Maio, Dia do Trabalhador.

Também são registradas mudanças no domínio das religiosidades. Crenças se multiplicam sob novas formas. No início do terceiro milênio, a experiência coletiva do sagrado e a imaginação religiosa tomam caminhos inéditos, colocando em xeque interpretações simplistas que associavam a modernidade ao mundo laico e racionalista. Assiste-se ao crescimento das igrejas evangélicas. Dentro da Igreja Católica expande-se um ramal evangélico, o Movimento de Renovação Carismática, com o objetivo de reenergizar o catolicismo. Inspirada nos televangelistas da televisão americana, a Renovação chega ao Brasil, embalada na performance eletrizante e nas megamissas do padre Marcelo Rossi. Em 1994, a Igreja Católica estima o número de carismáticos em 4 milhões. Em 2001, eles atingem a cifra de 10 milhões. Com danças, cantos, culto ao Espírito Santo, os carismáticos ocupam a mídia e os templos católicos.

Enfim, os primeiros anos do século XXI trouxeram mudanças para o país e também para o mundo. É preciso conhecê-las e refletir sobre elas. Mas as consequências de tantas transformações caberá aos historiadores de amanhã analisar.

CONCLUSÃO

A história brasileira é fruto de cinco séculos. Conforme o leitor deve ter percebido, traçar as linhas gerais dessa experiência implica selecionar dados, fatos e datas. E não poderia ser diferente, pois o passado é infinito – o relato dos acontecimentos de apenas um dia poderia ocupar centenas de páginas sem nunca chegarmos a esgotá-los. O conhecimento do passado também é dificultado em função dos testemunhos que dele sobrevivem, quase todos sob a forma de documentos escritos e, portanto, dependentes da alfabetização, habilidade que se distribuía, como se distribui em nossos dias, de maneira muito desigual na sociedade brasileira. Por isso, sabemos mais a respeito de regiões ricas do que de pobres, de livres do que de escravos, de empresários do que de trabalhadores, de homens do que de mulheres, de adultos do que de crianças...

O historiador seleciona aspectos da realidade, atento à precariedade e aos preconceitos presentes na documentação analisada. Em nosso sucinto relato, procuramos traçar as linhas gerais de nossa experiência, tendo em vista não uma recuperação do passado em sua integridade – que seria impossível –, mas sim seus momentos críticos, que nos auxiliam a compreender de forma coerente nossa história.

O primeiro desses momentos foi aquele referente ao período colonial, quando então surgiu uma economia voltada ao suprimento de matérias-primas para Portugal e seu comércio internacional. Embora escravista, baseada na monocultura e no latifúndio, não faltaram nessa América portuguesa regiões em que o trabalho livre se fazia presente, em que camponeses, tropeiros e comerciantes – estratificação social mais complexa que deu origem a nossos primeiros circuitos de mercado interno – progressivamente garantiram certa autonomia do mundo colonial, não mais simples reflexo das intenções reinóis.

Outro momento importante foi aquele que se estendeu da crise do sistema colonial à independência. Não há como negar que, em nosso processo de ruptura com Portugal, a transferência da família real foi um fator decisivo. Após 1822, a partir da Corte do Rio de Janeiro, foram derrotados projetos de independência alternativa, ao mesmo tempo que a monarquia, fiadora da ordem, conseguiu se legitimar diante das elites regionais. De uma constelação de regiões integradas parcialmente, forjou-se nossa identidade nacional, assim como, por meio da combinação de uma política emancipacionista e de incentivo à imigração europeia, foi extinto o sistema escravista.

Uma terceira fase: aquela em que a República foi proclamada, levando à descentralização das estruturas de poder, o que ampliou as práticas de dominação coronelistas. Nos tempos republicanos iniciais, também se observou a multiplicação de indústrias, permitindo o crescimento das cidades e dando origem ao movimento operário. A crise do regime, registrada em fins dos anos de 1920, levou a uma nova forma de governo centralizado, destinado a enquadrar politicamente os segmentos populares e a aumentar a intervenção estatal no sistema econômico. Em meados do século XX, a industrialização tornou-se o principal elemento de nosso desenvolvimento. Teve início um processo que se desenvolve até o presente e que consiste em optar entre o nacionalismo e a internacionalização da economia. A última opção tem prevalecido tanto no período da ditadura militar como no da redemocratização.

Eis os traços gerais de uma breve história do Brasil.

Representação do ataque a uma aldeia, presenciada e descrita pelo mercenário alemão Hans Staden, de passagem pelo Brasil em meados do século XVI.

[Gravura do livro *Duas viagens ao Brasil*. De Hans Staden, 1556. © Foto: akg-images/Latinstock]

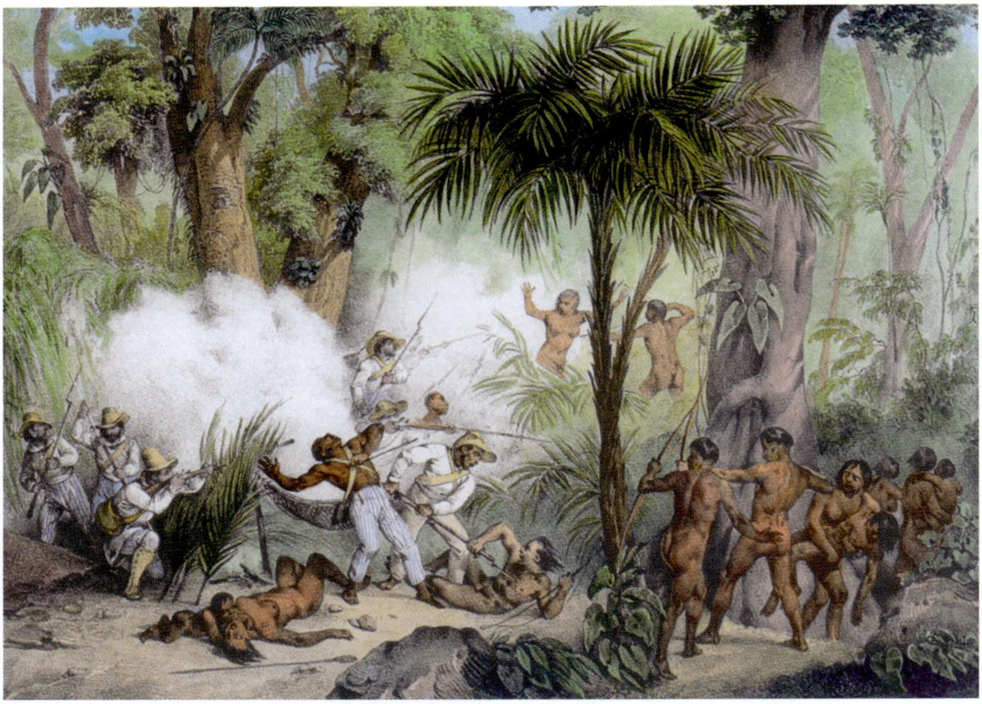

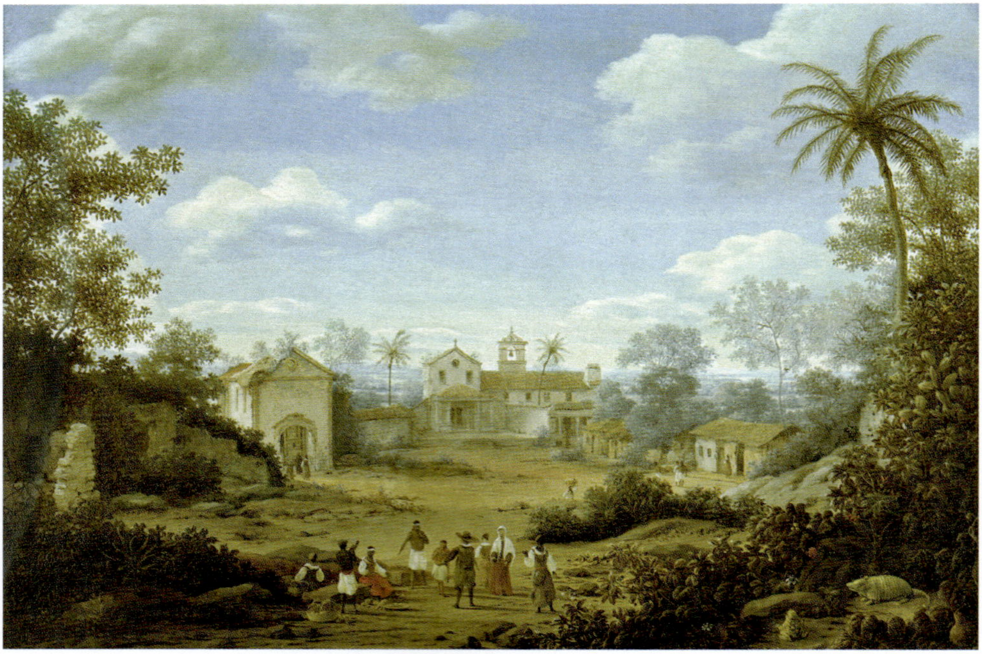

Na página ao lado, acima: o apresamento de índios e a luta para desalojá-los de suas terras foi uma constante. Mas é preciso não esquecer que as diferentes tribos lutavam entre si por territórios, alimentos e prisioneiros.
[Gravura de 1835. © Foto: Everett/Latinstock]

Na página ao lado, abaixo: ao longo do período colonial, fazendas de cana-de-açúcar e igrejas ocuparam várias regiões do litoral, dando origem a novas paisagens.
[*The Church of St Cosmas and St Damian at Igaraçu, Brazil*. De Frans Post, 1650. Museu Thyssen-Bornemisza, Madri. © Foto: akg-images/Latinstock]

Abaixo: senhoras e escravas no cotidiano dos trabalhos femininos.
[*Une dame brésilienne dans son intérieur*. De Jean Baptiste Debret. No livro *Voyage pittoresque et historique au Brésil*, Paris, 1834-1839.© Foto: akg-images/Latinstock]

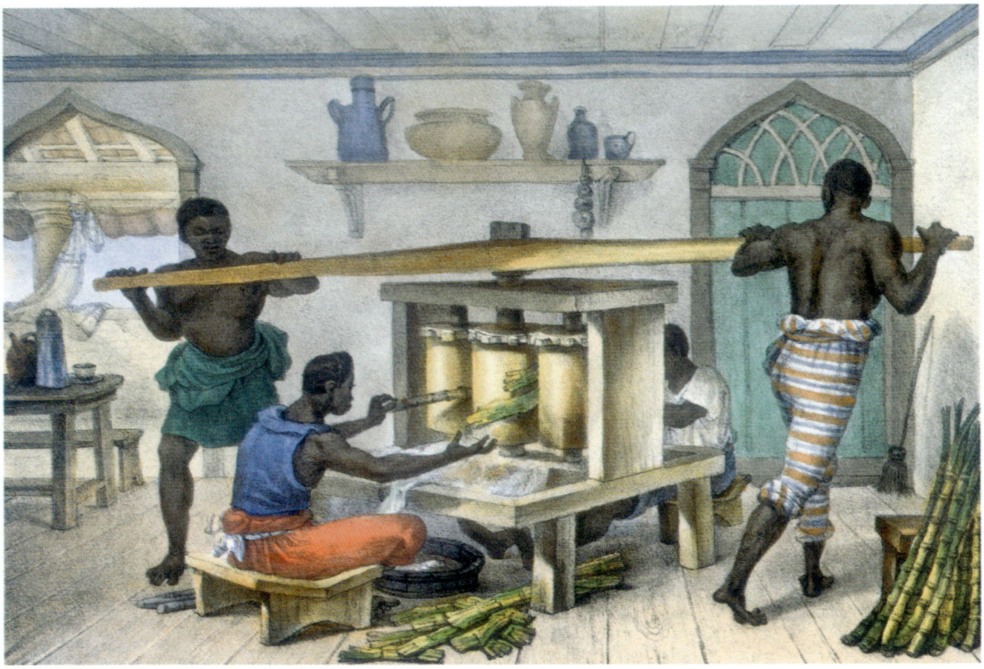

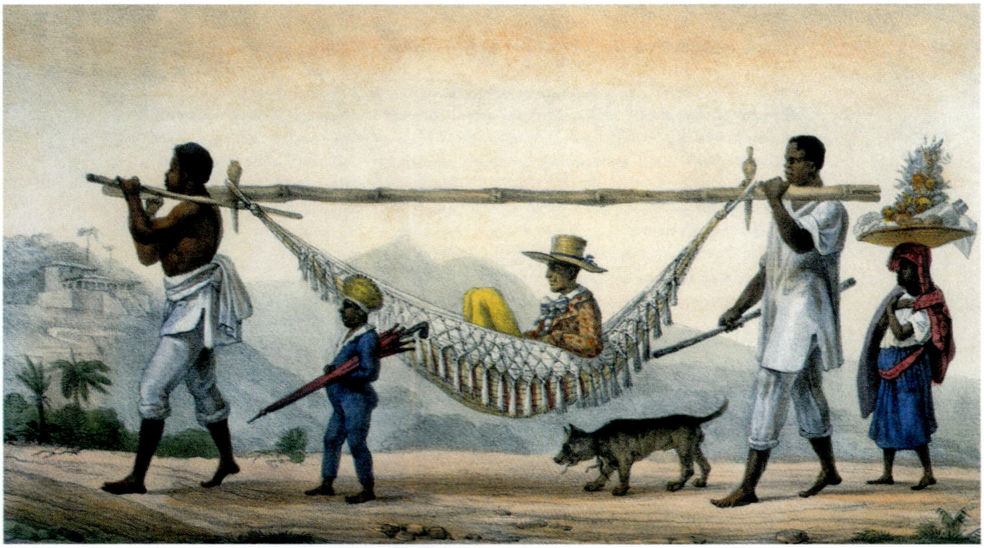

Na página ao lado, acima: os escravos moviam a economia colonial.

[*Petit moulin à sucre portatif*. De Jean Baptiste Debret. No livro *Voyage pittoresque et historique au Brésil*, Paris, 1834-1839. © Foto: akg-images/Latinstock]

Na página ao lado, abaixo: crianças, mulheres e homens escravos a serviço de um senhor, que podia ser branco, pardo ou negro.

[*Retour, à la ville, d'un propriétaire de Chacra*. De Jean Baptiste Debret. No livro *Voyage pittoresque et historique au Brésil*, Paris, 1834-1839. © Foto: akg-images/Latinstock]

Acima: Nassau – a fracassada tentativa flamenga de ocupação do Nordeste do Brasil.

[Retrato de Maurício de Nassau. De Michiel van Miereveld, *c.* 1620-25. Castelo de Grosbois, Paris. © Foto: akg-images/Latinstock]

Acima: Dom João VI – a vinda da Corte alterou os rumos da história do Brasil.

[Litogravura *Le Roi Don Joao VI*, c. 1820-25. Biblioteca Nacional da França, Paris. © Foto: akg-images/Latinstock]

Abaixo: Imperador D. Pedro I – a designação seguia a moda francesa da época.

[Retrato de Dom Pedro de Orleans e Bragança, s.d. © Foto: Reuter Raymond/ Corbis Sygma/Corbis (DC)/Latinstock]

O trabalho escravo garantia o abastecimento urbano.

[© Museus Castro Maya, Rio de Janeiro.]

Acima: princesas Isabel e Leopoldina, modelos de comportamento feminino das elites no século XIX, algum estudo, pudor extremo e muitíssimo piedosas.

[© Fundação Biblioteca Nacional, Rio de Janeiro.]

Abaixo: caricatura do século XIX, retratando o suborno de um jornalista.

[© Fundação Biblioteca Nacional, Rio de Janeiro.]

Pintura da cortina do teatro da Corte, produzida por ocasião da coroação de D. Pedro I. Nas palavras do artista responsável pela obra, ela representava "a fidelidade geral da população brasileira ao governo imperial".

[Gravura da coroação de D. Pedro I. De Jean Baptiste Debret. No livro Voyage pittoresque et historique au Brésil, Paris, 1834-1839. © Foto: akg-images/Latinstock]

Ao lado: Proclamação da República – povo assiste ao General Deodoro da Fonseca, na Rua do Ouvidor.
[Fundação Biblioteca Nacional, RJ.]

Abaixo: Getúlio Vargas fala ao microfone: na era do rádio, a tecnologia a serviço da política.
[10 de novembro de 1942. © Foto: Bettmann/ Corbis/ Latinstock]

Na página ao lado: presidente Juscelino Kubitschek, o construtor de Brasília – a capital no sertão.
[1º de abril de 1957. © Foto: Dmitri Kessel/ Time & Life Pictures/Getty Images]

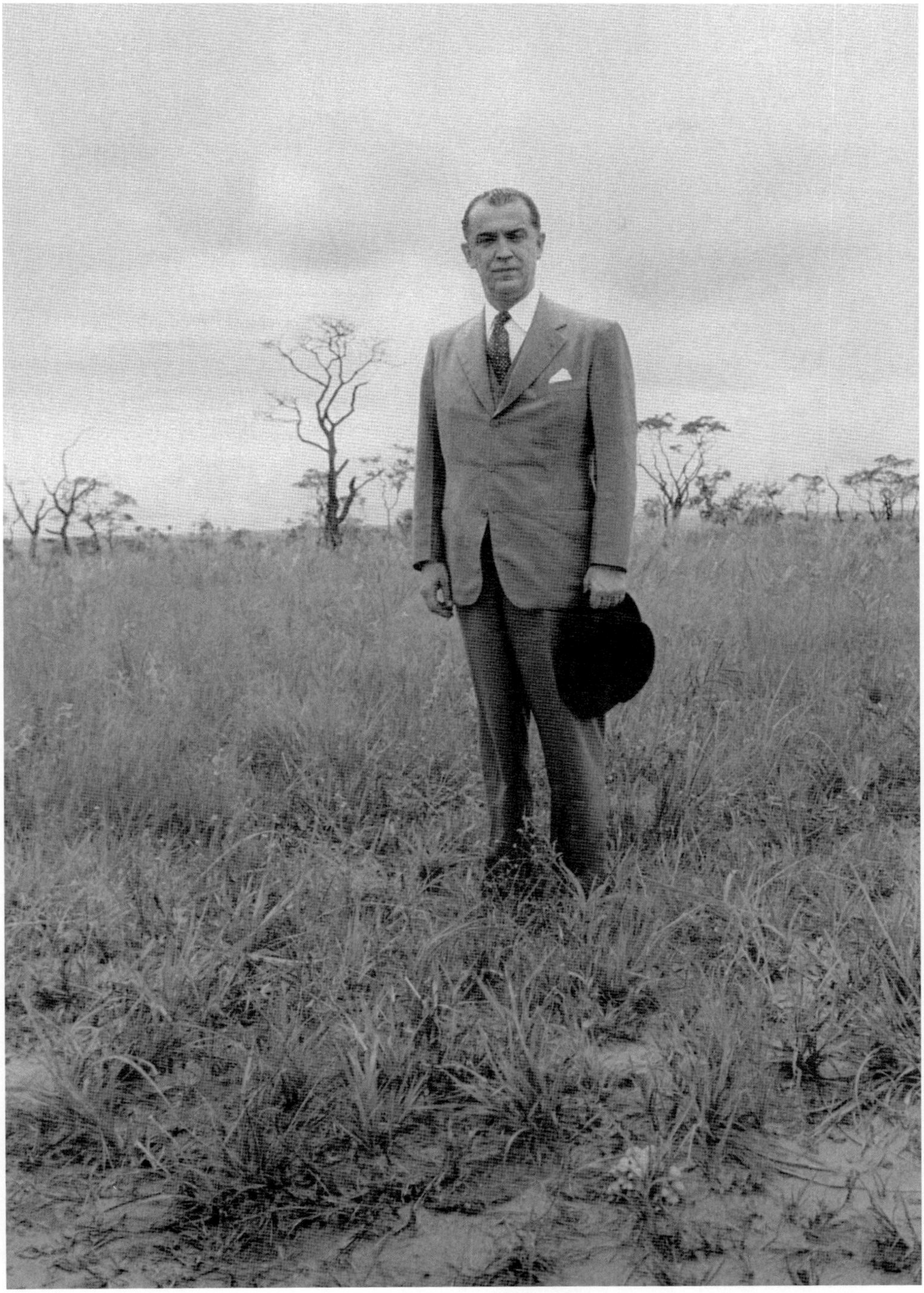

Acima: Jânio Quadros, político conservador, visita Cuba de Fidel Castro.
[29 de março de 1960, Havana (Cuba).
© Foto: Bettmann/Corbis/Latinstock]

Acima: Presidente João Goulart discursa no comício da Central do Brasil, um mês antes de ser deposto.

[© Agência O Globo]

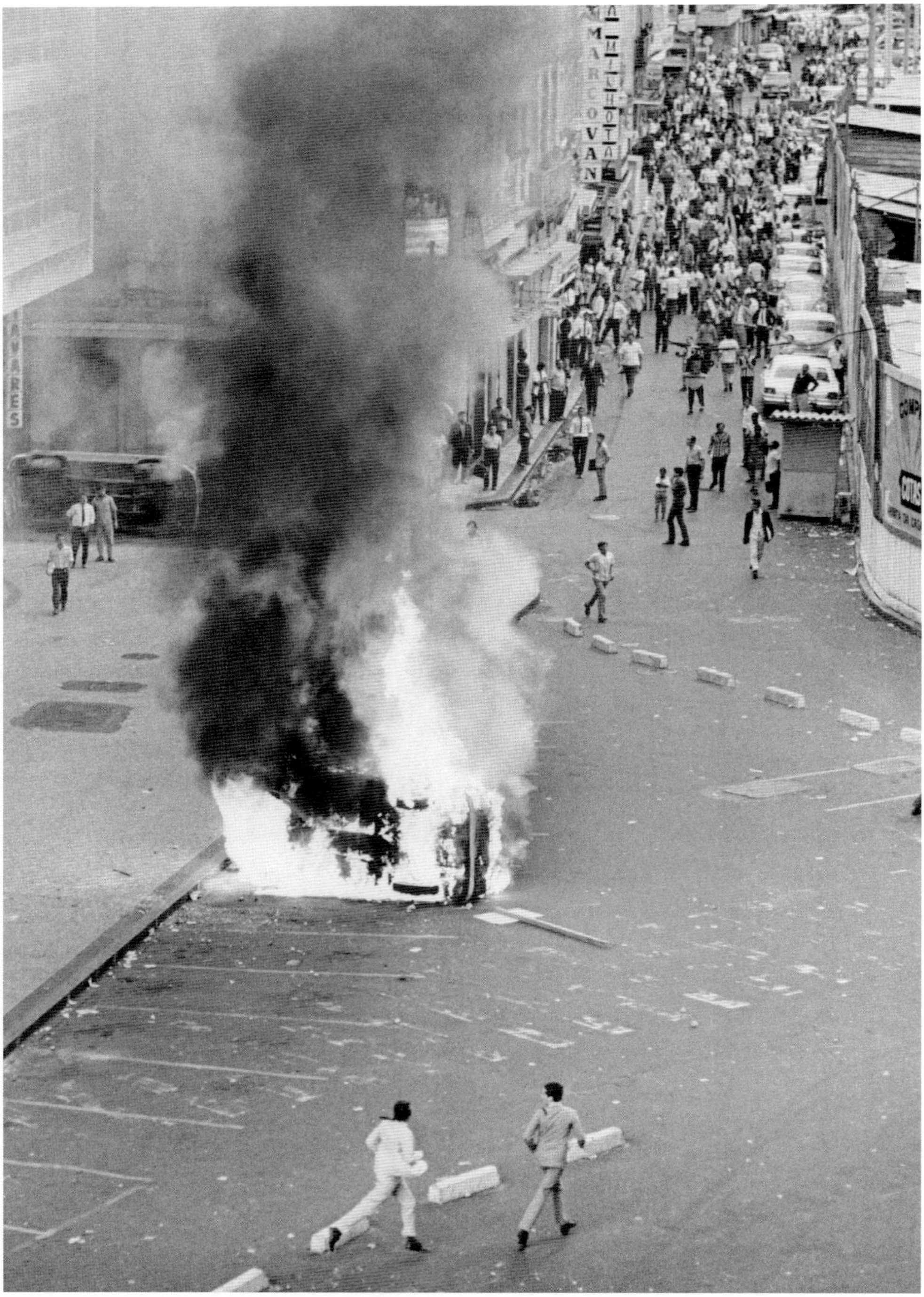

Na página ao lado, acima: estudantes *versus* ditadura militar.
[24 de junho de 1968, Rio de Janeiro. © Foto: Bettmann/Corbis/Latinstock]

Acima: eleição de Tancredo Neves, o retorno à democracia.
[15 de janeiro de 1985. © Foto: Robert Nickelsberg/ Time & Life Pictures/Getty Images]

Ao lado: o agravamento do estado de saúde do presidente Tancredo Neves mobilizou sentimentos profundos da sociedade brasileira.
[22 de abril de 1985. © Foto: Alain Keler/Sygma/ Corbis/Corbis (DC)/Latinstock]

Acima: a população vai às ruas em
passeatas para pedir o *impeachment*
de Fernando Collor de Mello.
[26 de agosto de 1992, São Paulo.
© Foto: Paulo Fridman/Sygma/Corbis/Latinstock]

De Fernando Henrique Cardoso
a Luiz Inácio Lula da Silva:
continuidade ou ruptura?
[29 de outubro de 2002, Brasília.
© Foto: Rickey Rogers/Reuters/Latinstock]

POSFÁCIO
PARA ONDE VAMOS?

Japonês da Federal

Ai meu Deus, me dei mal
Bateu à minha porta
O japonês da Federal!
Dormia o sono dos justos
Raiava o dia, era quase seis
Escutei um barulhão
Avistei o camburão
Abri a porta e o Japonês
Então, falou: "Vem pra cá!
Você ganhou uma viagem ao Paraná!".

Em um futuro não muito distante, historiadores utilizarão como fonte de pesquisa a marchinha que animou o Carnaval de 2016. Essa composição faz alusão à investigação judicial de combate à corrupção, Operação Lava Jato, iniciada em 2014, Curitiba, Paraná, contando com um policial federal de ascendência nipo-brasileira que executa ordens de prisão no início da manhã. A marchinha retrata a repressão de que foram alvos importantes políticos, grandes empresários e lobistas (aqueles que fazem *lobby*, atuando no Congresso a favor da aprovação de medidas que beneficiam grupos econômicos) envolvidos em corrupção pública e privada.

As ruas de inúmeras cidades brasileiras têm sido ocupadas por manifestantes que, indignados, protestam contra esses atos criminosos, responsáveis por desviar bilhões de reais de empresas estatais – como ocorreu na Petrobras –, para compra de apoio político no Congresso Nacional ou então para proveito próprio. Um desafio de pesquisa é entender como essa rede de corrupção foi montada e tolerada por tanto tempo. De certa maneira, a sociedade brasileira paga por ter adiado até o presente uma reforma política. No Congresso Nacional, a existência de 28 partidos ativos – de 35 no total – gera bases de apoio frágeis e instáveis, cujas "alianças", conforme ficou registrado no escândalo do mensalão, são movidas pelo pagamento de propinas transferidas para contas bancárias na Suíça, Mônaco e outros paraísos fiscais.

Paralelamente à multiplicação de partidos, observa-se o esvaziamento do debate ideológico – fenômeno, por sinal, mundial –, fazendo com que as campanhas eleitorais dependam cada vez mais de empresas de publicidade, com custos milionários tanto na criação como na produção de propagandas fantasiosas dos candidatos. Em 2015, por exemplo, o Tribunal Superior Eleitoral noticiou que a campanha eleitoral do ano anterior custou cerca de cinco bilhões de reais – é isso mesmo, caro leitor, "R$ 5 bilhões"... PT e PSDB gastaram juntos somas superiores a dois bilhões – é isso mesmo, caro leitor, "R$ 2 bilhões"... Para conseguir recursos dessa grandeza, apela-se com muita frequência para doações de empresas, que posteriormente são contempladas com contratos superfaturados ou outras regalias.

A redução da política à corrupção é, no entanto, uma perspectiva falsa e antidemocrática. Como em todas as atividades humanas, nesse setor há pessoas honestas e uma minoria desonesta. Mas se aceitarmos que o sistema político está funcionando da maneira acima apresentada, chegamos a uma trágica constatação: cada vez mais os partidos dependem da corrupção para chegar ao poder (as campanhas) e daí governar o país (as alianças). Há uma década, sucessivos escândalos envolvendo quadros do Partido dos Trabalhadores – de ministros a um senador, e de conhecidos empreiteiros a um banqueiro –, baixaram intensamente a credibilidade da principal governante, que se tornou alvo de um pedido de *impeachment* no Congresso Nacional. A luta contra a corrupção, antes um dos temas de preferência da militância petista, é uma das razões invocadas para investigar diversos políticos conhecidos, inclusive, a partir de dezembro de 2015, o ex-presidente Luiz Inácio Lula da Silva.

Os escândalos no nível estadual – como o mensalão mineiro ou o processo judicial contra as propinas pagas na construção do metrô paulistano – revelam que, para além do governante ou do partido do momento, o fenômeno tornou-se estrutural. Diversas são as reações diante dessa situação, chegando-se a defender o retorno da ditadura militar. Por isso, é necessário ter bastante clareza política, para combater a corrupção sem se deixar levar pela sedução do retrocesso autoritário. A solução, como se sabe, depende de reformas políticas. Várias são as propostas. Há, por exemplo, o já proibido financiamento empresarial de campanhas eleitorais, conforme determinou o Supremo Tribunal Eleitoral. Mas isso não basta. É também necessário alterar o formato das campanhas, proibindo a contratação de agências de publicidade. Se isso não for feito, haverá aumento da corrupção pública ou então a eleição ficará restrita a candidatos da elite que podem autofinanciar campanhas milionárias, cabendo também mencionar o risco de os candidatos procurarem financiamento no submundo do tráfico de drogas e da contravenção. Outro tema em debate é a necessidade de os partidos sem um percentual significativo de votos devolverem – como ocorre em outros países – recursos disponibilizados pelo Fundo Partidário (ou seja, recursos públicos repassados legalmente aos partidos pelo Tribunal Superior Eleitoral). O risco de os dirigentes partidários terem de devolver tais recursos, caso não tenham sustentação eleitoral, seria um poderoso estímulo à extinção dos popularmente conhecidos "partidos de aluguel", agremiações que existem para "alugar" horário de propaganda eleitoral ou para "vender" o voto de deputados e senadores da legenda.

A crise política alimenta ainda mais a crise econômica. Conforme mencionado em páginas anteriores, durante os dois mandatos do presidente Lula (2003-2010), além de o Brasil se desvencilhar do FMI, houve aumento médio anual do PIB (Produto Interno Bruto, ou seja, o conjunto das riquezas nacionais) em 4,1%, quase o dobro da média anual de 2,3% registrada nos mandatos de Fernando Henrique Cardoso (1995-2002). Em 2015, porém, o país retroagiu, projetando-se uma diminuição em 3,8% do PIB. Não se trata de uma crise isolada. Nos primeiros cinco anos de governo Dilma Rousseff, o crescimento médio do PIB foi de 1%, enquanto o avanço médio mundial foi o triplo. Uma desastrada política denominada "Nova Matriz Econômica" criou uma série de estímulos que tentaram reproduzir planos de crescimento das décadas de 1950-60 e o intervencionismo estatal semelhante ao dos governos militares. Tratava-se de iniciativas bem-intencionadas (como a diminuição dos juros, que em 2012 chegou ao menor patamar em décadas), mas desarticuladas. Concedeu-se, por exemplo, um volume imenso de créditos subsidiados e isenção de impostos a determinados segmentos econômicos, a ponto de gerar desequilíbrios fiscais e expandir enormemente a capacidade de produção, como no caso da indústria automobilística, sem que houvesse a demanda de compra na sociedade. Resultado: em vez de crescer, a produção industrial regrediu a patamares dos anos 1950. O estado das contas públicas, no entender de muitos economistas, é trágico, com o governo gastando muito mais do que arrecada. O desequilíbrio fiscal e a não obediência à Lei de Responsabilidade Fiscal, criada em 2000, levaram a governante, o ex-ministro da Fazenda Guido Mantega e o ex-secretário do Tesouro Nacional Arno Augustin a adotarem as chamadas "pedaladas fiscais", manobras contábeis em que se usam bancos públicos para financiar o excesso de gastos.

Uma vez mais, porém, deve-se sublinhar a dimensão estrutural dos problemas aqui analisados. Conforme é amplamente noticiado nos órgãos de imprensa, vários governadores também praticaram recentemente as tais "pedaladas", não através de bancos públicos – inexistentes nos estados –, mas sim por meio da contabilidade "criativa". Em razão do fracasso do neo-desenvolvimentismo, a base de apoio do governo federal dependeu cada vez mais das políticas sociais, assim como dos ganhos reais do salário mínimo e dos baixos índices de desemprego. A inflação elevada e a crise econômica comprometeram gravemente as duas últimas conquistas. Somou-se a isso uma grave crise política entre os poderes executivo e legislativo, resultando no impeachment da presidente Dilma Rousseff. No novo contexto, espera-se que as políticas sociais de governo se transformem em políticas de Estado, sendo implementadas independente do partido que estiver no poder. Para uma parcela significativa da população, a miséria é o principal "escândalo" da sociedade brasileira. Embora existissem políticas sociais antes de 2003, elas atingiam cerca de 5 milhões de famílias, em um país em que o triplo precisava dessa assistência. O Bolsa Família é reconhecidamente um programa eficiente: mobilizando apenas 0,5% do PIB, tal programa conseguiu atingir 14 milhões de famílias, avançando na proteção social de cinco dezenas de milhões de brasileiros.

Contudo, a dicotomia "combate à miséria" *versus* "combate à corrupção" é completamente falsa. Ambas devem ser combatidas, mas há, conforme já mencionamos, um debate em relação a esse programa, acusando-o de assistencialista e gerador de cidadãos de "segunda classe". Mas a experiência de mais de uma década revelou que ele é imprescindível. Como socorrer, de outra forma, aqueles que estão a ponto de morrer de fome ou ver isso ocorrer com os próprios filhos? Nos países desenvolvidos, essa forma de auxílio também é comum e recebe diferentes denominações: na Inglaterra, *Child Benefit*; na Alemanha, *Hartz IV*, na França, *Revenu Minimum d'Insertion*-RMI etc. Contudo, no afã de proteger tal iniciativa, numerosos intelectuais, artistas e jornalistas chegam a hostilizar o combate à corrupção, interpretando-o como um combate indireto às políticas sociais. Afirma-se que o Poder Judiciário assumiu o papel que os militares tiveram nos anos 1960, de desestruturação de um governo popular. Chega-se mesmo em falar de "Partido da Justiça", como a principal agremiação de oposição; ou ainda que este Poder "desafia os direitos humanos, as garantias fundamentais e demais regras que definem um Estado Democrático de Direito". Tais afirmações, com certeza, são absurdas. Se os políticos, empresários e lobistas, presos na Operação Laja Jato, estão sofrendo alguma forma de injustiça, eles deveriam recorrer, defendendo-se da indevida prisão e transformando suas acusações em processos de calúnia contra os acusadores; poderiam até mesmo recorrer à Corte Interamericana de Direitos Humanos. Se não fazem isso, devem ter seus motivos...

Crítica bem mais consistente ao Bolsa Família é a que apresenta o programa como limitado no que diz respeito a dar opções de saída aos dependentes dos benefícios. Na última década, o número de vagas no ensino técnico e superior, via Programa Universidade Para Todos (ProUni), aumentou muitíssimo, mas é difícil aos egressos da assistência social serem aí assimilados. Para isso se efetivar, seria necessário que o Brasil enfrentasse seu principal problema: a educação de base. Haveria soluções a curto prazo? Nossa resposta é: sim! Basta o leitor acompanhar com mais atenção o noticiário televisivo e impresso. Nele menciona-se que o Brasil, em 2014, ocupou o 38º lugar em educação básica, entre 44 países avaliados no Programa Internacional de Avaliação de Estudantes (Pisa), coordenado pela Organização para Cooperação e Desenvolvimento Econômico (OCDE) e que avalia comparativamente estudantes na faixa dos quinze anos. Assim, a mesma política social que incentivou a matrícula escolar de 98% de crianças não garante, conforme mostrou o Pisa, que a maioria delas desenvolva a capacidade de escrever um texto ou resolver problemas de matemática mais complexos. Se considerarmos apenas as regiões Norte e Nordeste, segundo avaliação do Pisa, o Brasil tem a pior educação básica do mundo. Vários indicadores mostram que isso se deve à escola pública de péssima qualidade. Mas os mesmos noticiários acima mencionados também revelam que os alunos das escolas públicas federais apresentam as melhores notas no Exame Nacional do Ensino Médio (Enem), superando egressos de instituições privadas em todas as disciplinas, ou seja, da redação à matemática. Nos exames internacionais, o desempenho dos alunos egressos dessas escolas é superior ao de alunos norte-americanos ou franceses. Portanto, o péssimo ensino público convive com o excelente ensino público. Qual a razão para esse desempenho diferenciado dos alunos de escolas públicas federais de ensino médio ante os de base? Ora, nas antigas Escolas Técnicas Federais ou nos atuais Institutos Federais de Educação, há infraestrutura de qualidade (salas de aula, bibliotecas, laboratórios), assim como salários razoáveis e planos de carreira bem estruturados, em que a remuneração do professor varia substancialmente à medida que ele se qualifica. Portanto, a solução para o ensino público de qualidade já existe. Alega-se que sua generalização é inviável, pois as escolas de ensino básico são uma função municipal, ou eventualmente estadual, e a maioria dos mais de cinco mil municípios brasileiros e vinte e seis estados não tem recursos para implementar as reformas necessárias. Tal desculpa talvez seja a forma de violência institucional mais cruel da sociedade brasileira, levando à impossibilidade de que boa parte da população pobre seja incorporada ao mercado de trabalho formal, superando de fato a pobreza. Infelizmente, em governo algum isso foi considerado o principal problema do Brasil, a ser enfrentado com a transferência de mais recursos para os municípios – conforme foi prometido na década anterior por ocasião da descoberta do pré-sal – ou então pela federalização do ensino de base, algo que depende da aprovação do Projeto de Lei do Senado nº 320/2008, ainda em análise na Câmara dos Deputados.

Na última década, o setor cultural também não recebeu o devido estímulo. O modelo de financiamento da cultura, criticado na década de 1990 como sendo neoliberal, foi mantido. De acordo com esse modelo, o Ministério da Cultura atua principalmente como intermediário, analisando projetos de financiamento com base na renúncia fiscal de empresas. Não é preciso muita imaginação para perceber a fragilidade dessa forma de financiamento, que promove a espetacularização da cultura, pois a maioria das empresas opta por apoiar espetáculos e shows voltados ao grande público, em vez manter ou ampliar equipamentos culturais. Um exemplo de equipamento cultural abandonado são as bibliotecas públicas; pesquisas recentes indicam que 99% delas se encontram mal aparelhadas. Desde o século XIX, países que realmente ingressaram no desenvolvimento econômico e social perceberam a importância delas. Nos Estados Unidos, por exemplo, todas as cidades foram aparelhadas com bibliotecas públicas de qualidade. Recentemente, a Colômbia conseguiu diminuir índices de criminalidade instalando bibliotecas públicas bem equipadas em bairros pobres. A importância dessa instituição decorre de seu papel complementar à escola. No momento do aprendizado, os alunos ficam sujeitos a leituras obrigatórias; nas bibliotecas públicas, a leitura é uma escolha e visa ao prazer. Portanto, não existe letramento consistente e generalizado sem a combinação de frequência à escola e à biblioteca pública.

Quanto à saúde, o programa Mais Médicos, criado em 2013, foi uma novidade que contribuiu para diminuir parte das deficiências existentes. Mas a maioria dessas deficiências continuou a existir. No início do governo Lula, a Fundação Perseu Abramo apontava a precariedade das condições de vida de grande parcela da população brasileira, decorrente da miséria, da violência social, da falta de infraestrutura urbana e de equipamentos sociais. A repercussão dessa situação na saúde compunha um quadro complexo de morbimortalidade, com a ocorrência significativa de doenças infecciosas antigas (tais como tuberculose, cólera, febre amarela), ao lado de novas (como a aids), assim como das doenças crônicas (entre elas hipertensão arterial e diabetes). Nas áreas de maior concentração urbana, outra situação trágica é constatada em razão do aumento dos agravos decorrentes dos acidentes de trânsito, homicídios e acidentes do trabalho. A falta de recursos e/ou a péssima gestão deles dificultam a alteração desse quadro. Era e continua a ser comum acontecer falta de pessoal, material de consumo e de medicamentos, além do abandono de equipamentos para diagnóstico e terapêutica. Essa situação de calamidade em que se encontram os serviços públicos leva a uma queda da qualidade de atendimento e favorece a procura do setor privado lucrativo: seguro-saúde, medicina de grupo, planos de saúde, etc.

Outro problema estrutural é a violência. O Brasil é um país violento. De maneira geral, duas perspectivas orientam o estudo dessa questão: a "individual" e a "social". Na primeira, propõe-se que o criminoso faz uma avaliação dos benefícios (o ganho) e dos custos (a punição) dos delitos. Segundo essa visão, se a pena for severa, menor será o estímulo ao crime; se a pena for branda, maior será o estímulo ao crime. Já a segunda perspectiva atribui a criminalidade não a escolhas racionais e individuais, mas sim às condições de vida precárias em que os indivíduos são socializados; a pobreza e principalmente a desigualdade social seriam responsáveis pelo aumento da criminalidade. Talvez as duas interpretações sejam válidas, dependendo do contexto. No caso da corrupção de políticos, por exemplo, o endurecimento de penas com certeza servirá de desestímulo a atos criminosos. O mesmo pode ser afirmado em relação aos delitos que dependem de uma estrutura empresarial, como é o caso do tráfico internacional de armas ou da exploração ilegal de apostas em caça-níqueis. No entanto, é pouco provável que a criminalidade infanto-juvenil diminua em função de punições mais severas. No livro *Por que cresce a violência no Brasil?*, estudos sociológicos demonstram que ela pode até aumentar em situações de diminuição da pobreza. Bem mais importante na formação dos índices de criminalidade, como grandes catalisadores, são a impunidade, a ineficiência policial e o tráfico de drogas. A ausência de escolas em tempo integral também contribui para que a criminalidade infanto-juvenil prospere. Constata-se que a violência brasileira tem gênero e cor. Da média de 50 mil pessoas assassinadas no ano de 2012, 30 mil eram homens jovens. E destes, 23 mil eram negros. Os números impressionam tanto que a Anistia Internacional lançou, no final de 2014, a campanha "Jovem negro vivo"! Especialistas do Instituto de Pesquisa Econômica Aplicada (Ipea) traçaram o "Novo Regime Demográfico" brasileiro, analisando a relação entre população e desenvolvimento econômico. Explica uma demógrafa: de cada 100 jovens que chegam aos 15 anos, quatro não completarão trinta em razão de mortes violentas. De fato, o "Mapa da Violência 2012: crianças e adolescentes do Brasil", baseado em dados na Organização das Nações Unidas (ONU), o Brasil aparece ocupando o quarto lugar, entre 92 países do mundo, no triste ranking internacional de assassinatos de crianças e adolescentes, sendo superado apenas por El Salvador, Venezuela e Trinidade e Tobago. Não obstante os 25 anos de vigência do Estatuto da Criança e do Adolescente (ECA), além do grande número de recomendações, leis e resoluções, cotidianamente somos surpreendidos com os atos de extrema barbárie praticados, em muitos casos, pelas pessoas ou instituições que deveriam ter a missão de zelar pela vida e pela integridade dessas crianças e adolescentes: suas famílias e as instituições públicas ou privadas que, em tese, seriam os responsáveis pelo resguardo dos mesmos.

Os números de violência contra a mulher também são assustadores: cerca de 35 mil assassinatos na primeira década do século XXI. Apesar da Lei Maria da Penha, de 2006, que previa punição maior para crimes domésticos, a situação não melhorou. Séries históricas iniciadas em 1980 indicam 2013 como o ápice da violência contra a mulher. Uma vez mais, constata-se que os homicídios contra afro-brasileiras é quase o dobro do constatado em relação às mulheres brancas. Até os 14 anos de idade, os pais são os principais responsáveis pela violência. A partir dos 20 anos de idade, o papel de agressor vai sendo substituído progressivamente pelo parceiro ou ex-parceiro, situação que se mantém até a idade de 60 anos. Depois dos 60 anos, os filhos preponderam na geração de violência contra a mulher. O círculo é velho e infernal. Ainda não conseguimos corrigir as violências recíprocas e respectivas entre os sexos. O punho é dele. O corpo é dela. Os grupos de Lésbicas, Gays, Bissexuais, Travestis, Transexuais e Transgêneros (LGBT) também sofrem com a intolerância. Segundo o antropólogo Luiz Mott, fundador do Grupo de Apoio à Prevenção à Aids da Bahia (Gapa), a cada 26 horas um homossexual é assinado.

O ano de 2015 revelou uma vez mais a necessidade de maior fiscalização em relação ao mundo empresarial. Os escandalosos casos de corrupção que abriram este texto revelaram graves problemas de governança por parte de grandes grupos econômicos, as empreiteiras. Um desastre ecológico envolvendo uma mineradora em Minas Gerais indica que, sem a pressão da sociedade sobre os órgãos reguladores e fiscalizadores, certas empresas transformam-se em armas de destruição em massa, arrasando comunidades inteiras, assim como devastando de forma irreparável o patrimônio histórico e ambiental do Brasil.

Misturando patriarcalismo com pós-modernidade, patrimonialismo com socialismo, alta tecnologia com economia colonial agrário-extrativista, o Brasil foi definido pelo psicanalista Tales Ab'Sáber como um país cuja "história não passa, mas também não começa". Essa poética definição sintetiza a dificuldade em alcançar as condições mínimas dos países desenvolvidos contemporâneos, que romperam com práticas políticas e níveis de desigualdade que existiam em seus respectivos passados históricos. O presente custa a chegar ao Brasil e não há fórmula mágica para alcançá-lo, mas não chegaremos lá sem a prática da democracia, o respeito às instituições e o acesso em massa à educação.

BIBLIOGRAFIA

AB'SÁBER, Tales. *Dilma Rousseff e o ódio político*. São Paulo: Hedra, 2015.
ABREU, Marcelo de Paiva (Org.). *A ordem do progresso: cem anos de política econômica republicana, 1889-1989*. Rio de Janeiro: Campus, 1990.
ALENCASTRO, Luiz Felipe. *O trato dos viventes: formação do Brasil no Atlântico Sul, séculos XVI e XVII*. São Paulo: Companhia das Letras, 2000.
_____. Proletários e escravos: imigrantes portugueses e cativos africanos no Rio de Janeiro, 1850-1872. *Novos Estudos Cebrap*, n. 21, –p. 30-56, 1988.
ALEXANDRE, Valentim. *O processo de independência do Brasil*.
ALGRANTI, Leila Mezan. *Honradas e devotas: condição feminina nos conventos e recolhimentos do Sudeste do Brasil: 1750-1822*. Rio de Janeiro/Brasília: José Olympio/Edunb, 1993.
_____. *Livros de devoção, atos de censura: ensaios de história do livro e da leitura na América portuguesa (1750-1821)*. São Paulo: Hucitec/Fapesp, 2004.
ALMADA, Vilma Paraiso Ferreira de. *Escravismo e transição: o Espírito Santo (1850/1888)*. Rio de Janeiro: Graal, 1984.
ALMEIDA, Aluísio de. *Vida e morte do tropeiro*. São Paulo: Martins Fontes/ Edusp, 1981.
ANASTASIA, Carla Maria Junho. *Vassalos rebeldes: violência coletiva em Minas na primeira metade do século XVIII*. Belo Horizonte: C/Arte, 1998.
ARANTES, Paulo Eduardo. O positivismo no Brasil: breve apresentação para um leitor europeu. *Novos Estudos Cebrap*, n. 21, p. 185-94, 1986.

ARAÚJO, Emanuel. *O teatro dos vícios: transgressão e transigência na sociedade urbana colonial*. Rio de Janeiro: José Olympio, 1993.

ARAUJO, Valdei Lopes. *A experiência do tempo: conceitos e narrativas na formação nacional brasileira (1813-1845)*. São Paulo: Hucitec, 2008.

ARRUDA, José Jobson de A. *O Brasil no comércio colonial*. São Paulo: Ática, 1980.

AURELIANO, Liana Maria. *No limiar da industrialização*. São Paulo: Brasiliense, 1981.

AZEVEDO, João Lúcio. *Épocas de Portugal econômico*. Lisboa: Livraria Clássica Editora, 1928.

AZEVEDO, Luiz Vitor Tavares. Cultura popular e imaginário popular no segundo governo Vargas (1951-1954). *LPH: Revista de História*, n. 5, – p. 170-83, 1995.

AZZI, Riolando (Org.). *A vida religiosa no Brasil*. São Paulo: Paulinas, 1983.

_____ e BEOZZO, José Oscar (Orgs.). *Os religiosos no Brasil: enfoques históricos*. São Paulo: Paulinas, 1986.

BAKOS, Margaret Marchiori. *RS: escravidão e abolição*. Porto Alegre: Mercado Aberto, 1982.

BACELLAR, Carlos de Almeida Prado. A escravidão miúda em São Paulo colonial. SILVA, Maria Beatriz (org.). *Brasil: colonização e escravidão*. Rio de Janeiro: Nova Fronteira, 2000, pp. 239-254.

_____. *Viver e sobreviver em uma vila colonial: Sorocaba, séculos XVIII e XIX*. São Paulo: Annablume, 2001.

BARATA, Alexandre Mansur. *Maçonaria, sociabilidade ilustrada & Independência do Brasil*, 1790-1822. São Paulo: Annablume, 2006.

BARDI, Pietro Maria. *Arte no Brasil*. São Paulo: Abril Cultural, 1980.

BARRETO, Luís Filipe Barreto. *Descobrimentos e Renascimento: formas de ser e pensar nos séculos XV e XVI*. Lisboa: Imprensa Nacional/Casa da Moeda, 1983.

BELOCH, Israel e ABREU, Alzira Alves de (Orgs.). *Dicionário histórico-biográfico brasileiro: 1930-1983*. Rio de Janeiro: Ed. Forense-Universitária/FEU/CPDOC/FINEP, 1984, 4 vols.

BENEVIDES, Maria Victoria de Mesquita. *O governo Jânio Quadros*. 3. ed. São Paulo: Brasiliense, 1985.

BETHELL, Leslie. O imperialismo britânico e a Guerra do Paraguai. MARQUES, Maria Eduarda Castro Magalhães (Org.). *A Guerra do Paraguai: 130 anos depois*. Rio de Janeiro: Relume-Dumará, p. 133-50, 1995.

BETHENCOURT, Francisco e CHAUDURI, Kirti (Orgs.). *História da expansão portuguesa*, 4 vols. Navarra: Círculo de leitores, p. 10-45, 1998.

BOSCHI, Caio César. *Os leigos e o poder: irmandades leigas e política colonizadora em Minas Gerais*. São Paulo: Ática, 1986.

BOSI, Alfredo. *Dialética da colonização*. São Paulo, Companhia das Letras, 1992.

BOXER, Charles. *O império colonial português*. Lisboa: Edições 70, 1969.

BUENO, Eduardo. *A viagem do descobrimento: a verdadeira história da expedição de Cabral*. Rio de Janeiro: Objetiva, 1998.

BUESCU, Mircea. A economia do Brasil republicano. LAPA, José Roberto do (Org.). *História política da República*. Campinas: Papirus, –p. 41-9, 1990.

BURGARELLI, Rodrigo. Campanhas gastaram R$ 5 bilhões em 2014. *O Estado de São Paulo*, 01/12/2014.

CALDEIRA, Jorge. *História do Brasil com empreendedores*. São Paulo: Mameluco, 2009.

CAMARANO, Ana Amélia (Org.). *Novo regime demográfico: uma nova relação entre população e desenvolvimento?* Rio de Janeiro: Ipea, 2014.

CANDIDO, Antonio. *Formação da literatura brasileira*. Rio de Janeiro, Belo Horizonte: Itatiaia, 1993, 2 vols.

CANO, Wilson. *Raízes da concentração industrial em São Paulo*. 3. ed. São Paulo: T. A. Queiroz, 1981.

CARDOSO, Ciro Flamarion (Org.). *Escravidão e abolição no Brasil: novas perspectivas*. Rio de Janeiro: Zahar, 1988.

CARNEIRO, Henrique. *Filtros, mezinhas e triacas, as drogas no mundo moderno*. São Paulo: Xamã, 1994.

CARONE, Edgar. *A evolução industrial de São Paulo: 1889-1930*. São Paulo: Editora Senac, 2001.

CARRARA, Sérgio. *Crime e loucura: o aparecimento do manicômio judiciário na passagem do século*. Rio de Janeiro/São Paulo: Eduerj/Edusp, 1998.

CARVALHO, Gilberto Vilar de. *A liderança do clero nas revoluções republicanas, 1817-1824*. Petrópolis: Vozes, 1980.

CARVALHO, José Murilo. *Os bestializados: o Rio de Janeiro e a República que não foi*. 3. ed. São Paulo: Companhia das Letras, 1987.

_____. *Teatro das sombras: a política imperial*. Rio de Janeiro: Vértice, 1988.

_____. *Pontos e bordados: escritos de história e política*. Belo Horizonte: Ed. UFMG, 1999.

_____. *Dom Pedro II*. São Paulo: Companhia das Letras, 2007.

CARVALHO, Marcus J. M. *Cavalcantis e Cavalgados: a formação das alianças políticas em Pernambuco: 1817-1824*. Revista Brasileira de História, vol. 18 (36), p. 331-65, 1998.

CASCUDO, Luís da Câmara. *Cinco livros do povo*. Rio de Janeiro: José Olympio, 1953.

_____. *Antologia do folclore brasileiro*. São Paulo: Martins, 1956.

CASTRO, Celso. *Os militares e a República: um estudo sobre cultura e ação política*. Rio de Janeiro: Jorge Zahar, 1995.

CENDRARS, Blaise. *Etc..., etc... (Um livro 100% brasileiro)*. São Paulo: Perspectiva, 1976.

CHALHOUB, Sidney. *Cidade febril: cortiços e epidemias na corte imperial*. São Paulo: Companhia das Letras, 1996.

COELHO, Edmundo Campos. *Em busca de identidade: o Exército e a política na sociedade brasileira*. Rio de Janeiro: Forense-Universitária, 1976.

CONRAD, Robert. *Os últimos anos da escravatura no Brasil*. 2. ed. Rio de Janeiro: Civilização Brasileira, 1978.
CORTESÃO, Jaime. *Os descobrimentos portugueses*. Lisboa: Imprensa Nacional/Casa da Moeda, s/d.
COSTA, Angela Marques da e SCHWARCZ, Lilia Moritz. *1890-1914: no tempo das certezas*. São Paulo: Companhia das Letras, 2000.
COSTA, Emília Viotti da. *Da senzala à colônia*. 2. ed. São Paulo: Ciências Humanas, 1982.
COSTA, Iraci Del Nero da. *Vila Rica: população (1719-1826)*. São Paulo: IPE/USP, 1979.
COSTA, Maria de Fátima. *História de um país inexistente: o Pantanal entre os séculos XVI e XVIII*. São Paulo: Kosmos, 1999.
COSTA, Wilma Peres. *A espada de Dâmocles: o Exército, a Guerra do Paraguai e a crise do Império*. São Paulo: Hucitec/Unicamp, 1996.
COSTA E SILVA, Alberto. *A enxada e a lança: a África antes dos portugueses*. Rio de Janeiro/São Paulo: Nova Fronteira/Edusp, 1992.
COUTO, Ronaldo Costa. *História indiscreta da ditadura e da abertura: Brasil, 1964-1985*. 3. ed. Rio de Janeiro: Record, 1999.
CUNHA, Maria Clementina Pereira. "Você me conhece": significados do carnaval na *belle époque* carioca. *Projeto História*, n. 13, p. 93-108, 1996.
D'ARAUJO, Maria Celina. *O Estado Novo*. Rio de Janeiro: Zahar, 2000.
_____ (Org.). *As instituições brasileiras da Era Vargas*. Rio de Janeiro: Eduerj/Ed. FGV, 1999.
DEAN, Warren. *A industrialização de São Paulo: 1880-1945*. 3. ed. São Paulo: Difel, s/d.
DEL PRIORE, Mary. *Festas e utopias no Brasil colonial*. São Paulo: Brasiliense, 1994.
_____. *Religião e religiosidade no Brasil colonial*. São Paulo: Ática, 1995.
_____ (Org.). *História das mulheres no Brasil*. São Paulo: Contexto/Editora Unesp, 1997.
_____ (Org.). *História das crianças no Brasil*. São Paulo: Contexto, 1999.
DEL PRIORE (Org.), Mary. *Revisão do paraíso*. Rio de Janeiro: Campus, 2000.
_____. *A família no Brasil colonial*. São Paulo: Moderna, 2000.
_____. *Esquecidos por Deus: monstros no mundo europeu e ibero-americano*. São Paulo: Companhia das Letras, 2000.
_____ e GOMES, Flávio dos Santos (Orgs.). *Os senhores dos rios: Amazônia, margens e histórias*. Rio de Janeiro: Campus/Elsevier, 2003.
_____. *O príncipe maldito*. Rio de Janeiro: Objetiva, 2008.
_____. *Condessa de Barral: a paixão do imperador*. Rio de Janeiro: Objetiva, 2008.
_____. *Matar para não morrer: a morte de Euclides da Cunha e a noite sem fim de Dilermando de Assis*. Rio de Janeiro: Objetiva, 2009.
DIAS, Maria Odila da Silva. A interiorização da metrópole (1808-1835). MOTA, Carlos G. (Org.). *1822: dimensões*. São Paulo: Perspectiva, p.160-84, 1972.

DINIZ, Clélio Campolina. Lucas Lopes, o visionário do desenvolvimentismo. *Revista do Arquivo Público Mineiro*, n. XLIV (2), –p. 80-95, 2008.
DINIZ, Eli e BOSCHI, Renato Raul. *Empresariado nacional e Estado no Brasil*. Rio de Janeiro: Forense-Universitária, 1978.
DOLHNIKOFF, Miriam (Org.). *Projetos para o Brasil: José Bonifácio de Andrada e Silva*. São Paulo: Companhia das Letras, 1999.
DORATIOTO, Francisco. *Maldita guerra: nova história da Guerra do Paraguai*. São Paulo: Companhia das Letras, 2002.
EDELWEISS, Frederico G. *A antroponímia patriótica da independência*. Salvador: Centro de Estudos Baianos, 1981.
FALCI, Miridan Britto Knox. *Escravos do sertão: demografia, trabalho e relações sociais. Piauí, 1826-1888*. Teresina: Fundação Cultural Monsenhor Chaves, 1995.
FALEIROS, Vicente de Paula *et al*. *A era FHC e o governo Lula: transição?* Brasília: Instituto de Estudos Socioeconômicos, 2004.
FAORO, Raymundo. *Os donos do poder: formação do patronato político brasileiro*, 2 vols. Rio de Janeiro: Globo, 1957.
FAUSTO, Boris. *Trabalho urbano e conflito social*. São Paulo: Difel, 1977.
_____. *Crime e cotidiano: a criminalidade em São Paulo (1880-1924)*. São Paulo: Brasiliense, 1984.
FERNANDES, Neusa. *A Inquisição em Minas Gerais no século XVIII*. Rio de Janeiro: EDUERJ, 2000.
FERREIRA, Jorge. *Trabalhadores do Brasil: o imaginário popular, 1930-1945*. Rio de Janeiro: Ed. FGV, 1997.
_____ e DELGADO, Lucilia de Almeida Neves (Orgs.). *O Brasil republicano: o tempo da ditadura*. 2. ed. Rio de Janeiro: Civilização Brasileira, 2007.
_____ e DELGADO, Lucilia de Almeida Neves (Orgs.). *O Brasil republicano: o tempo do liberalismo excludente*. 3. ed. Rio de Janeiro: Civilização Brasileira, 2008.
FERREIRA, Lúcio M. Vestígios de civilização: o Instituto Histórico e Geográfico Brasileiro e a construção da arqueologia imperial (1838-1870). *Revista de História Regional*, n. 4 (1), –p. 9-36, 1999.
FEITLER, Bruno. *Nas malhas da consciência. Igreja e Inquisição no Brasil: Nordeste 1640-1750*. São Paulo: Alameda, 2007.
FICO, Carlos. *Como eles agiam, os subterrâneos da ditadura: espionagem e polícia política*. Rio de Janeiro: Record, 2001.
FIGUEIREDO, Eurico de Lima (Org.). *Os militares e a Revolução de 30*. Rio de Janeiro: Paz e Terra, 1979.
FIGUEIREDO, Luciano. *O avesso da memória: cotidiano e trabalho da mulher em Minas Gerais no século XVIII*. Brasília: J. Olympio/Edunb, 1993.
_____. *Barrocas famílias: vida familiar em Minas Gerais no século XVIII*. São Paulo: Hucitec, 1997.

_____. *Rebeliões no Brasil Colônia*. Rio de Janeiro: Jorge Zahar Editor, 2005.
_____ (Org.). *Cachaça: uma alquimia brasileira*. Rio de Janeiro: 19 Design, 2005.
_____ (Org.). *Guerras e batalhas brasileiras*. Rio de Janeiro: SABIN, 2009.
_____ (Org.). *Festas e batuques do Brasil*. Rio de Janeiro: SABIN, 2009.
_____ (Org.). *A era da escravidão*. Rio de Janeiro: SABIN, 2009.
_____ (Org.). *Imagens de uma nação*. Rio de Janeiro: SABIN, 2009.
_____ (Org.) *A França nos trópicos*. Rio de Janeiro: SABIN, 2009.
FILGUEIRAS, Luiz e GONÇALVES, Reinaldo. *A economia política do governo Lula*. São Paulo: Contraponto, 2007.
FLORENTINO, Manolo. *Em costas negras: uma história do tráfico de escravos entre a África e o Rio de Janeiro*. São Paulo: Companhia das Letras, 1997.
_____ e GÓES, José R. *A paz das senzalas*. Rio de Janeiro: Civilização Brasileira, 1997.
_____ (Org.). *Tráfico, cativeiro e liberdade: Rio de Janeiro, séculos XVII-XIX*. Rio de Janeiro: Civilização Brasileira, 2005.
FONSECA, Cláudia Damasceno. Agentes e contextos das intervenções urbanísticas nas Minas Gerais do século XVIII. *Revista Oceanos*, vol. 41, –p. 79-92, 2000.
FRAGOSO, João Luís Ribeiro. *Homens de grossa aventura: acumulação e hierarquia na praça mercantil do Rio de Janeiro (1790-1830)*. Rio de Janeiro: Arquivo Nacional, 1992.
_____; BICALHO, Maria Fernanda e GOUVÊA, Maria de Fátima (Orgs.). *O antigo regime nos trópicos: a dinâmica imperial portuguesa (séculos XVI-XVIII)*. Rio de Janeiro: Civilização Brasileira, 2001.
_____; FLORENTINO, Manolo; JUCÁ, Antonio Carlos S. e CAMPOS, Adriana. P. (Orgs.). *Nas rotas do império (eixos mercantis, tráfico e relações sociais no mundo português)*.Vitória/Lisboa: Edufes Instituto de Investigações Científicas e Tropicais, 2006.
FRANÇA, Eduardo D'Oliveira. *Portugal na época da Restauração*. São Paulo: Hucitec, 1997.
FRANCO, Maria Sylvia de Carvalho. *Homens livres na ordem escravocrata*. São Paulo: Instituto de Estudos Brasileiros, 1969.
FREYRE, Gilberto. *Casa grande & senzala: formação da família brasileira sob o regime da economia patriarcal*. Rio de Janeiro/Brasília: INL-MEC, 1980.
_____. *Sobrados e mucambos*. 7. ed., 2 vols. Rio de Janeiro: José Olympio/INL, 1985.
_____. *Nordeste: aspectos da influência da cana sobre a vida e a paisagem do Nordeste do Brasil*. Rio de Janeiro/Recife: José Olympio/Fundarpe, 1985.
_____. *Ordem e progresso*. 4. ed. Rio de Janeiro: Record, 1990.
FURTADO, João Pinto. *O manto de Penélope: história, mito e memória da Inconfidência Mineira de 1788-9*. São Paulo: Companhia das Letras, 2002.

BIBLIOGRAFIA

FURTADO, Júnia Ferreira. *Homens de negócio: a interiorização da metrópole e do comércio nas Minas setecentistas*. São Paulo: Hucitec, 1999.

_____. *Chica da Silva e o contratador dos diamantes: o outro lado do mito*. São Paulo: Companhia das Letras, 2003.

GAGLIARDI, José Mauro. *O indígena e a República*. São Paulo: Hucitec/Edusp, 1989.

GASPARI, Elio. *A ditadura envergonhada: as ilusões armadas*. São Paulo: Companhia da Letras, 2002.

GIFFONI, José Marcello. *Sal: um outro tempero ao Império, 1801-1850*. Rio de Janeiro: Arquivo Público do Estado do Rio de Janeiro, 2000.

GODINHO, Vitorino Magalhães. *Mito e mercadoria, utopia e prática de navegar: séculos XIII-XVIII*. Lisboa: Difel, 1990.

GOMES, Angela de Castro. *A invenção do trabalhismo*. Rio de Janeiro/São Paulo: IUPERJ/Vértice, 1988.

_____ (Org.). *Vargas e a crise dos anos 50*. Rio de Janeiro: Relume-Dumará, 1994.

_____ e MATTOS, Hebe Maria. Sobre apropriações e circularidades: memória do cativeiro e política cultural na Era Vargas. *História Oral*, n. 1, p. 130-41, 1998.

GOMES, Flávio dos Santos. No meio das águas turvas (racismo e cidadania no alvorecer da República: a Guarda Negra na Corte – 1888-1889). *Estudos Afro-Asiáticos*, n. 21, p. 75-96, 1991.

_____. *Histórias de quilombolas: mocambos e comunidades de senzalas no Rio de Janeiro, séc. XIX*. São Paulo: Companhia das Letras, 2006.

GONÇALVES, Andréa Lisly. *Estratificação social e mobilizações políticas no processo de formação do Estado nacional brasileiro: Minas Gerais, 1831-1835*. São Paulo: Hucitec, 2008.

GONÇALVES, Rosana Andréa et al. *Luzes e sombras sobre a Colônia: educação e casamento na São Paulo do século XVIII*. São Paulo: Humanitas, 1998.

GOULART, José Alípio. *Tropas e tropeiros na formação do Brasil*. Rio de Janeiro: Conquista, 1961.

GUIMARÃES, Luiz Hugo (Org.). *A Paraíba nos 500 anos do Brasil*. João Pessoa: Instituto Histórico e Geográfico Paraibano, 2000.

HAHNER, June E. *Relações entre civis e militares no Brasil: 1889-1898*. São Paulo: Pioneira, 1975.

HAYES, Robert. *Nação armada: a mística militar brasileira*. Rio de Janeiro: Bibliex, 1991.

HESPANHA, António Manuel. *História de Portugal: o antigo regime*. Lisboa: Estampa, 1992.

HOLANDA, Sérgio Buarque de e FAUSTO, Boris (Coords.). *História geral da civilização brasileira*. 10 tomos, São Paulo: Difel, 1977.

_____. *O Extremo Oeste*. São Paulo: Brasiliense, 1986.

_____. *Monções*. 2. ed. São Paulo: Brasiliense, 1989.

_____. *Visão do paraíso: os motivos edênicos no descobrimento e colonização do Brasil*. 6. ed. São Paulo: Brasiliense, 1994.
HOLLOWAY, Thomas H. *Vida e morte do Convênio de Taubaté: a primeira valorização do café*. Rio de Janeiro: Paz e Terra, 1978.
HOORNAERT, Eduardo et al. *História da Igreja no Brasil*. 2 vols. Petrópolis/São Paulo: Vozes/Paulinas, 1983.
IANNI, Octávio. *Colonização e contra-reforma agrária na Amazônia*. Petrópolis: Vozes, 1979.
IGLÉSIAS, Francisco. *Trajetória política do Brasil: 1500-1964*. São Paulo: Companhia das Letras, 1993.
JANCSÓ, István. *Na Bahia contra o Império: história do ensaio de sedição de 1798*. São Paulo/Salvador: Hucitec/EDUFBA, 1995.
_____ (Dir.). *Cronologia de história do Brasil colonial*. São Paulo: Humanitas, 1994.
_____ e KANTOR, Iris (Orgs.). *Festa: cultura & sociabilidade na América portuguesa*. São Paulo: Hucitec, 2001.
JANOTTI, Maria de Lourdes Mônaco. *Os subversivos da República*. São Paulo: Brasiliense, 1986.
KANTOR, Iris. *Esquecidos e renascidos: historiografia acadêmica luso-americana, 1724-1759*. São Paulo: Hucitec, 2004.
KARASH, Mary C. *A vida dos escravos no Rio de Janeiro*. São Paulo: Companhia das Letras, 2000.
KLEIN, Herbert S. A integração social e econômica dos imigrantes portugueses no Brasil no fim do século XIX e no século XX. *Revista Brasileira de Estudos de População*, vol. 6 (2), -p. 17-37, 1989.
_____. A participação política no Brasil do século XIX: os votantes de São Paulo em 1880. *Dados: Revista de Ciências Sociais*, vol. 38 (3), -p. 527-44, 1995.
KOCHER, Bernardo e LOBO, Eulália Maria Lahmeyer. *Ouve meu grito: antologia de poesia operária (1894-1923)*. Rio de Janeiro: Marco Zero/Proed, 1987.
LANGER, Johnni. Enigmas arqueológicos e civilizações perdidas no Brasil novecentista. *Anos 90*, n. 9, -p. 165-85, 1998.
LARA, Sílvia Hunold. *Campos da violência*. Rio de Janeiro: Paz e Terra, 1988.
_____. *Fragmentos setecentistas: escravidão, cultura e poder na América portuguesa*. São Paulo: Companhia das Letras, 2007.
LEAL, Victor Nunes. *Coronelismo, enxada e voto (o município e o regime representativo no Brasil)*. 2. ed. São Paulo: Alfa-Omega, 1975.
LEITE, Paulo Moreira. *A outra história da Lava-Jato: uma investigação necessária que se transformou numa operação contra a democracia*. São Paulo: Geração Editorial, 2015.
LESSA, Barbosa. *Nativismo: um fenômeno social gaúcho*. Porto Alegre: L&PM, 1985.

LESSA, Carlos. *O Rio de todos Brasis*. Rio de Janeiro: Record, 2001.
LESSA, Renato. *A invenção republicana: Campos Sales, as bases e a decadência da Primeira República brasileira*. 2. ed. Rio de Janeiro: Topbooks, 1999.
LEONARDI, Victor. *Entre árvores e esquecimento: história social nos sertões do Brasil*. Brasília: Edunb/Paralelo 15, 1996.
LEWIN, Linda. *Política e parentela na Paraíba: um estudo de caso da oligarquia de base familiar*. Rio de Janeiro: Record, 1993.
LIBBY, Douglas C. *Transformação e trabalho em uma economia escravista: Minas Gerais no século XIX*. São Paulo: Brasiliense, 1988.
LIMA, João Heraldo. *Café e indústria em Minas Gerais, 1870-1920*. Petrópolis: Vozes, 1981.
LIMA, Lana Lage da. *Rebeldia negra e abolicionismo*. Rio de Janeiro: Achiamé, 1981.
LIMA, Oliveira. *D. João VI no Brasil*. 3. ed. Rio de Janeiro: Topbooks, 1996.
LIMA, Oliveira e MAGALHÃES, Basílio. *Expansão geográfica do Brasil colonial*. 3. ed. São Paulo: Editora Nacional, 1978.
_____. *Aspectos da literatura colonial brasileira*. 4. ed. Rio de Janeiro: Francisco Alves, 1984.
LINHARES, Maria Yedda (Org.). *História geral do Brasil*. 2. ed. Rio de Janeiro: Campus, 2000.
_____ e SILVA, Francisco Carlos Teixeira. *Terra prometida: uma história da questão agrária no Brasil*. Rio de Janeiro: Campus, 1999.
LINO, Sônia Cristina. Cinematographo: doença da moda. *Revista do Arquivo Público Mineiro*, n. XLV (1), -p. 90-103, 2009.
LOBO, Eulália Maria Lahmeyer. *Rio de Janeiro operário: natureza do Estado, conjuntura econômica, condições de vida e consciência de classe, 1930-1970*. Rio de Janeiro: Access, 1992.
LOPES, José Sérgio Leite. A vitória do futebol que incorporou a pelada: a invenção do jornalismo esportivo e a entrada dos negros no futebol. *Revista USP*, n. 22, p. 64-83, 1994.
LUCA, Tânia R. de. *O sonho do futuro assegurado: o mutualismo em São Paulo*. São Paulo: Contexto, 1990.
MACHADO, Maria Helena. *O plano e o pânico: os movimentos sociais na década da Abolição*. Rio de Janeiro/São Paulo: Ed. da UFRJ/Edusp, 1994.
MACIEL, Cleber da Silva. *Discriminações raciais: negros em Campinas (1888-1921)*. Campinas: Editora da Unicamp, 1987.
MAGGIE, Yvonne. *Medo do feitiço: relações entre magia e poder no Brasil*. Rio de Janeiro: Arquivo Nacional, 1992.
MAIOR, Armando Souto. *Quebra-Quilos: lutas sociais no outono do Império*. São Paulo: Companhia Editora Nacional, 1978.
MALERBA, Jurandir. *A corte no exílio*. São Paulo: Companhia das Letras, 2000.
MARAM, Sheldon Leslie. *Anarquistas, imigrantes e o movimento operário brasileiro: 1890-1920*. Rio de Janeiro: Paz e Terra, 1979.

MARCÍLIO, Maria Luíza. *A cidade de São Paulo: povoamento e população*. São Paulo: Pioneira, 1974.

_____. *Caiçara, terra e população*. Petrópolis: Paulinas/Cedhal, 1986.

MARIN, Rosa Azevedo (Org.). *A escrita da história paraense*. Belém: Naea/UFPA, 1998.

MARQUES, Maria Eduarda Castro Magalhães (Org.). *A Guerra do Paraguai: 130 anos depois*. Rio de Janeiro: Relume-Dumará, 1995.

MARQUESE, Rafael de Bivar. *Administração & escravidão*. São Paulo, Hucitec, 1999.

_____. *Feitores do corpo, missionários da mente: senhores, letrados e o controle dos escravos nas Américas, 1660-1860*. São Paulo: Companhia das Letras, 2004.

MARSON, Izabel Andrade. *O império do progresso: a Revolução Praieira*. São Paulo: Brasiliense, 1987.

MARTINS, José de Souza. *Conde Matarazzo: o empresário e a empresa*. 2. ed. São Paulo: Hucitec, 1976.

MARTINS, Wilson. *História da inteligência brasileira*. 7 vols., São Paulo: T. A. Queiróz, 1992.

MATTOS, Hebe Maria. *Das cores do silêncio: os significados da liberdade no Sudeste escravista – Brasil, séc. XIX*. Rio de Janeiro: Nova Fronteira, 1998.

MATTOS, Ilmar Rohloff de. *O lavrador e o construtor: o visconde do Uruguai e a construção do Estado Imperial*. PRADO, Maria Emília (Org.). *O Estado como vocação: idéias e práticas políticas no Brasil oitocentista*. Rio de Janeiro: Access, p. 191-217, 1999.

_____. *O Tempo Saquarema*. 5 ed. São Paulo: Hucitec, 2004.

MELLO, Evaldo Cabral de. *A fronda dos mazombos: nobres contra mascates, Pernambuco, 1666-1715*. São Paulo: Companhia das Letras, 1995.

_____. *Olinda restaurada: guerra e açúcar no Nordeste, 1630-1654*. Rio de Janeiro: Topboks, 1998.

_____. *O negócio do Brasil: Portugal, os Países Baixos e o Nordeste*. Rio de Janeiro: Topbooks, 1998.

_____. *O nome e o sangue: uma parábola familiar no Pernambuco colonial*. Rio de Janeiro: Topbooks, 2000.

_____. *Nassau*. São Paulo: Companhia das Letras, 2006.

MELLO, João Manuel Cardoso. *Capitalismo tardio: contribuição à revisão crítica da formação e do desenvolvimento da economia brasileira*. 9. ed. São Paulo: Brasiliense, 1998.

MENDONÇA, Sônia Regina de. *Estado e economia no Brasil: opções de desenvolvimento*. 2. ed. Rio de Janeiro: Graal, 1985.

MENEZES, Lená Medeiros de. *Os indesejáveis: desclassificados da modernidade. Protesto, crime e expulsão na capital federal (1890-1930)*. Rio de Janeiro: Eduerj, 1996.

MILLET, Sérgio. *Roteiro do café e outros ensaios*. 4. ed. São Paulo: Hucitec/Pró-Memória, 1982.

MONTEIRO, Duglas Teixeira. *Os errantes do novo século: um estudo sobre o surto milenarista do Contestado*. São Paulo: Duas Cidades, 1974.

MONTEIRO, John Manuel. *Negros da terra: índios e bandeirantes nas origens de São Paulo*. São Paulo: Companhia das Letras, 1994.

MONTERO, Paula e MOURA, Flávio (Orgs.). *Retrato de grupo: 40 anos do Cebrap*. São Paulo: Cosac Naify, 2009.

MORAES, João Quartim de. *A esquerda militar no Brasil: da coluna à comuna*. São Paulo: Siciliano, 1994.

_____. O colapso da resistência ao golpe de 1964. História, vol. 14, –p. 49-59, 1995.

MOREL, Marco. *As transformações dos espaços públicos: imprensa, atores políticos e sociabilidades na cidade imperial (1820-1840)*. São Paulo: Hucitec, 2005.

MOTA, Carlos Guilherme. *Idéia de revolução no Brasil (1789-1801)*. Petrópolis: Vozes, 1971.

MOURA, Carlos Eugênio Marcondes. *Vida cotidiana em São Paulo no século XIX*. São Paulo: Ateliê Editorial/Unesp/Imprensa Oficial, 2000.

MOURA, Esmeralda Blanco Bolsonaro de. Crianças operárias na recém-industrializada São Paulo. PRIORE, Mary Del (Org.). *História das crianças no Brasil*. São Paulo: Contexto, p. 259-88, 1999.

NEVES, Lúcia Maria Bastos P. O império luso-brasileiro redefinido: o debate político da Independência (1820-1822). *Revista do Instituto Histórico e Geográfico Brasileiro*, 156 (387), p. 297-307, 1995.

_____. *Corcundas e constitucionais: a cultura política da Independência, 1820-1822*. Rio de Janeiro: Revan, 2002.

NOBRE, Marcos. *Imobilismo em movimento: da abertura democrática ao governo Dilma*. São Paulo: Companhia das Letras, 2013.

NOVAIS, Fernando A. *Portugal e Brasil na crise do antigo sistema colonial*. São Paulo: Hucitec, 1981.

_____ (Org.). *História da vida privada no Brasil*. 5 vols. São Paulo: Companhia das Letras, 1997-1999.

_____. *Aproximações: estudos de história e historiografia*. São Paulo: Cosac Naify, 2005.

OLIVEIRA, Eliézer Rizzo. *As forças armadas: política e ideologia no Brasil (1964-1969)*. Petrópolis: Vozes, 1978.

OLIVEIRA, Mônica Ribeiro de. *Negócios de famílias: mercado, terra e poder na formação da cafeicultura mineira 1780-1870*. Bauru: Edusc, 2005.

OLIVIERI, Cristiane Garcia. *Cultura neoliberal: leis de incentivo como política pública de cultura*. São Paulo: Escrituras Editora, 2004.

ORTIZ, Renato. *Cultura brasileira & identidade nacional*. 2. ed. São Paulo: Brasiliense, 1986.

_____. *A moderna tradição brasileira: cultura e indústria cultural*. São Paulo: Brasiliense, 1988.

PAIM, Antonio. *O estudo do pensamento filosófico brasileiro*. Rio de Janeiro: Tempo Brasileiro, 1979.

PAIVA, Eduardo França. *Escravos e libertos nas Minas Gerais do século XVIII*. São Paulo: Annablume, 1995.

PANDOLFI, Dulce. *Camaradas e companheiros: história e memória do PCB*. Rio de Janeiro: Relume-Dumará, 1995.

PANG, Eul-Soo. *Coronelismo e oligarquias: 1889-1934: a Bahia na Primeira República brasileira*. Rio de Janeiro: Civilização Brasileira, 1979.

PANTOJA, Selma e SARAIVA, José Flávio Sombra (Orgs.). *Angola e Brasil nas rotas do Atlântico Sul*. Rio de Janeiro: Bertrand Brasil, 1999.

PAULA, João Antonio de (Org.). *A economia política da mudança: os desafios e os equívocos do início do governo Lula*. Belo Horizonte: Autêntica, 2003.

PENNA, Lincoln de Abreu. *República brasileira*. 2. ed. Rio de Janeiro: Nova Fronteira, 1999.

PEREIRA, Ronaldo. Associações de classe, profissionais e beneficentes do Rio de Janeiro (1860-1889). *Diálogos*, 3 (3), –p. 206-7, 1999.

PIERONI, Geraldo. *Os excluídos do Reino: a Inquisição portuguesa e o degredo para o Brasil Colônia*. Brasília: Edunb, 2000.

PINHO, Wanderley. *História de um engenho do Recôncavo*. São Paulo: Companhia Editora Nacional, 1982.

PINTO, Céli Regina Jardim. *A banalidade da corrupção: uma forma de governar o Brasil*. Belo Horizonte: Ed. UFMG, 2011.

PINTO, Maria Inez Machado Borges. *Cotidiano e sobrevivência: a vida do trabalhador pobre na cidade de São Paulo (1890-1914)*. São Paulo: Edusp, 1994.

PRADO JR, Caio. *Formação do Brasil contemporâneo*. 11. ed. São Paulo: Brasiliense, 1977.

PRESTES, Anita Leocádia. *Tenentismo pós-30: continuidade ou ruptura?* Rio de Janeiro: Paz e Terra, 1999.

PRESTES, Maria Alice B. *A investigação da natureza no Brasil colonial*. São Paulo: Annablume, 2000.

QUEIROZ, Maria Isaura Pereira. *Os cangaceiros*. São Paulo: Duas Cidades, 1977.

_____. *Carnaval brasileiro: o vivido e o mito*. São Paulo: Brasiliense, 1992.

QUEIROZ, Suely Robles Reis. *Os radicais da República*. São Paulo: Brasiliense, 1986.

RAGO, Margareth. Nos bastidores da imigração: o tráfico das escravas brancas. *Revista Brasileira de História*, v. 9 (18), p. 145-80, 1989.

RAMINELLI, Ronald. *Imagens da colonização: a representação do índio de Caminha a Vieira*. Rio de Janeiro: Zahar, 1996.

_____. *Viagens ultramarinas: monarcas, vassalos e governo a distância*. São Paulo: Alameda, 2008.

RAMOS, Fábio Pestana. *Naufrágios e obstáculos enfrentados pelas armadas da Índia portuguesa (1497-1653)*. São Paulo: Humanitas, 2001.

BIBLIOGRAFIA

REIS, Arthur César Ferreira Reis. *Limites e demarcações na Amazônia brasileira.* 2 vols., Belém: Secult, 1993.

_____. *A política de Portugal no vale amazônico.* Belém: Secult, 1993.

REIS, Eustáquio José e REIS, Elisa P. As elites agrárias e a abolição da escravatura no Brasil. *Dados: Revista de Ciências Sociais*, vol. 31 (3), -p. 309-41, 1988.

REIS, João José. *Rebelião escrava no Brasil: a história do Levante dos Malês (1835).* São Paulo: Brasiliense, 1986.

_____ e GOMES, Flávio dos Santos (Orgs.). *Liberdade por um fio: história dos quilombos no Brasil.* São Paulo: Companhia das Letras, 1996.

REIS FILHO, Daniel Aarão et al. *História do marxismo no Brasil.* Rio de Janeiro: Paz e Terra, 1991.

_____. *A revolução faltou ao encontro: os comunistas no Brasil.* São Paulo: Brasiliense, 1990.

RESENDE, André Lara. *Devagar e simples: economia, Estado e vida contemporânea.* São Paulo: Companhia das Letras, 2015.

RESENDE, Maria Efigênia Lage de e VILLALTA, Luiz Carlos (Coords.). *As Minas setecentistas.* 2 vols., Belo Horizonte: Autêntica, 2007.

RIBEMBOIM, José Alexandre. *Senhores de engenho: judeus em Pernambuco colonial.* Recife: Comunicação, 1995.

RIO-BRANCO, Miguel P. do. *Centenário da Lei do Ventre Livre.* Brasília: Conselho Federal de Cultura, 1976.

SALGADO, Graça (Org.). *Fiscais e meirinhos: a administração do Brasil colonial.* Rio de Janeiro: Nova Fronteira, 1985.

SALLES, Ricardo. *Guerra do Paraguai: escravidão e cidadania na formação do Exército.* Rio de Janeiro: Paz e Terra, 1990.

SANDOVAL, Salvador M. Greves e flutuações econômicas no Brasil: 1945-1968. *Estudos Econômicos*, vol. 20 (3), p. 479-98, 1990.

SANTOS, Wanderley Guilherme dos. *Sessenta e quatro: anatomia da crise.* São Paulo: Vértice, 1996.

_____. *Décadas de espanto e uma apologia democrática.* Rio de Janeiro: Rocco, 1998.

SAPORI, Luis Flávio; SOARES, Gláucio Ary Dillon. *Por que cresce a violência no Brasil?* Belo Horizonte: Autêntica/PUC MINAS, 2014.

SCARANO, Julita. *Devoção e escravidão: a Irmandade de Nossa Senhora do Rosário dos Pretos no Distrito Diamantino no século XVI.* São Paulo: Companhia Editora Nacional, 1975.

SCHMITT, Rogério. *Partidos políticos no Brasil (1945-2000).* Rio de Janeiro: Zahar, 2000.

SCHULZ, John. *Exército na política: origens da intervenção militar, 1850-1894.* São Paulo: Edusp, 1994.

SCHWARCZ, Lilia Moritz. *As barbas do imperador: d. Pedro, um monarca nos trópicos.* São Paulo: Companhia das Letras, 1998.

_____. *A longa viagem da biblioteca dos reis*. 2. ed. São Paulo: Companhia das Letras, 2008.

_____. *D. Pedro II e seu reino tropical*. São Paulo: Companhia das Letras, 2009.

SCHWARTZ, Stuart B. *Segredos internos: engenhos e escravos na sociedade colonial*. São Paulo: Companhia das Letras, 1985.

_____ *Cada um na sua lei: tolerância religiosa e salvação no mundo atlântico ibérico*. São Paulo: Companhia das Letras, 2009.

SEIXAS, Jacy Alves. Anarquistas e socialistas no Brasil: as fontes positivistas e darwinistas sociais. *História e Perspectivas*, n. 12/13, p. 133-48, 1995.

SINGER, André. Cutucando onças com varas curtas: o ensaio desenvolvimentista no primeiro mandato de Dilma Rousseff (2011-2014). *Novos Estudos Cebrap*, n. 102, p. 43-71, 2015.

SIMÃO, Azis. *Sindicato e Estado: suas relações na formação do proletariado de São Paulo*. 2. ed. São Paulo: Ática, 1981.

SILVA, Eduardo. O Príncipe Obá, um voluntário da pátria. MARQUES, Maria Eduarda Castro Magalhães (Org.). *A Guerra do Paraguai: 130 anos depois*. Rio de Janeiro: Relume-Dumará, p. 69-78, 1995.

_____. *As camélias do Leblon e a abolição da escravatura: uma investigação de história cultural*. São Paulo: Companhia das Letras, 2003.

SILVA, Maria Beatriz Nizza da. *Cultura e sociedade no Rio de Janeiro: 1808-1822*. São Paulo: Companhia Editora Nacional, 1978.

_____ (Org.). *Brasil: colonização e escravidão*. Rio de Janeiro: Nova Fronteira, p. 239-54, 2000.

_____. *Cultura no Brasil Colônia*. Petrópolis: Vozes, 1981.

_____. *Vida privada e quotidiano no Brasil na época de d. Maria e d. João VI*. Lisboa: Estampa, 1993.

_____. *História da colonização portuguesa no Brasil*. Lisboa: Colibri, 1999.

SILVA, Sérgio. *Expansão cafeeira e origens da indústria no Brasil*. 5. ed. São Paulo: Alfa-Omega, 1981.

SILVA JR., Adhemar Lourenço da. Condicionantes locais no estudo do socorro mútuo (Rio Grande do Sul: 1854-1889). *Locus*, v. 5 (2), -p. 73-88, 1999.

SILVEIRA, Marco Antonio. *O universo do indistinto: Estado e sociedade nas Minas setecentistas (1735-1808)*. São Paulo: Hucitec, 1997.

SINGER, André. *Esquerda e direita no eleitorado brasileiro*. São Paulo: Edusp/Fapesp, 2000.

SIQUEIRA, Sônia. *A Inquisição portuguesa e a sociedade brasileira*. São Paulo: Ática, 1978.

SKIDMORE, Thomas. *Brasil: de Castelo a Tancredo*. 6. ed. Rio de Janeiro: Paz e Terra, 1988.

SOARES, Carlos Eugênio Líbano. *A negregada instituição: os capoeiras no Rio de Janeiro, 1850-1890*. Rio de Janeiro: Secretaria Municipal de Cultura, 1994.

SOARES, Laura Tavares *et al. Governo Lula: decifrando o enigma.* São Paulo: Viramundo, 2004.

_____, Gláucio Ary Dillon e D'ARAUJO, Maria Celina (Orgs.). *21 anos de regime militar: balanços e perspectiva.* Rio de Janeiro: Editora FGV, 1994.

_____, Amaury de. O cangaço e a política da violência no Nordeste brasileiro. *Dados*, n. 10, p. 97-125, 1973.

SOUZA, Iara Lis Carvalho. A adesão das câmaras e a figura do imperador. *Revista Brasileira de História*, vol. 18 (36), p. 367-94, 1998.

SOUZA, Jesse. *A tolice da inteligência brasileira: ou como o país se deixa manipular pela elite.* São Paulo: Leya, 2015.

SOUZA, Jorge Prata de. *Escravidão ou morte: os escravos brasileiros na Guerra do Paraguai.* Rio de Janeiro: Mauad/Adesa,1996.

SOUZA, Laura de Mello e. *Desclassificados do ouro: a pobreza mineira no século XVIII.* São Paulo: Graal, 1982.

_____. *O diabo e a Terra de Santa Cruz: feitiçaria e religiosidade popular no Brasil colonial.* São Paulo: Companhia das Letras, 1986.

_____. *O sol e a sombra: política e administração na América portuguesa do século XVIII.* São Paulo: Companhia das Letras, 2006.

SOUZA, Luiz de Castro. Meios de transporte de doentes e feridos utilizados na força expedicionária de Mato Grosso e Retirada da Laguna (Guerra do Paraguai). *Revista do Instituto Histórico e Geográfico Brasileiro*, n. 263, p. 90-101, 1964.

_____. *A medicina na Guerra do Paraguai.* Rio de Janeiro: s/ed., 1971.

SOUZA, Paulo César. *A Sabinada: a revolta separatista da Bahia (1837).* São Paulo: Brasiliense, 1987.

STEPAN, Alfred. *Os militares na política: as mudanças de padrões na vida brasileira.* Rio de Janeiro: Artenova, 1975.

STOLCKE, Verena. *Cafeicultura: homens, mulheres e capital (1850-1980).* São Paulo: Brasiliense, 1986.

SUZIGAN, Wilson. *Indústria brasileira: origem e desenvolvimento.* São Paulo: Brasiliense, 1986.

_____ e SZMRECSÁNYI, Tamás. Os investimentos estrangeiros no início da industrialização do Brasil. SILVA, Sérgio S. e SZMRECSÁNYI, Tamás (Orgs.). *História econômica da Primeira República.* São Paulo: Hucitec/Fapesp, –p. 261-83, 1996.

SZMERECSÁNYI, Tamás (Org.). *História econômica do período colonial.* São Paulo: Hucitec, 1996.

TENÓRIO, Maria Cristina (Org.). *Pré-história da terra brasilis.* Rio de Janeiro: Editora UFRJ, 1999.

THOMÉ, Débora. *O Bolsa Família e a social-democracia.* Rio de Janeiro: Fundação Getúlio Vargas, 2013.

TINHORÃO, José Ramos. *As festas no Brasil colonial.* São Paulo: Editora 34, 2000.

TOTA, Antônio Pedro. *O imperialismo sedutor: a americanização do Brasil na época da Segunda Guerra.* São Paulo: Companhia das Letras, 2000.
VAINFAS, Ronaldo. *Trópicos dos pecados: moral, sexualidade e Inquisição no Brasil.* Rio de Janeiro: Campus, 1989.
_____. *A heresia dos índios: catolicismo e rebeldia no Brasil colonial.* São Paulo: Companhia das Letras, 1995.
_____ (Dir.) *Dicionário do Brasil colonial.* Rio de Janeiro: Objetiva, 2001.
_____ (Dir.) *Dicionário do Brasil Império.* Rio de Janeiro: Objetiva, 2008.
_____ e BENTES, Rodrigo (Orgs.). *Império de várias faces.* São Paulo: Alameda, 2009.
VALADARES, Virgínia Maria Trindade. *Elites setecentistas mineiras: conjugação de dois mundos.* Lisboa: Colibri/Instituto de Cultura Ibero-Atlântica, 2004
VENANCIO, Renato Pinto. *Famílias abandonadas: assistência à criança de camadas populares no Rio de Janeiro e em Salvador, séculos XVIII e XIX.* São Paulo: Papirus, 1999.
_____ e CARNEIRO, Henrique (Orgs.). *Álcool e drogas na história do Brasil.* São Paulo/Belo Horizonte: Alameda Editora PUCMinas, 2005.
_____ e ARAÚJO, Maria Marta (Orgs.). *São João del-Rey, uma cidade no Império.* Belo Horizonte: Secretaria de Estado de Cultura de Minas Gerais/ Arquivo Público Mineiro, 2007.
_____ (Org.). *Panfletos abolicionistas: o 13 de Maio em versos.* Belo Horizonte: Secretaria de Estado de Cultura de Minas Gerais/Arquivo Público Mineiro, 2007.
VENTURA, Roberto. A nossa Vendéia: Canudos, o mito da Revolução Francesa e a formação da identidade cultural no Brasil (1897-1902). *Revista do IEB*, n. 31, p. 129-45, 1990.
VERÍSSIMO, José. *História da literatura brasileira.* Rio de Janeiro: Topbooks, 1998.
VIEIRA, David Gueiros. *O protestantismo, a maçonaria e a questão religiosa no Brasil.* Brasília: Editora da UNB, 1980.
VIERA FILHO, Raphael Rodrigues. Diversidade no carnaval de Salvador: as manifestações afro-brasileiras (1876-1930). *Projeto História*, n. 14, p. 217-30, 1997.
VILAÇA, Marcos Vinícios e ALBUQUERQUE, Roberto Cavalcanti de. *Coronel, coronéis.* 2. ed. Rio de Janeiro/Brasília: Tempo Brasileiro/Edunb, 1978.
VILHENA, Luis dos Santos. *A Bahia no século XVIII.* Salvador: Itapuã, 1969.
VILLA, Marco Antonio. *Vida e morte no sertão: história das secas no Nordeste nos séculos XIX e XX.* 4. ed. São Paulo: Ática, 2000.
_____. *Jango, um perfil (1945-1964).* São Paulo: Globo, 2004.
VILLALTA, Luiz Carlos. *1789-1808: o Império Luso-Brasileiro e os brasis.* São Paulo: Companhia das Letras, 2000.
VISCARDI, Cláudia M. R. *O teatro das oligarquias: uma revisão da política do café com leite.* Belo Horizonte: C/Arte, 2001.

BIBLIOGRAFIA

WAISELFISZ, Júlio Jacobo. *Mapa da Violência 2012: crianças e adolescentes do Brasil.* Rio de Janeiro: Flacso, 2012.

_____. *Mapa da Violência 2015: homicídios de mulheres do Brasil.* Brasília: Casa da ONU, 2015.

WEHLING, Arno. *Administração portuguesa no Brasil de Pombal a d. João (1777-1808).* Brasília: Funcep, 1986.

_____ e WEHLING, Maria José C. de. *Formação do Brasil colonial.* Rio de Janeiro: Nova Fronteira, 1994.

_____. *Estado, história, memória: Varnhagen e a construção da identidade nacional.* Rio de Janeiro: Nova Fronteira, 1999.

WERNET, Augustin. *A igreja paulista no século XIX: a reforma de d. Antonio Joaquim de Melo (1851-1861).* São Paulo: Ática, 1987.

ZANINI, Walter (Coord.). *História geral da arte no Brasil,* 2 vols. São Paulo: Instituto Moreira Salles/Fundação Djalma Guimarães, 1983.

ZEMELLA, Mafalda P. *O abastecimento da capitania das Minas Gerais no século XVIII.* São Paulo: Hucitec, 1990.

SOBRE OS AUTORES

MARY DEL PRIORE, ex-professora de história da USP e da PUC-Rio, e pós-doutorada na École des Hautes Études em Sciences Sociales, de Paris, já publicou mais de 40 livros e é vencedora de vários prêmios literários nacionais e internacionais, como Jabuti (três vezes), APCA e Ars Latina, entre outros.

Foi colunista do jornal *O Estado de S. Paulo* por dez anos. É sócia-titular do Instituto Histórico e Geográfico Brasileiro e membro do Instituto Histórico e Geográfico do Rio de Janeiro, do PEN Club do Brasil, da Real Academia de La Historia de Espanha, da Academia Portuguesa da História e da Academia Carioca de Letras. Outros títulos da autora publicados pela editora Planeta:

Histórias íntimas, Histórias e conversas de mulher, Do outro lado e *Beije-me onde o sol não me alcança*.

RENATO VENANCIO é doutor pela Universidade de Paris IV – Sorbonne, pesquisador do CNPq e professor do Departamento de Organização e Tratamento da Informação na Universidade Federal de Minas Gerais (UFMG). Além de artigos em revistas especializadas, escreveu também três livros, sendo o mais recente *Uma história da vida rural no Brasil*.

Acreditamos nos livros

Este livro foi composto em Minion Pro e impresso pela Gerográfica para a Editora Planeta do Brasil em outubro de 2020.